国家社科基金项目"中部地区形成城乡经济社会发展一体化新格局的战略研究"(09BJL054)的最终成果

湖北省普通高等学校人文社会科学重点研究基地——湖北县域经济发展研究中心项目资助

国家社科基金丛书
GUOJIA SHEKE JIJIN CONGSHU

中部地区城乡发展战略研究：

从一体化到融合发展

Research on Strategy of Urban and Rural Development in Central China：
From Integration to Integrated Development

余茂辉　魏博通　著

人民出版社

目　　录

导　　论

一、中部地区推进城乡一体化新格局
战略研究的背景和意义

　　2006 年 3 月 27 日,中共中央召开政治局会议专题研究促进中部地区崛起工作,4 月 15 日,正式颁发了《中共中央国务院关于促进中部地区崛起的若干意见》,标志着中部崛起战略将进入全面实施阶段。而在 3 年之后的 2009 年 10 月,国务院正式批复了《促进中部地区崛起规划》,该规划的颁布实施,成为指导当前和今后相当长的一个时期内中部地区经济社会发展的纲领性文件,同时也标志着促进中部崛起战略进入加速发展的快车道。中部崛起的提出与"三农"问题密切相关。"三农"问题是影响我国经济发展的主要因素,而中部 6 省正是国家重要的商品粮基地,也是"三农"问题最为集中的区域。国务院发展研究中心曾提过,"中部最主要的特征在于其与全国的经济社会结构具有极强的一致性"①。这种一致性表明,中部崛起与中国现代化进程具有高度的重叠性,中部面临的问题在很大程度上也是中国面临的问题。因此,在当前城乡收入差距仍存在、实施中部崛起战略和构建新发展格局的大背景下,

---

　　①　奉灵芝、方宁:《中部崛起》,《中国对外贸易》2006 年第 7 期。

深入研究中国中部地区推进城乡经济社会一体化的探索与实践具有十分重要的意义。

（一）研究背景

自 1978 年实行改革开放政策 40 多年以来，我国东部、西部和东三省相继借东部沿海率先发展战略、西部大开发战略、振兴东北等老工业基地战略的政策优势，发展势头迅猛。面对这一挑战，中部地区情况如何？从纵向比较来看，中部地区改革开放以来获得了较快发展。但是，中部地区相对于全国总体水平或平均水平，特别是相对于东部沿海地区，在经济总量、发展水平、发展速度、"三化"（即工业化、城市化和市场化）进程及结构变动等方面存在着明显差距，特别是中部地区城乡差距的进一步扩大引起了学者、政府官员和社会各界的广泛关注。

首先，中部地区的经济地位日益下降。从历史上看，中部地区在我国经济社会发展全局中占有重要的战略地位。明代李釜源撰写的《地图综要》内卷上说"楚故泽国，耕稔甚饶。一岁再获柴桑，吴越多仰给焉。谚曰'湖广熟，天下足'"[①]。可见从明朝起中部地区特别是洞庭湖平原一带在全国经济版图中就占有极其重要的地位。自 20 世纪 50 年代以来，中部地区以其地处内陆腹地、承东启西、联南络北、辐射八方的区位优势和资源、生态、产业、交通、人才等综合优势，成为中国重要的商品粮、原材料、能源、现代制造业基地，为中国的经济社会发展作出了六大特殊贡献——革命贡献、农业贡献、国企贡献、基础工业贡献、环境资源贡献和农民工贡献。[②] 但自改革开放以来，中央实施的区域非均衡发展战略使得东部沿海地区领先于中西部地区迅猛发展起来，中部地区的经济地位开始下降。2010 年，中部 6 省土地面积共 102.8 万平方公

---

① （明）李釜源：《地图综要》内卷，明末新安黄氏刻本，第 407 页。
② 李雪松、伍新木：《改革开放以来中部地区的发展战略：理论演进与政策思路》，《学习与实践》2008 年第 12 期。

里,占全国的 10.7%,总人口为 3.55 亿,占全国的 26.8%,但 GDP 总量只占全国的 19.7%(见图 0-1)。

（单位：%）

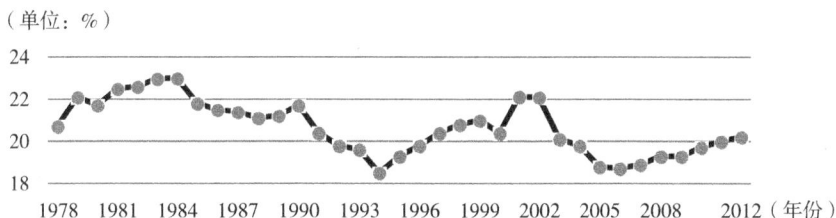

图 0-1　中部 6 省 GDP 总量占全国的比重(1978—2012 年)

资料来源:根据 1979—2005 年中国统计年鉴和 2006—2012 年中国区域统计年鉴数据计算整理。

从图 0-1 可以看出中部 6 省 GDP 之和占全国经济总量的比重从 1984 年的 23%逐渐下降到 2006 年的 18.7%左右,下降了近 5 个百分点。虽然随后几年略有上升,但不能改变中部地区经济地位下降的现实。同时还应该看到,中部经济地位的下降使得该地区人均支配收入、基本公共服务水平、政府改革和社会发展等一系列发展指标处于全面的相对落后状态,制约了中部地区人们福利水平的提高。因此中央提出的中部崛起战略是破解中部地区逐渐塌陷的重要举措。为了进一步深化改革,2007 年 12 月 14 日,国务院批准武汉城市圈和长株潭城市群成为全国资源节约型和环境友好型社会建设综合配套改革试验区,使其成为中部地区乃至全国的重要增长极,这必然要求中部地区要逐步消除城乡和区域发展中的体制性障碍和结构性矛盾,成为全国"两型社会"发展的示范基地。

其次,"三农"问题仍很突出。中部 6 省还是典型的农业地区,农村人口众多。尽管每年有大量的农民工进城务工,但 2009 年中部 6 省农村人口仍高达 2.06 亿,占全国农村人口的 28.8%。2009 年山西、安徽、江西、河南、湖北和湖南农村人口比重分别为 54.01%、57.90%、56.82%、62.30%、54 %和 56.80%,都高于全国的人口比重(53.41%)。因此中部地区的城市化进程滞后于全国城市化进程。其结果是有过多的富余劳动力滞留于农村地区,无法发挥经济集中的规模经济效应,政府提供公共服务成本过高,使得城乡居民的生活水平差距逐渐拉大。1985年,湖南、湖北、江西、河南、安徽5个产粮大省和山西省的城镇居民收入,为乡村居民收入的1.71倍,到1995年则扩大至2.75倍,2003年继续扩大到3倍,以后几年一直保持在3倍水平(见表0-1)。城乡差距不仅仅表现在收入差距方面,还体现在城乡教育差距、城乡医疗、城乡消费、就业差距和政府公共服务投入差距等方面。① 且中部地区农村人口多,各级政府和部门如何统筹城乡发展,即通过城乡布局规划、政策调整、国民收入再分配等手段,促进城乡各种资源要素如劳动力、土地和资本等合理流动和优化配置,实现城乡经济社会的均衡协调和可持续发展。

表0-1 1980—2010年中部地区城乡收入比

年份 地区	1980	1985	1990	1995	2000	2002	2003	2004	2005	2006	2007	2008	2009	2010
全国	2.30	1.86	2.20	2.71	2.79	3.11	3.23	3.21	3.22	3.28	3.33	3.31	3.33	3.23
中部	2.07	1.71	2.19	2.75	2.55	2.83	3.0	2.93	2.99	3.03	3.03	2.97	3.00	2.90

资料来源:根据1981—2010中国统计年鉴数据整理。

因此,在国家提出中部崛起战略的大背景下,在中部地区城乡差距更加突出的现实条件下,如何从公平和效益的角度出发,实现中部地区的城乡统筹、形成城乡经济社会一体化新格局是当时摆在我们面前的一个重大问题。

(二)研究意义

城乡关系是建设社会主义现代化国家进程中必须处理好的一对重要关系。习近平总书记对城乡发展关系问题高度重视,反复强调要建立健全城乡

---

① 熊建:《中国的城乡差距到底有多大?》,《人民日报海外版》2006年11月21日。

融合发展体制机制,开启城乡融合发展和现代化建设新局面。进入新发展阶段,中部地区实现城乡融合发展的条件更加充分,要用更扎实的举措,探索城乡融合发展的经验,提供可复制、能推广的模式,不断开创城乡融合发展新局面。

1. 为全国各地城乡融合发展提供借鉴

融合发展是城市和乡村从"中心—边缘"结构走向相辅相成、共振发展的过程,农村不再是廉价原材料和劳动力的供应库,不能是一片"落后""凋敝"的景象,而应是蕴含着新动能、洋溢着新活力、对城市甚至整个地区经济社会发展具有明显带动效应的战略空间。推动城乡融合发展,需牢固树立"一盘棋"的理念,坚持融合共进的方向,着力增强城乡发展的整体性和协调性,均衡配置,更好地构建城乡之间的相互促进机制。通过研究中部地区推进国家城乡融合发展的经验,有利于各地区更好地部署开展打造新时代城乡融合发展创新区专项行动计划,优化城乡空间布局、产业结构,构建相互促进、共同发展的协同机制。

2. 更好地贯彻新发展理念

发展理念是发展行动的"指挥棒",很大程度上能够决定发展的成效。在城乡融合发展方面,要把解决城乡发展不平衡不充分问题放在更为重要的位置,实现城乡发展协同共进、联动发展。要以居民收入均衡化、生活环境高品质化、公共服务均等化、社会福利趋同化为主攻方向,让城乡居民享受高质量的基础设施、公共服务、社会保障,让城乡居民共享"好"与"美"的高品质生活。要加快户籍制度改革,出台更多推进市民下乡、农民进城的创新举措,积极引导工商资本下乡,深入开展"千企帮千村"行动,形成激发多方参与的融合发展格局。

二、本书的研究对象与方法

（一）研究对象

本书围绕"中部地区形成城乡经济社会一体化新格局的战略研究"进行研究，研究对象包含以下三个层次：

第一，中部地区。东、中、西部三大地区的划分，是我国区域经济最高层次上的空间划分，是我国宏观区域经济结构发展均衡和差异的反映。1986 年，全国人大六届四次会议通过的"七五"计划正式公布，将我国划分为东部、中部、西部三个地区，东部地区包括北京、天津、河北、辽宁、上海、江苏、浙江、福建、山东、广东和海南等 11 个省（直辖市）；中部地区包括山西、内蒙古、吉林、黑龙江、安徽、江西、河南、湖北、湖南、广西等 10 个省（自治区），西部地区包括四川、贵州、云南、西藏、陕西、甘肃、青海、宁夏、新疆等 9 个省（自治区）。当时依据的标准或原则是：经济技术发展水平与地理位置相结合，以经济技术发展水平为主；以行政区划省、自治区、直辖市为组合单位，经济技术发展水平大体相似，地理位置又比较一致的省、自治区、直辖市在区域经济中被归为一类。这种划分大体上给出了我国现实中的区域经济的内涵属性，第一次采纳了东中西部概念，描述出了中国经济社会发展的分层版图。① 1997 年全国人大八届五次会议决定设立重庆市为直辖市，并划入西部地区后，西部地区所包括的省级行政区就由 9 个增加为 10 个省（自治区、直辖市）。2000 年 1 月，党中央、国务院提出西部大开发战略，内蒙古自治区和广西壮族自治区列入西部大开发战略空间，享受西部大开发优惠政策，西部地区包括的省级行政区增加到 12 个。2003 年 10 月，党的十六届三中全会作出了"振兴东北等老工业基

---

① 杨柏：《我国归类划分东中西部经济已不适应发展要求》，《贵州财经学院学报》2007 年第 4 期。

地"的战略部署,并出台了《中共中央国务院关于实施东北地区等老工业基地振兴战略的若干意见》,黑龙江、吉林和辽宁作为国家一个整体的区域战略发展对象。2006 年 4 月,中共中央、国务院出台了《关于促进中部地区崛起的若干意见》,正式实施了促进中部地区崛起战略,其中明确规定,中部地区主要包括山西、安徽、江西、河南、湖北、湖南 6 省。至此,我国的经济区域划分为东部、中部、西部和东北四大地区。本书研究的中部地区,主要针对中央提出的中部崛起战略的实施所指的山西、安徽、江西、河南、湖北、湖南 6 个相邻省份。这既是经济学意义上的中部,又是地理学意义上的中部。

第二,城乡经济社会一体化。梳理清楚城乡经济社会一体化概念是研究城乡经济社会一体化新格局的前提和基础。因此,我们在对城乡关系相关文献和理论进行梳理的基础上,研究城乡经济社会一体化的内涵、内容,并进一步对其形成机制、条件、影响因素及评价指标体系等进行研究。

第三,中部地区推进城乡经济社会一体化新格局的战略。以战略研究为主线,从战略思路、战略目标、战略步骤、战略重点、战略模式、战略路径等方面,多视角阐释了中部地区形成城乡经济社会一体化新格局的战略。

(二)研究方法

历史的解构与逻辑叙事的统一。即从历史视角研究城乡分割的形成机制,分析中部发展速度落后于西部,发展水平落后于东部的原因。

定性分析与定量分析的统一。通过构建城乡经济社会一体化的评价指标体系,定量分析了中部地区的城乡统筹的发展情况,使我们对城乡经济社会一体化有了更加客观的认识,同时通过对城乡一体化各方面的内涵、特征、相关要素、主要问题进行定性分析,指出了中部地区城乡经济社会一体化所面临的挑战与机遇。

静态分析和动态分析的统一。静态分析是研究分析在某一时间点和横截面上的现象和规律的方法。动态分析是研究随着时间的推移所显示的各种发展、演化规律的方法。对中部地区城乡关系的考察,既要从时间跨度上研究一个阶段的城乡关系的变化,考察这一时期存在的问题,分析造成的原因;又要对某一时点上的城乡一体化的现状和问题进行分析。只有把静态分析同动态分析有机结合起来才能真正说明中部地区城乡经济社会一体化存在的问题,并在此基础上提出对策建议。

个案典型调研分析与比较案例分析的统一。中部区域广阔,城乡差别巨大,课题组将选取有代表性的地区进行重点调研。同时,将通过大样本数据的搜集,对城乡工农业总量、产业结构、收入水平等进行总体性评估。把不同地区城乡的宏观经济变量如就业总量、就业结构、人力资本的总量和结构分布、城乡既有技术优势和技术结构,城乡人均收入、产业结构的分布及其集中度等各种经济数据进行总量和比较分析,以归纳出城乡统筹的机制与宏、微观政策建议。

三、本书的研究思路与研究内容

(一)研究思路

本书的基本思路是在对已有城乡关系、城乡一体化和城乡经济社会一体化的相关文献的梳理、综述的基础上,提出对城乡经济社会一体化的新认识,对城乡经济社会一体化的内涵、外延、特征以及形成机制进行新的概括和总结,并以此为研究的起点,对城乡经济社会一体化新格局内涵与作用机理进行理论阐释,对中部地区城乡经济社会一体化支持体系进行评价,在此基础上提出中部地区推进城乡经济社会一体化新格局战略的基本思路和实现路径。

具体来讲,本书要解决的核心问题是为实现城乡经济社会一体化中部地区应如何突破瓶颈,加快形成城乡经济社会一体化的新格局。笔者提出中部地区城乡经济社会一体化新格局战略的基本思路,先从理论上对城乡经济社会一体化新格局进行分析研究,为提出城乡经济社会一体化新格局战略奠定基础,再分别对城乡经济社会一体化新格局的内涵、作用机理进行论述,对中部地区城乡经济社会一体化现状、问题进行分析、评价,对中部地区形成城乡经济社会一体化新格局的实践探索进行总结,提出中部地区推进城乡经济社会一体化新格局战略思路、战略步骤、战略重点、战略模式、战略路径。

(二)研究内容

城乡一体化已有研究文献的梳理。包括城乡一体化的内涵,城乡一体化与工业化、城市化,城乡一体化的模式、动力机制,国内外推进城乡一体化的基本经验等方面的文献梳理与综述。

城乡一体化评价体系的构建。(1)构建评价城乡经济社会发展一体化的基本框架与模型。选取经济、社会、生活、空间、生态环境 5 个截面确定全面评价城乡一体化的 5 个子系统,采用多目标线性加权求和模型来评价综合性子系统指标。(2)筛选评价城乡一体化 5 个子系统包含的 22 项个体指标如人均国内生产总值、城乡居民人均收入比、人口城市化率、城乡生均教育经费、城乡居民恩格尔系数比等。(3)用筛选后的指标构建城乡一体化程度评价总模型。(4)利用层次分析法(AHP)和德尔菲法(Delphi Method)确定模型中的参数和各因素中各个指标的具体权重。

中部地区城乡一体化发展状况的评价。(1)用已构建的模型,以国家统计局年度截面数据计算中部各省城乡经济社会发展一体化程度和在全国的排名。(2)计算中部 6 省各个时期城乡经济社会发展一体化状况。(3)比较不同时期中部 6 省城乡经济社会发展一体化程度。

中部地区推进城乡一体化的探索与实践。(1)深入调研中部 6 省开展城乡经济社会一体化试验区试点情况。(2)分析中部 6 省推进城乡经济社会一体化实践的主要特色。(3)中部 6 省推进城乡经济社会一体化实践取得的实效和经验。

影响中部地区城乡经济社会发展一体化的制约因素分析。(1)分析中部地区城乡经济社会发展一体化存在的主要问题及其原因。(2)采用因子分析的方法,对中部6省城乡发展一体化水平进行实证分析。通过SPSS分析工具,采用广泛的主成分分析法,总结出影响中部地区城乡经济社会发展一体化的主要因素。

中部地区推进城乡经济社会一体化新格局的战略内容。(1)中部地区形成城乡经济社会一体化新格局战略的内涵。(2)提出中部地区形成城乡经济社会一体化新格局战略思路。(3)提出中部地区形成城乡发展一体化新格局的战略目标和三阶段战略步骤。(4)通过对国内外城乡一体化模式进行分析比较,确定适宜于中部地区的选择。

中部地区推进城乡经济社会一体化新格局的战略路径。(1)多方面探讨建立以工促农、以城带乡的长效机制。(2)提出着力完善"四个支持":通过政府的惠农政策和具体措施来支持对农业的产业带动、构造城乡合一的金融体系实现对农村的"金融支持"、通过发展农村基础教育和职业技术教育来实现对发展农村"智力支持"、通过政府的科技开发政策来实现对农业发展的"技术支持"。(3)从统筹城乡规划、统筹城乡产业布局与城镇建设、统筹城乡基础设施建设、统筹城乡社会服务和管理、统筹城乡劳动就业5个方面思考对策。

四、本书研究成果的创新

本书研究的创新之处主要体现在:

一是将推进中部地区城乡经济社会发展一体化提升到中部崛起战略的高度进行探视,并将其作为区域经济发展战略的重要内容。

二是通过搜集相关数据和大量的理论研究与计量研究,将对中部6省经济、社会、生活、空间、生态环境等方面分别构建系列的、可检验的,既能够纵向比较又能横向比较的"指标体系"，使对城乡经济社会发展一体化的研究更为精确、科学，为政府决策提供科学的政策依据。

三是在典型案例研究上，运用比较案例分析法，对不同地区推进城乡经济社会发展一体化所面临的金融约束、政策或体制约束等进行实地考察，比较东部、中部、西部不同地区城乡经济社会发展的差异性，探讨推进中部地区城乡经济社会一体化发展政策的可行性。

四是对策建议创新。本书提出"一个机制""四个支持""二个配置""五个统筹"路径探索。"一个机制"即如何建立以工促农、以城带乡长效机制。"四个支持"是通过政府的惠农政策和具体措施来支持对农业的产业带动；构造城乡合一金融体系实现对农村的"金融支持"；通过政府的科技开发政策来实现对农业发展的"技术支持"；通过发展农村基础教育和职业技术教育来实现对农村发展的"智力支持"。"二个配置"即通过实施新的人事政策和农业开发政策，鼓励城市学有专长的技术人才和企业家到农村发展，实现城乡知识、信息、技术和人力资本的共享，优化城乡劳动力结构和技术结构，提高城乡的要素配置效率。"五个统筹"即统筹城乡土地利用和城乡建设规划、统筹城乡产业发展、统筹城乡基础设施建设和公共服务、统筹城乡劳动就业、统筹城乡社会服务和管理。

第一章 城乡关系的相关理论

一、国内外关于城乡关系的相关理论研究

（一）马克思主义关于城乡融合的相关理论

19世纪40—90年代，马克思和恩格斯批判地吸收了空想社会主义者的观点，提出了新的城乡发展理论，从城乡对立走向城乡融合是马克思对城乡一体化理论的基本概括。马克思、恩格斯城乡融合思想具有消除城市和乡村地理界线、社会生产力高水平、消灭私有制、人高度自由发展等基本特征，其思想内容主要包括城乡融合的趋势、动力、前提、路径四个层面。

第一，城乡融合是社会的必然趋势。马克思、恩格斯认为，在人类历史的发展过程中，城市与乡村的相互关系经历了三个辩证发展的阶段：第一阶段，城市诞生于乡村，乡村是城市的载体。第二阶段，从工业革命开始，人类社会的城市化进程加速。城乡分割、城乡对立等现象也逐渐显露出来。第三个阶段，随着城市化的深入发展，城市与乡村之间逐步走向融合。这里提出的"城乡融合"的概念是城乡一体化发展的终极目标，就是"城市和乡村之间的对立也将消失。从事农业和工业劳动的将是同样的一些人，而不再是两个不同的阶级……通过消除旧的分工，进行生产教育、变换工种、共同享受大家创造出

来的福利,以及城乡的融合,使社会全体成员的才能得到全面的发展"①。从这段文字中可以得出,马克思和恩格斯认为城乡融合是社会的必然趋势,未来社会人人平等,阶级层次将会逐渐消失,每个人都可以实现自身的发展,在社会中实现自己的价值,为社会创造物质财富,满足全体人的需求。

第二,生产力的不断发展和合理分布是实现城乡融合的物质基础。要想达到城乡融合的目的,必须从生产力着手,才能为城乡融合打下牢固的物质基础。马克思指出:"资本主义生产方式同时为一种新的更高级的综合,即农业和工业在它们对立发展的形式的基础上的联合,创造了物质前提。"②在社会主义条件下只有不断地提高生产力的发展水平,促使工业和农业的不断联合,使城乡生产力都提升到另一个新的高度,才会彻底消除城乡对立的物质条件,促进城乡融合的实现。马克思认为,不仅要不断促进生产力的发展,还要在此基础上对生产力进行合理的分布,这也有利于实现城乡之间的融合。"大工业在全国的尽可能均衡的分布是消灭城市和乡村分离的条件。"③"只有使人口尽可能地平均分布于全国……才能使农村人口从他们数千年来几乎一成不变地在其中受煎熬的那种与世隔绝的和愚昧无知的状态中挣脱出来"④,这一做法蕴含刺激劳动力自由流动的意味,有一定的现实意义。

第三,废除资本主义私有制是实现城乡融合的社会前提条件。马克思、恩格斯认为:"城乡之间的对立只有在私有制的范围内才能存在。"⑤由此可以看出,导致城乡之间对立的主要原因是资本主义私有制的存在。他们又指出,随着社会生产力的不断进步,资本主义制度的弊端越来越严重,其必将被淘汰出历史舞台,人类必然迎来崭新的共产主义制度,而在共产主义社会,私有制会被消灭,城乡可以实现真正的融合。所以,消灭资本主义私有制及其生产方

---

① 《马克思恩格斯选集》第 1 卷,人民出版社 1972 年版,第 223—224 页。
② 《资本论》第 1 卷,人民出版社 1975 年版,第 552 页。
③ 《马克思恩格斯文集》第 9 卷,人民出版社 2009 年版,第 314 页。
④ 《马克思恩格斯文集》第 3 卷,人民出版社 2009 年版,第 326 页。
⑤ 《马克思恩格斯文集》第 1 卷,人民出版社 1972 年版,第 56 页。

式,建立社会主义公有制,是实现城乡融合的良药。但是,资本主义私有制的废除并不是短时间内可以实现的,是需要以生产力的高度发达为前提条件的。只有在这样的基础上才能消灭私有制,才能逐步消除城市和农村分离乃至对立的状态,这样一来,以牺牲农民的利益为代价来满足城市发展的状况将得到改变,城市与农村将实现良性互动,而不是处于彼此孤立、隔绝的状态。

第四,要把工农业结合起来发展。马克思、恩格斯认为,生产力高度发展,才有望解决城乡间的问题,他们还提出,工农业联合起来发展是实现城乡融合目标的重要方法,"把农业和工业结合起来,促使城乡之间的对立逐步消灭"①。所以,要使工业为农业提供更扎实的保障,就要更新两者之间的关系模式,从而带动农业向良好的局势发展,使城市与乡村间联系加强,促进农业生产规模化与生产机械化,努力实现所有社会个人对这两种资料的共同占有,这样才能使工业农业密切联系,体现了"公民公社将从事工业生产和农业生产,将把城市和农村生活方式的优点结合起来,避免二者的片面性和缺点"②。以逐渐缩小城乡间的差距,消除城乡对立,实现城乡融合。

马克思主义经典作家对城乡融合的丰富论述,是统筹城乡经济社会发展,推进城乡发展一体化的基本理论依据,用马克思主义城乡融合理论来指导我国城乡一体化,具有重要的理论和现实意义。

(二)列宁、斯大林关于城乡关系的相关理论

作为马克思主义的重要传承人,列宁和斯大林没有把马克思的思想当结论,而是通过分析俄国现状和城乡社会矛盾,实现了对马克思主义城乡关系思想的"苏俄化"改造。他们对俄国城乡关系问题的最初观察和思考主要是以俄国资本主义发展背景下城乡关系状况的变迁为基础。他们认真分析俄国的社会现实情况,进行了大量的实践探索,探究了俄国城乡对立的根源以及消除

---

① 《马克思恩格斯文集》第1卷,人民出版社1972年版,第273页。
② 《马克思恩格斯选集》第1卷,人民出版社2012年版,第305页。

城乡对立的方法。这些理论丰富了城乡关系理论的宝库。

1. 列宁城乡关系理论的主要内容

首先,列宁分析了城乡差别对政治、经济和文化的影响。列宁十分重视城乡差别的城乡问题,一直在思考该采取怎样的办法解决。因为他知道不和谐的城乡关系会对国家的发展产生很大的影响。在政治上,列宁认为在革命时期的苏联经济处于建设时期,要想使国家经济稳步发展就必须坚持工农联盟政策,将工业和农业结合起来大力发展,同时加强城市与农村的联系,促进工业和农业的结合,在工农联盟政策的指导下,致力于缩小一直以来因工农分裂导致的城乡差距问题。在经济上,列宁指出之所以出现经济竞争,引发垄断,实际是资本主义社会化大生产的结果。在促进城乡发展的过程中,农村发展落后,而城市由于劳动力充足,优秀资源集中,发展更加迅速,结果造成城市与乡村发展状况差异大,他认为发展经济才是解决这一问题的重要武器,借此经济发展方面的差距才会缩小。在文化方面,他认为任何国家地区的文化发展,农村总是落后于城市。而就是这种城乡差别,成为国家进一步发展的瓶颈和障碍,要想实现发展,必须采取更为全面的方式来实现更高程度的发展。

其次,分析了问题产生的根源。列宁立足于俄国的实际国情,对俄国城乡对立的根源进行了分析,他继承了马克思、恩格斯的观点,认为资本主义条件下城乡对立的根源是生产力水平低以及私有制。在生产力方面,列宁认为"在共产主义第一阶段还不能做到公平和平等,因为富裕的程度还会不同,而不同就是不公平"①。这意味着列宁也意识到了对立的出现是生产力水平低下引起的。通过在生产中引入机器,机器很大程度上代替了手工劳动,社会分工更加彻底,使大量农民工人下岗,这样一来,就加剧了城乡矛盾。私有制方

---

① 《列宁选集》第3卷,人民出版社1995年版,第195页。

面,列宁认为不论在政治、经济还是文化等方面,城市都是优于农村的,这样的差异持久下去会使城乡对立越来越严重。并论述到其实这"是有了商品生产和资本主义的一切国家(包括俄国在内)的共同的必然的现象"①。列宁继承了通过消灭私有制来解决城乡对立难题的思想。

最后,列宁致力于探究消除城乡对立的方法。列宁认为,提高生产力水平是促进城乡资源有效整合使之城乡一体化的重要措施,可以缩小城乡差距,他认为可以通过电气化的方式来促进生产力的发展,而且城市可以传播先进的知识,由此可以提高农村人的知识水平,使落后的农村面貌得以改善。同时列宁认为城市应该带动农村发展。列宁说:"城市和农村在经济上政治上不平等的事实并未因此而消失,城市不可能和农村平等。在这个时代的历史条件下,农村也不可能和城市平等。城市必然要领导农村。"②即列宁认为城市相比较农村,在任何方面都处于有利地位,列宁认为可以将城市的优势充分发挥,在促进城市发展的同时带动农村发展,将城市的强大之手伸到农村,引导农村,实现农村向城市化发展,加大力度努力实现城乡人口的融合,互相影响,这样使城乡资源得到互补,在这个过程中,会逐渐缩小城乡间的差距。列宁强调重工业、轻工业和农业协调发展,他自始至终都把农业作为稳固国家的根本力量。从他制定的政策可以看出列宁在农村、农业问题上投入了很大的精力。他在协调产业结构发展方面作出了很大努力,正如他说:"要挽救俄国,单靠农业丰收还不够,而且单靠供给农民消费品的轻工业情况良好也还不够,我们还必须有重工业。"③他认为农轻重三者的协调发展是国家经济快速发展的中坚力量,他还合理地分布俄国工业,根据实际需要把农业人口和非农业人口安排妥当,稳步地促进城乡统筹发展。

---

① 《列宁全集》第 2 卷,人民出版社 1984 年版,第 197 页。
② 《列宁选集》第 4 卷,人民出版社 1972 年版,第 120 页。
③ 《列宁选集》第 4 卷,人民出版社 1995 年版,第 724 页。

2. 斯大林的城乡关系理论

第一，肯定了工农联盟的地位。依据当时的条件，继承列宁的思想，把它提到了更高的一个层次，认为仅仅依靠无产阶级力量根本不可能实现经济发展的重任，最正确的途径是把工人农民结合起来。要特别注意维护好农民的利益问题，处理好工业和农业之间的关系，巩固工农联盟。斯大林指出要坚持社会主义方向这个大前提，工业不能像资本主义剥削那样来实现国民收入的积累，要"靠本国节约来发展工业的道路，即社会主义积累的道路"[1]。农业增产不能像西方农业两极分化，要把农民组织起来走农业合作化道路。工农产品价格之间"剪刀差"的存在具有其历史合理性。我们必须要保持工业，尤其是重工业的快速发展，"剪刀差"能为快速工业化提供积累。"这不仅是工业本身所需要的，而且首先是农业，是农民所需要的"[2]。同时，小农经济受自然条件和社会需求的影响、增产比较慢等局限性要求联合个体农户，通过把分散的农户联合为集体农庄，可以共享农业装备和技术，"剪刀差"也会逐渐消除。

第二，关于消灭三大差别的思想。对于城乡间、工农业间这类差别消失的问题斯大林认为这是苏联社会主义建设实践中出现且当前应该面对的问题。他以工农业之间的差别为例，认为这种差别其实是因为工业中是生产资料和产品的全民所有制，而在农业中则是集体所有制，不难看出这种差别不仅仅是工农业生产条件和所处环境截然不同导致的，工农业差别的根本原因是全民所有制和集体所有制。当时有些人认为城乡间、工农业间等本质差别和不平等消失，那么意味着所有差别都会消失，他认为这三大类本质差别的消失，不能导致所有差别的消失。对于社会主义社会中的三大差别，斯大林将其分为本质差别和非本质差别并找出了解决这种矛盾的根本途径是建立社会主义制度。

斯大林的城乡关系思想，对于促进当时苏联发展具有重要的作用。在斯

---

① 《斯大林选集》上卷，人民出版社 1979 年版，第 464 页。
② 《斯大林选集》下卷，人民出版社 1979 年版，第 149 页。

大林的城乡关系思想中，大部分思想在当时的国情下还是正确的，为苏联认识和处理城乡关系问题提供了重要的理论依据。

（三）我国关于城乡关系的相互政策

在新民主主义革命时期，毛泽东正确认识了近代以来中国城乡社会矛盾发展的客观规律，在与"城市中心论"长期的思想斗争、政治斗争中创造性地提出了"农村包围城市"的城乡斗争策略，并领导中国革命走向成功。在社会主义建设时期，毛泽东关于城乡关系理论探索的演变过程较为复杂，从最初"城乡统筹兼顾"到"优先发展重工业"，再到"以钢为纲"的"大跃进"式现代化，最终回归"工业优先、兼顾农业"的发展思路，这对新中国城乡发展战略的制定和调整产生了决定性影响，对建设时期中国城乡社会发展的基本走向也产生了重要影响。

在1978年党的十一届三中全会以后，以邓小平同志为主要代表的中国共产党人的中央领导集体制定了把工作重心转移到社会主义现代化建设上来的战略决策，我国城乡对立状况逐渐有所缓解，城乡差距初步缩小。邓小平是我国"改革开放的总设计师"，他强调农业发展是我国经济发展的根本保障。他认为农业是基础产业，是进行社会主义建设的基本保障，如果没有农业作为基础，工业就不能得到快速发展，国家经济就会滞后。邓小平在农村大力倡导实行家庭联产承包责任制，农民生产的积极性在很大程度上得到显著提高，促进了农业发展。

党的十一届四中全会通过的《中共中央关于加快农业发展若干问题的决定》中指出，在农业发展的各种经济形式中都可以说是社会主义经济的重要组成部分。并且在社会主义市场经济条件下，积极以市场为导向，积极改革不合理的关于农业农村等方面的制度，从而为进一步发展创造有利条件。改革开放进程的加速，城市更是得到了前所未有的大发展，而农村由于顽固的落后的历史弊病的影响，适应改革发展比较迟缓，从而错过了发展的良机。为了生存，农民开始涌入城市，小城镇化规模越来越大，对农村经济发展起了重要作用,有利于继续走具有中国特色的城市化发展道路。

以 1992 年党的十四大为标志,中国全面进入了社会主义市场经济体制改革时代。工业和城市更快地适应了市场经济的发展趋势,而农业和乡村则在市场化改革大潮中遭遇了前所未有的发展危机,"城乡在市场化进程中出现了分治的双重趋向"①。基于城乡差距的扩大化趋势,以江泽民同志为主要代表的中国共产党人从时代发展的阶段性特征出发,对市场化条件下的城乡关系问题作出了进一步思考,并提出了相应的城乡发展战略。

党的十五大报告中提出了要在重视农业发展的基础上,进一步统筹城乡发展的思想,进一步缩小城乡发展差距,缩小贫富悬殊的程度,这就需要搞好小城镇建设。由于我国人口众多,在促进经济发展的过程中就会出现农村富余劳动力过多,农村经济发展滞后,而针对这个问题,积极推进小城镇建设确实是一个必要条件。

2002 年党的十六大以后,我国进入全面建设小康社会的发展阶段。以胡锦涛同志为主要代表的中国共产党人面对新局面和新任务,在解决和推进我国城乡关系的实践中不断丰富和发展着城乡关系思想。

党的十六届三中全会上提出了"按照统筹城乡发展、统筹区域发展、统筹经济社会发展、统筹人与自然和谐发展、统筹国内发展和对外开放的要求"推进社会主义建设,其中"统筹城乡发展"放在了"五个统筹"的首位,突出强调了城乡之间平等地互通互动,协调发展在以科学发展观为指导的社会主义建设中的重要性。

2003 年年初的中央农村工作会议上,胡锦涛指出:"统筹城乡经济社会发展,就是要充分发挥城市对农村的带动作用和农村对城市的促进作用,实现城乡经济社会一体化发展。"②2007 年 10 月党的十七大报告提出:"要建立以工

---

① 赵洋:《中国特色社会主义城乡关系的变迁与启示》,《人民论坛》2012 年第 7 期。
② 中共中央文献研究室编:《十六大以来重要文献选编》(上),中央文献出版社 2005 年版,第 128 页。

促农、以城带乡长效机制，形成城乡经济社会发展一体化新格局。"①党的十七届三中全会认为，我国总体上已进入以工促农、以城带乡的发展阶段，进入加快改造传统农业，走中国特色农业现代化道路的关键时刻，进入加速破除城乡二元结构，形成城乡经济社会发展一体化新格局的重要时期。城乡一体化新格局是中央对统筹城乡发展提出的新的要求，是打破城乡二元结构，促进城乡统筹发展的理论创新。

党的十八大以来，以习近平同志为核心的党中央继承和发展马克思主义城乡关系理论，高度重视推进城乡发展一体化，出台了一系列有关城乡一体化的政策，走城乡融合发展之路，加快建立健全城乡融合发展体制机制和政策体系。

2013 年党中央召开中央城镇化工作会议，在这次会议上，习近平总书记提出："城乡一体化建设要体现尊重自然、顺应自然、天人合一的理念，依托现有山水脉络等独特风光，让城市融入大自然，让居民望得见山、看得见水、记得住乡愁。城乡一体化发展，完全可以保留村庄原始风貌，慎砍树、不填湖、少拆房，尽可能在原有村庄形态上改善居民生活条件。"这些全新的、鲜活的理念为我国新型城镇化建设指明了前进方向。

2014 年《国家新型城镇化规划（2014—2020 年）》发布，印发通知指出，该规划是这一时期指导全国城镇化健康发展的宏观性、战略性、基础性规划。城镇化是现代化的必由之路，是解决农业农村农民问题的重要途径，是推动区域协调发展的有力支撑，是扩大内需和促进产业升级的重要抓手。制定实施《规划》，努力走出一条以人为本、四化同步、优化布局、生态文明、文化传承的中国特色新型城镇化道路，对全面建成小康社会、加快推进社会主义现代化具有重大现实意义和深远历史意义。

---

① 中共中央文献研究室编：《十七大以来重要文献选编》（上），中央文献出版社 2009 年版，第 18 页。

2017 年党的十九大报告明确提出"实施乡村振兴战略","建立健全城乡融合发展体制机制和政策体系",首次将"城乡融合发展"写入党的文献,这是我们党在中国特色社会主义进入新时代的背景下,进一步理顺城乡关系、促进城乡融合发展和农村现代化的重要举措。同年中央农村工作会议进一步明确了实施乡村振兴战略的目标任务,首次提出要走中国特色社会主义乡村振兴道路,其中一个重要方面,就是重塑城乡关系,走城乡融合发展之路。

2018 年《乡村振兴战略规划(2018—2022 年)》发布,在完善城乡融合发展政策体系篇,该规划提出,顺应城乡融合发展趋势,旨在重塑城乡关系,更好地激发农村内部发展活力、优化农村外部发展环境,推动人才、土地、资本等要素双向流动,为乡村振兴注入新动能。

2019 年中共中央、国务院印发《关于建立健全城乡融合发展体制机制和政策体系的意见》,明确提出要加快形成新型工农城乡关系,并从顶层设计的层面构建起推进城乡融合发展的制度架构。

党的十八大以来,在协调推进乡村振兴战略和新型城镇化战略的实践探索中,户籍制度、城乡公共资源配置制度、土地制度等关系城乡二元体制的关键性制度改革取得历史性突破,城乡关系得到历史性改善,城乡加快融合发展,城乡关系进入新阶段。

一是城乡二元户籍制度改革取得历史性突破。2014 年 7 月,国务院《关于进一步推进户籍制度改革的意见》,提出建立城乡统一的户口登记制度,取消农业户口与非农业户口性质区分,统一登记为居民户口。到 2018 年,全国 31 个省(自治区、直辖市)全部出台户籍制度改革方案,城乡统一的户口登记制度全面建立,"农业户口"这一名称成为历史。同时,各类城市对农业转移人口的落户管制逐步放开放宽,到 2020 年年底,全国 300 万人以下人口城市总体放开了落户限制,有意愿的农业转移人口基本实现了在大多数超大特大以下城市的自由落户。2014—2019 年,超过 1 亿人的农业转移人口成为城镇居民。

二是城乡一体的公共资源配置机制加快建立。以公共资源配置为重点的城乡基本公共服务均等化加快推进。2014年，国务院《关于建立统一的城乡居民基本养老保险制度的意见》发布，全国范围内建立起统一的城乡居民基本养老保险制度。2015年，根据国务院《关于进一步完善城乡义务教育经费保障机制的通知》，城乡统一、重在农村的义务教育经费保障机制总体建立。2016年，国务院《关于整合城乡居民基本医疗保险制度的意见》发布，推进城镇居民医保和新农合制度整合，逐步在全国范围内建立起统一的城乡居民医保制度。当前，国家基本公共服务项目和标准得到全面落实，保障能力进一步提升。2019年年底，城乡居民基本医保覆盖13.54亿人，基本养老保险覆盖9.68亿人，失业保险、工伤保险参保人数分别达到2.05亿人、2.55亿人。同时，城乡基础设施建设向着联通化、一体化的方向加快迈进，到2018年年底，全国99.6%的乡镇、99.5%的建制村通了硬化路，96%的建制村通了光纤，城乡间实现了便捷快速联通。

三是城乡统一的建设用地市场逐步建立。农村承包土地、宅基地、集体经营性建设用地改革均取得重大进展，促进了城乡统一的建设用地市场建设。农村承包地所有权、承包权、经营权"三权分置"制度建立，稳定了家庭联产承包责任制，放开了农村土地经营权，促进了土地流转。农村宅基地所有权、资格权、使用权"三权分置"的改革探索不断深入，在保障农民合法居住权的基础上，赋予了农民更多财产权。农村集体经营性建设用地入市制度总体建立，截至2018年年底，农村集体经营性建设用地直接入市1.1万宗10.6万亩，总价款290亿元，腾退零星闲置宅基地18万户11.8万亩，农民财产权利得以实现。

一系列推动城乡一体化和融合发展的政策举措，使城乡人口和要素流动更加顺畅，城镇化率在2019年突破60%，2020年我国的城镇化率达到63.89%；城乡居民收入比大幅下降，由2012年的2.88下降到2019年的2.64；农业劳动生产率大幅提升；脱贫攻坚胜利完成，中国在历史上首次整体消除了绝对贫困。

二、城乡一体化的内涵和外延

(一)国内学者对城乡一体化的理论探索

改革开放以来,随着我国经济发展,特别是在沿海发达地区,城乡经济关系日趋紧密,城乡功能转型加速进行,长期形成的城乡分割的二元结构逐渐显现出某些不适应,城乡如何协调发展,一直成为政府部门和学术界关注的焦点。最初,受工农商联合发展的启迪,一些学者从城乡经济一体化研究入手,希望在经济转型时期,将城乡一体化作为一种手段,通过生产要素在时空上的优化配置,确保城乡协调发展。因而,城乡发展战略一体化、经济管理一体化、商品市场一体化、经济活动网络化、利益分配合理化等对策思路纷呈迭出。其后,一些学者将城乡一体化研究范围扩展到户籍管理、住房、食品供给、就业、教育、医疗、保险等更为广泛的制度领域,试图通过调整和改革传统的城乡分割体制,来达到消灭城乡差别,实现城乡融合发展。还有的学者将城乡融合发展扩展至政治、经济、生态环境、文化、空间等各个方面,将城乡一体化视为经济社会发展的必然结果,认为城市和乡村最终将成为一个互相依托、互相促进的统一体①。

20世纪90年代中后期城乡一体化研究开始了理论上的探索,国内学者围绕城乡一体化的概念、内容、目标、实质、战略、特征、发展方向、动力机制与实现条件、核心、标志、模式、阻碍因素与具体措施等展开过热烈讨论。在研究内容上趋向于具体化与系统化,即不再笼统来谈城乡一体化,而是从某一个领域入手来研究城乡一体化,或者是研究某一专题,并对若干理论问题达成了一些基本共识。

---

① 石忆邵:《城乡一体化理论与实践回眸与评析》,《城市规划汇刊》2003年第1期。

(二)城乡一体化的来源

城乡一体化提法大体有两个来源:一是马克思、恩格斯关于城乡关系的论述;二是城市学、规划学等关于城乡一体思想的研究。马克思、恩格斯对资本主义工业化过程中城乡关系变迁进行了深入研究,形成了富有特色的城乡关系理论,其中的一条重要内容就是消灭城乡差别,实现城乡一体化,并认为"消灭城乡之间的对立,是共同体的首要条件之一,这个条件又取决于许多物质前提,而且任何人一看就知道,这个条件单靠意志是不能实现的"①。恩格斯在《共产主义原理》中第一次使用了"城乡融合"(Urban-rural composition)这个概念,并认为城乡融合就是"公民公社将从事工业生产和农业生产,将把城市和农村生活方式的优点结合起来,避免二者的片面性和缺点"②。城乡融合一词首次出现后,广泛被西方学者在工业地理学领域使用,其含义是指自20世纪后半期以来西方国家的一些制造业从原先的大都会中心向较小的聚落或尚未工业化地区转移,从而形成城市和乡村相混合的新型区域。显然,城乡融合的内涵和我们今天所说的城乡一体化的内涵大体相同,表述方式有差异。

城乡一体的概念产生于城市学和城市规划学研究。英国城市学家埃比尼泽·霍华德(Ebenezer Howard,1850—1928)于1898年出版了《明日:一条通向真正改革的和平道路》(1902年再版时改名为《明日的田园城市》)。他在书中提出应该建立一种兼有城市与乡村优点的新型城市,他称为"田园城市",倡导"用城乡一体的新社会结构形态来取代城乡对立的旧社会结构形态"③。美国的城市学家刘易斯·芒福德(Lewis Mumford,1895—1990)在霍华

---

① 《马克思恩格斯文集》第1卷,人民出版社2009年版,第577页。
② 《马克思恩格斯选集》第3卷,人民出版社1972年版,第335页。
③ [英]埃比尼泽·霍华德:《明日的田园城市》,金经元译,商务印书馆2000年版,第8—9页。

德的田园城市基础上提出了区域城市理论,主张通过在一个区域内建设多个城市中心,形成一个区域统一体,通过这个由多个分散的城市组成的统一体,把经济社会的发展逐渐引向区域内落后的乡村地区,从而重建城乡之间的平衡,实现区域内的城乡共同发展并使全部居民都享受到高质量的生活水平。他在1946年为《明日的田园城市》一书再版写序时对霍华德的城乡一体思想大加赞扬:"霍华德把乡村和城市的改进作为一个统一的问题来处理,大大走在了时代的前列。"①到20世纪60年代,他又明确指出:"城与乡,不能截然分开,城与乡,同等重要,城与乡,应当有机结合在一起。"②这大概是城乡一体概念的首次出现。此外,第二次世界大战后一些西方国家政府为了解决长期的城乡对立,影响经济发展、社会不稳定问题,通过编制城市与区域发展规划、国土综合整治和一系列法规建设,缩小了城乡差别,从实践上使城乡发展逐步进入了一体化阶段。如1965年法国政府通过了"巴黎地区整治和城市规划方案"。总的思路是:在城市密集区以外建立新城,把巴黎—新城—郊区农村结合起来,使它们在形态功能上形成和谐统一体,把新城建设与农村地区开发有机结合起来,合理布局。③

　　综上所述,城乡一体化提法的思想起源于马克思、恩格斯关于城乡关系的论述和现代城市学和城市规划学对城乡关系改进的表述以及西方国家的实践。但是城乡一体化(Urban-rural integration)这一表述方式是我国学者首先使用的,西方经济学的研究中,严格意义上讲没有和城乡一体化(Urban-rural Integration)相对应的概念,城乡一体化的表述方式用得最多的是 Integration,其英语本义是"综合、集成、结合",社会学界常常译成整合,被引申为"一体化",并且很少与城乡(Urban-rural)一词搭配,经常是与"区域经济"(Regional

---

① 　[美]刘易斯·芒福德:《城市发展史》,倪文彦、宋峻岭译,中国建筑工业出版社1989年版,第383—386页。

② 　薛晴、霍有光:《城乡一体化的理论渊源及其嬗变轨迹考察》,《经济地理》2010年第11期。

③ 　王建中、石一飞:《城乡一体化的起源及内涵》,《江海纵横》2011年第2期。

Economic)一词连用,早期的研究特指欧洲共同体的经济一体化进程。[1] 我国学者使用"城乡一体化"这一概念,反映的是他们对西方学术思想和实践的理解和启示,也是根据中国的发展国情提出的。

（三）城乡一体化的内涵

由于城乡一体化涉及社会经济、生态环境、文化生活、空间景观等各个方面,因此其概念对于不同的学科在理解上也略有不同程度的偏重。受学科背景和研究视角的限制,目前在理论上还没有形成一个统一的认识。近年来,许多学者根据社会经济的发展特点,分别从不同领域对城乡一体化的概念、内涵和外延进行了研究。

社会学和人类学者从城乡关系的角度出发,认为城乡一体化是指"发达城市和相对落后的农村打破相互分割的壁垒,城乡经济和社会生活紧密结合与协调发展,逐步缩小至消灭城乡之间的基本差别,从而使城市和乡村融为一体"[2]。我国学者费孝通从社会学和人类学角度出发,在人文生态层次上研究城乡和区域协调发展问题。他认为,大力发展农村非农业和农村小城镇,形成以大城市为中心、以农村乡镇企业为主体的城乡一体化发展网络,是实现城乡协调发展的必由之路[3]。也有学者从社会结构的视角出发,将城乡一体化理解为"填平城乡二元结构鸿沟,实现社会资源共享,形成统一社会结构,最终实现共同发展"的过程[4],这种理解几乎涉及城乡关系的方方面面,可以称为"城乡经济社会一体化"。经济学者则从经济发展规律和生产力合理布局角度出发,认为城乡一体化是现代经济中农业和工业联系日益增强的客观要

---

① 王渊等:《城乡经济社会一体化内涵与外延的再认识》,《福建论坛(人文社会科学版)》2011 年第 1 期。

② 张雨林:《论城乡一体化》,《社会学研究》1988 年第 5 期。

③ 费孝通:《中国城乡经济发展道路》,《中国社会科学》1993 年第 1 期。

④ 于波:《全球化赋予城乡一体化的时代内涵研究》,《农村经济》2005 年第 4 期。

求①,是指在保持城市与乡村特色的同时,通过市场机制,统一布局城乡经济,加强城乡之间的经济交流与协作,使人口、资源、资金、技术等要素在城乡地域空间上、在不同产业间有序流动和优化组合,促使生产力在城市和乡村之间合理分布,实现持续、协调发展,以取得最佳的经济效益,其核心是要消除城乡分割的弊端,改变城乡二元经济结构,实现一体化发展。② 这种理解集中于城乡经济关系,可以称作"城乡经济一体化"。人文地理学者则普遍从城乡空间关系"共生期、分离期、对立期、平等发展期、融合期"③这一基本演变历史出发,认为城乡一体化就是"探索新的城乡空间结构模式的需要"④,更加关注城乡一体的空间布局。规划学者是从空间的角度对城乡发展作出统一规划,即对具有一定内在关联的城乡交融地域上各物质与精神要素进行系统安排,认为城乡一体化是指在明确城乡分工、相互促进基础上的双向发展过程,它不是空间的均衡化,而是一个有效聚集、有机疏散、高度协作的最优空间网络系统,通过要素的自由流动和人为协调,达到城乡经济一体化和空间融合系统的最优状态⑤,其最终目的是为城乡居民创造一个物心俱丰的生存环境。⑥ 生态与环境学者则是从促进人与自然和谐相处、共同发展的角度,认为城乡一体化并不是一种城乡无差别的境界,而是一种区域生态群落的合理分布,是生产、生活活动的空间合理分布,是城乡生态环境的有机结合,还将城乡的生产和生活纳入区域社会生态系统中,在空间上建立共建、共有、共享的城乡生态系统,保证自然生态过程畅通有序,促进城乡健康、协调发展⑦,是"一种区域生态经济

---

① 孙自铎:《城乡一体化新析》,《经济地理》1989年第1期。

② 洪银兴、陈雯:《城市化和城乡一体化》,《经济理论与经济管理》2003年第4期。

③ 王振亮:《城乡空间融合论——我国城市化可持续发展过程中城乡空间关系的系统研究空间融合》,复旦大学出版社2000年版,第46页。

④ 修春亮:《东北地区城乡一体化进程评估》,《地理科学》2004年第3期。

⑤ 杨培峰:《城乡一体化初探》,《城市规划汇刊》1999年第2期。

⑥ 李同升、库向阳:《城乡一体化发展的动力机制及其演变分析——以宝鸡市为例》,《西北大学学报(自然科学版)》2000年第3期。

⑦ 徐同文:《城乡一体化体制对策研究》,人民出版社2011年版,第23—24页。

良性平衡系统的高境界"①。还有学者从可持续发展和空间优化角度提出了城乡一体化是"实现城乡经济、社会、文化持续协调发展的过程,主要包括城乡职能一体化和空间一体化"。

综上所述可知,尽管学者们对城乡一体化论述的侧重点不同,但是都包括以下几个共同点:第一,城乡一体化的前提条件是生产力的高度发展;第二,城乡是一个统一的整体,地位相同,资源可以自由流动;第三,城乡一体化的最终目标是缩小城乡差距,使城乡共享现代文明。我们认为,确定城乡一体化的内涵,要从如下几个方面考虑:

1. 城乡一体化的根本是城市与乡村和谐共生

城市和乡村是构成社会的两大基本单元,伴随着工业化的兴起,由于城市的要素边际生产率更高,吸引了大量劳动力和资本从农村流向城市,从而城市的发展规模越来越大,成为整个社会的主体,并且在社会的发展中起着主导作用。同时,由于大量生产要素流动到城市,农村的发展规模相对城市越来越小,实力也越来越弱,但由于农业对国民经济的发展存在产品、要素、市场、外汇等四个方面的贡献,因此,农村不会消失,依然是城市赖以生存和发展的重要基础。而且,伴随着城市规模的扩大,它对于农村和农业的要求会越来越高,从共生的关系上讲,城市的强大对农村、农业的强大有着内在的高要求和高标准。因此,反过来,城市最终会通过资源要素向农村的流动,为农村的发展注入活力,从而实现城乡之间在经济、生活、社会、环境、生态等多维度的共生融合和协调发展。

2. 城乡一体化的保障是市场与政府共建

城乡之间存在共生关系是由市场经济发展的内在规律决定的。但若在二

---

① 伍新木:《城乡一体与区域生态经济系统》,《武汉大学学报(社会科学版)》1990 年第5 期。

者的关系中,政府部门不加以介入,而任由市场价格机制发生作用,则城乡之间的差距会越拉越大,发展到后来,不仅农村经济发展的内生动力会遭到破坏,经济和社会的发展会越来越衰败,而且城市也会因为农村对其功能支撑作用弱化而受到不利影响。所以城乡之间存在的共生关系内在的要求在城乡一体化的发展过程中必须要有政府部门的介入,以实现"看得见的手"和"看不见的手"共同在城乡关系中起到建设性的作用。市场的作用在于在城乡要素边际生产率存在显著差异的情况下,城市的生产要素为了获得更高的回报,不断向农村流动,为农村经济发展注入活力,助力农村挖掘资源优势,建立现代产业体系,缩小与城市劳动生产率的差距。但是市场作用的发挥需要政府部门顺应经济规律,为农村优势资源的开发和城市要素向农村的流动建立政策框架。具体来说,政府部门的作用集中在以下几方面:第一,完善能源、公路、物流、新一代互联网等多领域农村基础设施建设,为发展现代农业,建立现代产业体系提供物质保障;第二,要完善城乡公共服务资源均衡配置的机制,在资源布局和服务质量上补齐短板,稳步提高城乡基本公共服务均等化水平;第三,要按照城乡关系发展的一般规律,在规划布局、基础设施、公共服务、产业发展、生态保护、资源配置等方面循序渐进,构建城乡一体化的体制机制。

3. 城乡一体化的内核是城乡居民平等共享

城市和乡村作为构成社会的两个有机体,虽然在工业化的初期和中期城市作为经济增长的引擎要担负起扩大经济总量,提高技术水平,改善产业结构,增加就业机会的重任,城乡差距会不断拉大,但到了工业化后期和后工业化时期,由于城市经济对农村经济的带动,以及农村经济自身活力的增强,城市和农村经济发展差距会缩小,社会发展的不平等程度也会削弱,城乡居民的获得感会明显增强。具体来说,城市和乡村平等共享主要包括经济、社会、生活、环境、生态等5个方面的内容。在经济方面,由于城市现代工业和服务业对农村传统农业的技术改造,农业的生产方式发生改变,由于农业生产效率与现代工业、服务业趋同,从而城市和农村实现了经济发展的平等;在社会方面,由于政府部门采用转移支付的方式把一部分资源向农村倾斜,以及由于农村经济实力的增强,城乡居民基本都能享受到均等化的公共服务;在生活方面,由于城市和农村劳动生产率趋同,居民收入水平差异缩小,导致城乡居民在消费水平和消费结构上也出现了趋同;在生态方面,由于创新发展和绿色发展成了城市和农村发展的主旋律,"绿水青山就是金山银山"的发展理念深入落实,因此城市和农村生态环境都得到了很大改善;在空间上,由于交通基础设施不断完善,新一代信息技术的广泛应用,城乡之间的信息传输非常便利,人员流动、资本流动、货物流动也都比较顺畅。

因此,综合各方面的意见,我们认为城乡一体化指在一定区域内,城市与乡村在政治、经济、文化等方面广泛融合,城乡的发展有机结合,形成"以城带乡,优势互补,共同发展"的城乡关系。它是一个地域社会经济过程,涉及自然、社会、经济复合生态系统的方方面面,故可称为社会—经济—生态复合生态系统演替的顶级状态,体现城乡之间的经济联系和社会进步的要求。①

(四)城乡一体化的外延

程水源等(2010)②、郭晓鸣等(2013)③、何雄(2014)④认为,城乡一体化的基本内容概括起来主要包括城乡规划一体化、城乡产业一体化、城乡基础设施一体化、城乡(资源要素配置)市场体制一体化、城乡公共服务一体化和城乡管理体制一体化;白永秀(2010)认为,城乡经济社会一体化的主要内容包括城乡建设规划、城乡市场体系、城乡产业发展、城乡经济主体、城乡公共服

---

① 沈红等:《城乡一体化研究现状与展望》,《国土与自然资源研究》2005年第4期。
② 程水源、刘汉成:《城乡一体化发展的理论与实践》,中国农业出版社2010年版,第1—4页。
③ 郭晓鸣等:《城乡经济社会一体化新格局战略研究》,科学出版社2013年版,第5—8页。
④ 何雄:《城乡发展一体化的路径和机制创新》,中共中央党校出版社2014年版,第72页。

务、城乡基础设施、城乡社会管理、城乡生活方式等"八个一体化"①。根据中央的有关精神,结合各地城乡发展一体化的试点实践,我们认为城乡发展一体化的路径创新,既要考虑城乡经济社会发展方面的一体化,还要考虑城乡发展体制机制方面的一体化。以此为起点,将城乡发展一体化的路径确定为6个方面的一体化,即城乡发展规划一体化、城乡产业布局一体化、城乡基础设施一体化、城乡公共服务一体化、城乡资源要素配置一体化、城乡管理体制一体化,前4个方面属于城乡经济社会发展方面的一体化,后2个方面属于城乡发展体制机制方面的一体化,只有这6个方面的一体化协同推进,才有利于城乡一体化全面协调持续发展。

三、城乡经济社会发展一体化的影响因素

中国的城乡经济社会一体化是一个经济问题,同样也是一个社会问题,其受到多方面因素的影响。因此,有必要对城乡经济社会一体化的影响因素进行分析。

(一)经济因素

城乡经济发展水平差距是衡量城乡经济社会一体化程度高低的重要因素。如果城乡经济发展差距越来越大,说明城乡分割比较严重,城乡经济社会一体化程度较低。反之,如果城乡经济发展差距逐步缩小,则说明城乡经济社会一体化程度越来越高。在一个经济体开启工业化进程之后,由于工业化对城市化所起的推动作用,会导致城市与农村之间形成二元经济结构。二元经济的主要表现在于城乡之间劳动生产率和收入水平的差距。城市现代工业部门由于技术水平高,劳动生产率高,从而工人的工资水平高。反之,农村中的

---

① 白永秀:《后改革时代的关键:城乡经济社会一体化》,《经济学家》2010年第8期。

农业由于还是采用传统的生产技术和生产方式进行生产，所以劳动生产率低，农民的收入水平也较低。根据城乡经济发展的一般规律，城乡经济发展差距往往随着工业化水平的不断提高而扩大，但二者之间并非呈线性的关系。等到了工业化后期，城乡经济发展差距常常会出现逆转，这主要是由两个原因导致的：第一，当大量的农业人口转移到城市以后，由于农村中农业劳动力少了，拥有的耕地多了，从而农业劳动生产率得到了提高，相应的农业收入也会出现增加；第二，在城市发展到一定阶段之后，由于技术进步变慢，要素的边际报酬率递减，劳动力、资本等一些生产要素会向农村和农业渗透，寻找新的投资机会，一方面会运用信息技术、先进的生产装备和种植技术对传统的农业进行技术改造，提高作物的单产和质量水平，另一方面会适应市场需求的变化，深入挖掘农业的多种功能，把现代工业、服务业和农业融合发展，通过延长农业的产业链，提高农业的附加值从而提升农业的劳动生产率和农民的收入水平。

（二）社会因素

形成覆盖城乡、完善的、可持续的教育、医疗、社会保障公共服务体系是实现城乡社会一体化的重要内容。虽然按照城乡经济发展的一般规律，在工业化的后期会出现城市经济向农村经济的外溢效应，从而会缩小城乡经济发展差距，但缩小不等于等同，我们所处的城市文明时代决定了城市才是现代科技创新的策源地、新兴产业发展的核心区、创造国民经济的主力军。相比较而言，由于农业劳动力较少，资本积累不足，农产品的需求价格弹性和需求收入弹性比较低的特性，农村创造财富的能力较弱，农业在很大程度上只是起着一种基础性的保障作用。在这种情况下，如果城乡经济发展和社会服务是分割的，它们各自按照经济发展水平为居民提供社会化的公共服务，很显然城乡居民在享有教育、医疗、社会保障等公共服务水平上会存在明显的差距，这种城乡公共服务的二元结构特征是城乡经济社会一体化水平较低的重要标志，这不利于体现社会公平、正义的原则，也不利于农村经济作为国民经济基础性保障功能的发挥。为了保障农业生产的基础性作用,有效维护城乡公民生存公平、发展公平的核心价值观,就不能把城市和乡村看成各自独立发展的经济和社会实体,城乡居民享有的社会服务必须统筹安排,城市必须加大转移支付力度,让农村居民获得与城市居民近乎均等的公共服务。在一个国家经济实力较弱,城市化水平较低的情况下可能无法做到,但是如果到了工业化后期,一个国家经济实力已经比较强大,城市人口所占比重也已经高于农村人口的情况下,这个目标还是比较容易实现的。当然,为了做到这点,就需要建立起以政府为主导,民间资本和社会力量广泛参与的多元投入机制,加大农村公共服务的投入力度。

(三)生活因素

城乡经济社会一体化最终的目标在于让农村居民达到或接近城市居民的消费水平,真正实现城乡居民经济地位的均等,从而彻底消除城乡发展的二元结构。因此,城乡居民在生活上表现出来的消费差异是最能反映城乡一体化水平的。城乡居民在生活上的消费体现在食品、衣着、交通通信、文教娱乐、医疗保健等诸多方面。改革开放以来,伴随着工业化水平的不断提高以及城市化的迅速推进,城市居民收入水平明显提高,消费能力显著增强,消费结构持续优化,人们已经由生活型消费转向发展型消费、享受型消费。在整体消费结构中,交通通信、文教娱乐、医疗保健这些满足人们健康和精神追求的消费支出迅速增长,所占比重快速提升,即便是传统的食品、衣着消费,人们也在多样化、个人体验等方面有了更高的要求。如果农村居民能够和城市居民一样,具有类似的消费观念,强大的消费能力,相似的消费水平,那么城乡经济社会一体化就真正实现了。反之,如果农村的居民消费能力低下,普遍还仅限于生存性消费,消费观念也与城市相去甚远,那么城乡经济社会一体化面临的任务就还是任重而道远。

（四）空间因素

城乡在空间上形成互联互通的公共交通网、互联网和快递网是实现城乡经济社会一体化的必要条件。在城乡之间形成互联互通的公共交通网、互联网和快递网，一方面能够保证农村在经济发展的过程中不仅可以利用自身的资源要素和市场来发展自己，还可以充分利用城市的资源和市场来壮大自己，从而有利于农村优势资源的挖掘和比较优势产业体系的建立，另一方面也有利于农民从城市获得现代化的商品和服务消费，从而提升自己的生活质量，缩小与城市居民消费水平的差距。反之，如果一个国家实行的是城市偏向的发展战略，那么大量的公共基础设施投入就会集中在城市，在农村的公共基础设施的投入必然比较少，农村的公共交通肯定不发达，互联网覆盖率也会比较低，快递网络也因为成本较高而分布密度较小。所以，城乡之间空间设施建设是否完备反映了城乡经济社会一体化水平的高低。

（五）生态因素

城乡经济社会一体化水平的高低还会体现在生态发展上。在工业文明时代，工业是经济增长的引擎，而城市是现代工业发展的载体。在工业化的初期和中期，由于以资源要素作为驱动经济增长的主要动力，所以经济发展的粗放型特征显著，环境污染也就不可避免。但是到了工业化后期，由于传统产业市场需求饱和，资源要素短缺以及由此带来的价格上涨，导致经济增长遇到了严重的瓶颈，创新发展、绿色发展就成了城市经济发展的主旋律。如果城乡经济发展是割裂的，城市在生态发展迈向高水平的同时，农村仍然维持着粗放型的经济发展模式，抱着传统的生活方式，那么城乡经济社会一体化水平就是比较低的。反之，如果城市的绿色发展理念和模式同样贯穿在了农村的发展过程中，不仅城市实现了绿色发展，生态明显改善，农村也同样了类似的变化，那么城乡经济社会一体化水平就是比较高的。

第二章　中部地区城乡经济社会发展一体化状况评价

　　中部地区作为重要的农业产区和商品粮基地,在保障全国农产品供应上起了重要作用,但中部6省区域广阔,城乡差别巨大,农村发展水平严重滞后于东部沿海地区。进入21世纪以后,由于城乡之间要素流动逐步加快,强农惠农的政策体系不断完善,基本公共服务均等化程度不断提升,经济联动效应不断增强,导致城乡一体化水平逐渐提高。但中部地区各省份城乡经济社会一体化水平演化趋势究竟如何?如何定量的测度与分析?六个省份之间城乡经济社会一体化水平存在多大的差异?只有把这些问题搞清楚了,才能为中部各省区精准施策,努力提高城乡经济社会一体化水平提供有价值的决策依据。

一、中部地区城乡经济社会发展一体化评价指标体系的构建

(一)城乡经济社会一体化评价指标体系研究概述

　　对城乡一体化水平评价的研究文献,大都遵循了社会科学评价研究"首

先构建评价指标体系,然后选取评价方法,最后根据样本数据对评价结果进行分析"的一般规律与逻辑步骤。对城乡一体化水平进行评价的内容,从整体上看可以分为两类:一类是对城乡发展一体化水平评价做理论探讨,包括内涵界定以及如何构建评价指标体系,但不以具体区域做实证研究;一类是在构建评价指标体系的基础上,选取评价方法,并针对具体区域做时间序列分析或者对某些区域做横向对比分析。从结构上看,可以分为四类:一是根据评价内容界定;二是根据评价方法选取;三是根据评价结果归类;四是根据影响因素判断。因此,我们首先对国内城乡发展一体化水平评价做整体梳理,然后根据评价内容界定、评价方法选择、评价结果归类与影响因素判断做分类梳理。

1. 理论研究

在国内,杨荣南是城乡一体化评价指标体系的尝试者。杨荣南(1997)建立了城乡一体化评价指标体系基本框架,包括城乡经济协调度、城乡人口协调度、城乡空间协调度、城乡生活协调度、城乡生态环境协调度 5 个方面共 35 个具体指标来测度城乡一体化水平。[①] 他并没有结合数据进行测度,只是构建了城乡一体化水平评价指标体系的基本框架,开创了我国城乡一体化定量研究的先河。李同升等(2000)简单提到城乡一体化发展过程的判别指标,如工农业劳动生产率比值、城乡居民收入比值、城市化和工业化水平差异、乡村社会经济和产业构成等[②],为城乡一体化水平评价的进一步研究提供了借鉴。顾益康等(2004)总结了国内外对城乡一体化内涵的理解及理论沿革,在借鉴了美国哈佛大学教授、诺贝尔经济学奖获得者阿马蒂亚·森(Amartya Kumar Sen)关于社会福利指数研究的基础上,确定了以城乡一体化发展度、差异度

---

① 杨荣南:《城乡一体化及其评价指标体系初探》,《城市研究》1997 年第 2 期。
② 李同升、厍向阳:《城乡一体化发展的动力机制及其演变分析——以宝鸡市为例》,《西北大学学报(自然科学版)》2000 年第 3 期。

和协调度为主要内容的城乡一体化评估指标体系①。以上研究侧重于建立城乡一体化水平评价的理论分析框架与指标体系,缺乏实际案例研究与样本数据具体测度。

2. 实证研究

自杨荣南等学者建立了城乡发展一体化评价指标体系的理论框架之后,近年来城乡发展一体化水平评价的实证研究越来越多。大体可以分为时间序列分析与区域差异分析两大类。

第一类是时间序列分析。完世伟(2008)基于 LOWA 算子建立包括空间、人口、经济、社会、生态 5 大类 20 项指标的区域城乡发展一体化评价指标体系,并运用 ANP 方法确定指标权重,对河南省 1978—2004 年的城乡发展一体化进程进行了综合评价,结果显示河南省区域城乡发展一体化发展的时空差异显著。② 李志杰(2009)建立了包含自然基础、经济、社会、基本公共服务以及动态发展 5 大子系统 27 个二级指标的城乡发展一体化评价指标体系,利用时序主成分分析方法对我国 1991—2007 年城乡发展一体化的动态演进行评价,并对 2007 年我国各地区城乡发展一体化水平进行聚类分析。③ 赵锋(2010)通过构建广西城乡发展一体化评价指标体系,并以城乡发展水平和城乡协调水平 2 个维度共 18 个评价指标为依据,对 1998—2008 年广西城乡发展一体化的发展水平及演进进行分析评价。④ 王蔚等(2011)利用层次分析法从城乡发展、城乡均衡和城乡协调三个方面构建指标体系,计算出 2005—

---

① 顾益康、许勇军:《城乡一体化评估指标体系研究》,《浙江社会科学》2004 年第 6 期。

② 完世伟:《区域城乡一体化测度与评价研究——以河南省为例》,天津大学 2006 年博士学位论文,第 60—70 页。

③ 李志杰:《我国城乡一体化评价体系设计及实证分析——基于时间序列数据和截面数据的综合考察》,《经济与管理研究》2009 年第 12 期。

④ 赵锋:《广西城乡一体化评价指标体系的设计及实证研究》,《广西社会科学》2010 年第 1 期。

2009 年湖南省城乡发展一体化指数及 2008 年湖南省各市州城乡发展一体化指数。① 时间序列分析侧重于对某一区域某一段时间内城乡发展一体化变化趋势的分析，从中观察出城乡发展一体化动态演进的规律与影响因素。

第二类是区域差异分析，包括省域、市域与县域三类。以省域作为比较对象主要有王桂平（2008）②、刘伟等（2010）③、汪宇明等（2012）④；以市域作为比较对象主要有修春亮等（2004）⑤、张淑敏等（2004）⑥、白永秀等（2005）⑦；以县域作为比较对象主要有杨丽等（2010）⑧、张庆文等（2010）⑨、靳拥军（2011）⑩、韦薇等（2011）⑪、郭亮华等（2012）⑫。

此外，徐颂、黄伟雄（2002），徐明华、白小虎（2005），王力、汪海霞（2006），刘新峰、焦黎（2007），张淑敏、刘辉、任建兰（2004）和任平、周介铭、张果（2006）等学者也对构建城乡一体化的评价指标体系进行了研究，是对城乡一体化实现程度量化评价方面的有益尝试。

① 王蔚等：《湖南省城乡一体化评价指标体系及量化分析》，《湖南大学学报（自然科学版）》2011 年第 4 期。
② 王桂平：《东西部城乡一体化水平比较研究》，西北大学 2008 年硕士学位论文，第 25—36 页。
③ 刘伟等：《我国四个直辖市城乡一体化进程比较与评价》，《北京社会科学》2010 年第 4 页。
④ 汪宇明等：《中国城乡一体化水平的省区分异》，《中国人口·资源与环境》2012 年第 4 期。
⑤ 修春亮等：《东北地区城乡一体化进程评估》，《地理科学》2004 年第 3 期。
⑥ 张淑敏等：《山东省区域城乡一体化的定量分析与研究》，《山东师范大学学报（自然科学版）》2004 年第 3 期。
⑦ 白水秀、岳利萍：《陕西城乡一体化水平判别与区域经济协调发展模式研究》，《嘉兴学院学报》2005 年第 1 期。
⑧ 杨丽、赵富城：《基于 DEA 技术的城乡经济社会一体化发展效率评价》，《经济问题探索》2010 年第 6 期。
⑨ 张庆文等：《城乡经济社会一体化综合评价与聚类分析——以北京市为例》，《农村经济》2010 年第 12 期。
⑩ 靳拥军：《基于因子分析的重庆市城乡经济社会一体化发展研究》，《管理现代化》2011 年第 1 期。
⑪ 韦薇等：《昆山市城乡经济社会一体化进程综合评价分析》，《生态经济》2011 年第 2 期。
⑫ 郭亮华等：《宁夏城乡一体化发展测评研究》，《国土与自然资源研究》2012 年第 1 期。

(二)指标体系选取原则与方法

1. 指标体系构建的原则

城乡一体化是一个包含经济一体化、社会一体化、生活一体化、空间一体化和生态环境一体化的复杂系统,由于影响因素多样,因此,需要构建一套科学且能全面兼顾各类因素的评价指标体系,以客观准确地描述、反映城乡互动与关联状态,体现城乡相互融合及发展的水平。我们认为指标体系的设计力图达到:

(1)全面性原则。指标体系的设计应把城乡一体化发展过程视为一个由诸要素构成的系统,强调在遵循系统理论的基础上应用系统方法,即需要用系统思想和方法对影响城乡一体化发展过程的各个要素及其相关关系作出分析、判断和评价,以期获得最佳的评价效果。

(2)科学性原则。评价指标体系设计的科学性主要体现在最大程度上摆脱凭借主观经验进行指标设计的倾向,特别是要充分考虑目标与指标间的支配关系,减少指标选择的盲目性和随意性。

(3)可比性原则。评价指标体系中所选用的指标必须有稳定的数据来源,同时指标体系所涉及的评价内容、时空范围、计算口径和方法都应具有可比性。

(4)区域性原则。城乡一体化是一个区域的概念,在对其进行评价时,不仅包括可比性指标,而且还应包括一些宏观指标,反映城镇建设、经济发展水平、区域基础设施、可持续发展等总体特征,以体现该区域总体发展状况。

(5)动态性原则。在确定指标的时候要考虑到指标值是否存在动态的变化,能够在权威的国家出版物中找到,并有时间序列的指标才是有价值的指标。因为指标值的动态变动不仅给了我们评价的依据,也为我们提供有价值的政策建议提供了重要参考。

(6)可操作性原则。评价目标的设计、评价模型的构建、评价方法的选择、评价活动的安排等不能仅从理论上的最优化出发，而应考虑到数据的易得性、数据来源的可靠性，以及所选指标含义的准确性、实际工作的适用性，以利于实际部门实施与操作。

2. 指标选取方法

已有研究对评价指标的选择主要采用理论分析法、频度分析法和专家咨询法等方法。理论分析法就是通过构建城乡一体化的理论体系来选择那些能够反映城乡发展一体化特点的指标；频度分析法就是通过对已有研究中涉及的有关城乡一体化评价指标进行多次反复统计，从中选择使用频率较高的指标；专家咨询法就是首先初步提出评价指标，然后通过征询专家意见，并对评价指标不断进行调整完善。①

依据指标体系构建的原则，我们综合使用上述三种方法。首先，在对城乡一体化的内涵进行理论界定的基础上，确定城乡发展一体化水平评价的经济、社会、生活、空间与生态环境五个方面。其次，采用理论分析与频度分析相结合的方法选择每一个维度的衡量指标。最后，对按照上述两个步骤建立的整个评价指标体系赋值表，以信件或电子邮件的形式，邮寄武汉大学、华中农业大学、安徽大学、合肥工业大学、安徽农业大学、安徽省社会科学院、安徽省统计局等高校与政府工作部门的9位城乡一体化专家学者征询意见，在吸收合理意见的基础上经过指标初选和筛选，不断进行调整与完善，最终形成中部地区城乡一体化定量评价指标体系(如表2-1所示)。

---

① 任吉、于佳琪：《熵权法在硕士研究生方法论课程质量评价体系构建中的应用》，《黑龙江高教研究》2021年第9期。

表 2-1 中部地区城乡经济社会一体化评价指标体系

目标层 A	准则层 B	指标层	指标属性	指标含义或计算方法
城乡一体化评价指标体系 A	生活一体化 B₁	B₁₁ 城乡交通通信支出比	逆向	城市交通通信支出/农村交通通信支出
		B₁₂ 城乡居民食品消费支出比	正向	城市居民食品消费支出/农村居民食品消费支出
		B₁₃ 城乡居民衣着消费支出比	逆向	城市居民衣着消费支出/农村居民衣着消费支出
		B₁₄ 城乡居民人均消费比	逆向	城市人均消费支出/农村人均消费支出
		B₁₅ 城乡居民文教娱乐支出比	逆向	城市居民人均文化娱乐支出/农村居民人均文化娱乐支出
		B₁₆ 城乡居民医疗保健支出比	逆向	城市医疗保障率/农村医疗保障率
	社会一体化 B₂	B₂₁ 城乡每千人拥有卫生技术人员数比	逆向	城市每千人拥有卫生技术人员数/农村每千人拥有卫生技术人员数
		B₂₂ 城乡人均教育经费比	逆向	城市人均教育经费/农村人均教育经费
		B₂₃ 人口城市化率	正向	城市人口数量/区域人口总数
	经济一体化 B₃	B₃₁ 非农产业产值占 GDP 比重	正向	第二、三产业 GDP/GDP
		B₃₂ 人均 GDP	正向	总产值/总人口
		B₃₃ 城乡居民人均收入比	逆向	城市人均可支配收入/农村人均纯收入
		B₃₄ 城乡二元经济结构系数	逆向	城市非农产业比较劳动生产率/农业比较劳动生产率
	空间一体化 B₄	B₄₁ 城乡人均邮电业务量（元/人）	正向	邮电业务量/总人口
		B₄₂ 互联网普及率	逆向	互联网用户数/常住人口总数
		B₄₃ 城乡交通网密度（公里/平方公里）	正向	（公路运营里程＋铁路运营里程）/区域土地面积
	生态环境一体化 B₅	B₅₁ 农村卫生厕所普及率	逆向	使用卫生厕所的农户数/农户总户数
		B₅₂ 工业固体废物综合利用率	正向	工业固体废物综合利用量/工业固体废物产生量
		B₅₃ 建成区绿化覆盖率	正向	绿地面积/建成区面积

3. 指标体系的构成

城乡经济社会一体化是一个具有层次性的复合系统。城乡经济社会一体化水平评价指标体系是依据城乡经济社会一体化的科学内涵，按照系统科学层次分析方法而确定的。由于城乡一体化涉及的内容非常广泛，因此在指标体系构建过程中难以涵盖城乡一体化的所有方面，仅能反映城乡一体化的主要方面，从可量化的角度对城乡一体化发展状况进行基本的评价和分析。本研究根据层次分析法的基本原理，把城乡一体化指标体系分为了三个层级，即目标层、准则层、指标层。目标层为城乡一体化水平，准则层分为五个方面，分别是城乡生活一体化（B_1）、城乡社会一体化（B_2）、城乡经济一体化（B_3）、城乡空间一体化（B_4）、城乡生态环境一体化（B_5），它们分别从不同方面反映城乡一体化水平。

城乡经济一体化主要反映城乡之间要素的流动以及资源的合理配置，间接反映城乡两大经济主体之间的生产、收入与消费情况。考虑到数据的可获得性，我们选择地区人均 GDP、非农产业产值占 GDP 比重、二元经济结构系数、城乡居民收入比等 4 个指标。

城乡社会一体化主要反映城乡居民在教育、卫生、医疗、文化生活、基础设施等公共服务方面的均衡程度。但是，公共服务的城乡供给不仅存在供给数量方面的差别，而且存在供给质量方面的区别。因此，所选指标必须既包括反映公共服务供给数量对比的指标，也有能够反映公共服务供给质量对比的指标。我们选取了人口城市化率、城乡每千人拥有卫生技术人员数比、城乡人均教育经费比等 3 个指标来进行测度。

城乡空间一体化是城市与农村两大区域在人口分布、交通往来、信息传递及商品交换等生产要素流动方面的一种融合状态。城乡空间一体化是实现城乡一体化的载体与基础条件。结合理论界已有研究，我们选取了城乡交通网密度、城乡人均邮电业务量、互联网普及率等 3 个指标。

城乡生活一体化主要反映城乡居民的居住、文化娱乐、城乡信息化程度与生活水平等方面的状态。因此,我们选取了城乡居民人均消费比、城乡居民食品消费支出比、城乡居民文教娱乐支出比、城乡居民衣着消费支出比、城乡居民医疗保健支出比、城乡居民交通通信支出比等6个指标。

城乡生态环境一体化主要反映城乡生态环境保护(节能减排)、污染治理、城乡生态绿化及居民生存、生活与生产的环境条件等方面的状态。因此,我们选取了农村卫生厕所普及率、工业固体废物综合利用率、建成区绿化覆盖率等3个指标来进行测度。

从结构上看,指标体系采用"目标层—准则层—指标层"的多层次结构,由5组相互关联而又独立的指标因子构成。从内容上看,准则层设计了经济一体化、社会一体化、生活一体化、空间一体化、生态环境一体化5个一级指标,指标层则包括城乡人均GDP、城乡居民人均收入比、城乡居民家庭人均消费比等19个二级指标。

(三)评价方法与模型

1. 层次分析法确定指标权重

(1)含义及标准

美国著名运筹学家赛惕(T.L.Satty)等人在20世纪70年代提出了一种定性与定量相结合的多准则判读方法[1],即层次分析法(AHP)。其特点是在对复杂决策问题的本质、影响因素以及内在关系进行深入探究之后,构建一个层次结构模型。在本章中,运用层次分析法(AHP)将中国各地区城乡一体化水平划分为目标层、准测层和指标层,并对判断矩阵进行客观量化,具体标准见表2-2:

---

[1]　张炳江:《层次分析法及其应用案例》,电子工业出版社2014年版,第160页。

表 2-2　层次分析法九标度分类

尺度	重要性	含义
1	同等重要	第 i 个因素与第 j 个因素的影响相同
3	稍微重要	第 i 个因素比第 j 个因素的影响稍强
5	明显重要	第 i 个因素比第 j 个因素的影响强
7	非常重要	第 i 个因素比第 j 个因素的影响明显
9	绝对重要	第 i 个因素比第 j 个因素的影响明显强
2、4、6、8	重要性居于上述相邻两等级之间	第 i 个因素相对于第 j 个因素的影响居于上述两个相邻等级之间
1、1/2、…、1/9	重要程度倒过来比较	第 j 个因素对第 i 个因素的影响

（2）构建层次结构

在指标体系中，城乡一体化为目标层，城乡生活一体化、城乡社会一体化、城乡经济一体化、城乡空间一体化以及城乡生态环境一体化为准则层，具体的19个指标则构成了指标层。

（3）构建判断矩阵

若有 n 个因素 $X = \{x_1, x_2, \cdots, x_n\}$ ，先利用 n 个因素对上层某因素的影响程度主观排序，然后进行两两因素之间的比较（比较时取值为 1—9），并且它们对上一层某一因素 Z 的影响大小表示为 a_{ij} ，则第 i 个因素相对于第 j 个因素比较的结果为：

$$A_{ij} = 1/a_{ji}$$

所以，比较判断矩阵 $A = (a_{ij})_{n \times n} = m \begin{pmatrix} a_{11} & \cdots & a_{1n} \\ \vdots & \ddots & \vdots \\ a_{n1} & \cdots & a_{nn} \end{pmatrix}$

其中， $A = (a_{ij})_{n \times n}$ 满足条件：① $a_{ij} > 0$ ，② $a_{ji} = 1/a_{ij}$

A 表示城乡一体化水平，B_n 表示城乡一体化的 5 个子系统，n=1,2,3,4,5，C_n 表示各个指标。判断矩阵见表 2-3、表 2-4：

表 2-3　城乡一体化水平 A-B_n权重

A	B_1	B_2	B_3	B_4	B_5
	1	2	3	4	5
		1	2	3	4
			1	2	3
				1	2
					1

表 2-4　城乡一体化五个子系统权重

城乡生活一体化 B_1-C_i					
B_1	C_1	C_2	C_3	C_4	C_5	C_6
C_1	1	0.5	0.3333	0.25	0.2	0.1667
C_2		1	0.5	0.3333	0.25	0.2
C_3			1	0.5	0.3333	0.25
C_4				1	1	0.5
C_5					1	0.5
C_6						1
城乡社会一体化 B_2-C_i					
B_2	C_7	C_8	C_9			
C_7	1	1	0.5			
C_8		1	0.5			
C_9			1			
城乡经济一体化 B_3-C_i					
B_3	C_{10}	C_{11}	C_{12}	C_{13}		
C_{10}	1	0.5	0.3333	0.25		
C_{11}		1	0.5	0.3333		
C_{12}			1	0.5		
C_{13}				1		

续表

城乡空间一体化 B_4-C_i							
B_4	C_{14}	C_{15}	C_{16}				
C_{14}	1	0.5	0.3333				
C_{15}		1	0.5				
C_{16}			1				
城乡生态环境一体化 B_5-C_i							
B_5	C_{17}	C_{18}	C_{19}				
C_{17}	1	0.5	0.5				
C_{18}		1	1				
C_{19}			1				

(4)一致性检验和层次单排序

1)一致性指标计算:$CI = \dfrac{\lambda_{\max} - n}{n - 1}$

式中 $\lambda_{\max}$ 是判断矩阵 A 的最大特征根,计算步骤如下:

第一步,连乘判断矩阵 A 中每行元素并且将其开 n 次方:$W_i = \sqrt[n]{\prod_{j=1}^{n} a_{ij}}$

第二步,归一化计算相应权重:$W_i = \dfrac{w_i^*}{\sum_{i=1}^{n} w_i^*}$,其中 $i = 1,2,\cdots,n$

第三步,对每列元素求和:$S_j = \sum_{i=1}^{n} a_{ij}$,其中 $j = 1,2,\cdots,n$

第四步,计算 $\lambda_{\max}$ 的值,$\lambda_{\max} = \sum_{i=1}^{n} W_i S_j$

2)平均随机一致性指标:$RI = \dfrac{\lambda_{\max}^* - n}{n - 1}$,见表2-5:

表2-5 一致性指标 RI 值

N	1	2	3	4	5	6	7	8	9
RI	0	0	0.58	0.9	1.12	1.24	1.32	1.41	1.45

3)计算一致性检验公式：$CR = \dfrac{CI}{RI}$

若 $CR < 0.10$ 或 $\lambda_{\max} = n$ 、$CI = 0$，则认为判断矩阵 A 具有满意的一致性，不然要修正判断矩阵。

本书利用 DPS 软件进行 AHP 处理，结果见表 2-6 至表 2-11：

表 2-6　A-B$_i$ 的判断矩阵

A	B$_1$	B$_2$	B$_3$	B$_4$	B$_5$	W	位次
B$_1$	1	2	3	4	5	0.419	1
B$_2$	0.5	1	2	3	4	0.263	2
B$_3$	0.333	0.5	1	2	3	0.160	3
B$_4$	0.25	0.333	0.5	1	2	0.098	4
B$_5$	0.2	0.25	0.333	0.5	1	0.062	5
$\lambda_{\max} = 5.0681$　　$CI = 0.0170$　　$RI = 1.1089$　　$CR = 0.0153$							

表 2-7　B$_1$-C$_i$ 的判断矩阵

B(1)	C$_1$	C$_2$	C$_3$	C$_4$	C$_5$	C$_6$	W	位次
C$_1$	1	0.5	0.333	0.25	0.2	0.167	0.044	6
C$_2$	2	1	0.5	0.333	0.25	0.2	0.066	5
C$_3$	3.0003	2	1	0.5	0.333	0.25	0.103	4
C$_4$	4	3.0003	2	1	1	0.5	0.194	3
C$_5$	5	4	3.0003	1	1	0.5	0.229	2
C$_6$	5.999	5	4	2	2	1	0.364	1
$\lambda_{\max} = 6.0909$　　$CI = 0.0182$　　$RI = 1.2482$　　$CR = 0.0146$								

表2-8 B₂-Cᵢ的判断矩阵

B_2	C_7	C_8	C_9	W	位次
C_7	1	1	0.5	0.25	2
C_8	1	1	0.5	0.25	3
C_9	2	2	1	0.5	1
$\lambda_{max} = 3.0000$		$CI = 0.0000$	$RI = 0.5180$	$CR = 0.0000$	

表2-9 B₃-Cᵢ的判断矩阵

B_3	C_{10}	C_{11}	C_{12}	C_{13}	W	位次
C_{10}	1	0.5	0.333	0.25	0.095	4
C_{11}	2	1	0.5	0.333	0.160	3
C_{12}	3.0003	2	1	0.5	0.277	2
C_{13}	4	3.0003	2	1	0.467	1
$\lambda_{max} = 4.0310$		$CI = 0.0103$	$RI = 0.8862$	$CR = 0.0117$		

表2-10 B₄-Cᵢ的判断矩阵

B_4	C_{14}	C_{15}	C_{16}	W	位次
C_{14}	1	0.5	0.3333	0.163	3
C_{15}	2	1	0.5	0.297	2
C_{16}	3.0003	2	1	0.540	1
$\lambda_{max} = 3.0092$		$CI = 0.0046$	$RI = 0.5180$	$CR = 0.0089$	

表2-11 B₅-Cᵢ的判断矩阵

B_5	C_{17}	C_{18}	C_{19}	W	位次
C_{17}	1	0.5	0.5	0.2	3
C_{18}	2	1	1	0.4	1

B₅	C₁₇	C₁₈	C₁₉	W	位次
C₁₉	2	1	1	0.4	2
	$\lambda_{max} = 3.0000$　$CI = 0.0000$　$RI = 0.5180$　$CR = 0.0000$				

4) 层次总排序。见表2-12：

表2-12　B-C层次总排序

	B₁	B₂	B₃	B₄	B₅	CW
Bi 权重	0.419	0.263	0.160	0.097	0.062	
C₁	0.044					0.018
C₂	0.066					0.027
C₃	0.103					0.043
C₄	0.194					0.081
C₅	0.229					0.096
C₆	0.364					0.152
C₇		0.25				0.066
C₈		0.25				0.066
C₉		0.5				0.131
C₁₀			0.095			0.015
C₁₁			0.160			0.026
C₁₂			0.277			0.044
C₁₃			0.467			0.075
C₁₄				0.163		0.016
C₁₅				0.297		0.029
C₁₆				0.540		0.052
C₁₇					0.2	0.012
C₁₈					0.4	0.025
C₁₉					0.4	0.025

综合以上结果见表 2-13：

表 2-13　AHP 法各指标权重值

目标层	准则层	指标层	单位	代码	正负性	权重
城乡融合发展综合测评（A）	生活一体化（B₁）	城乡居民交通通信支出比	无	C_1	—	0.018
		城乡居民食品消费支出比	无	C_2	—	0.027
		城乡居民衣着消费支出比	无	C_3	+	0.043
		城乡居民人均消费比	无	C_4	—	0.081
		城乡居民文教娱乐支出比	无	C_5	—	0.096
		城乡居民医疗保健支出比	无	C_6	—	0.152
	社会一体化（B₂）	城乡每千人拥有卫生技术人员数比	人	C_7	+	0.066
		城乡人均教育经费	元	C_8	+	0.066
		人口城市化率	%	C_9	+	0.131
	经济一体化（B₃）	非农产业产值占 GDP 比重	%	C_{10}	+	0.015
		人均 GDP	元/人	C_{11}	+	0.026
		城乡居民人均收入比	无	C_{12}	—	0.044
		城乡二元经济结构系数	无	C_{13}	—	0.075
	空间一体化（B₄）	城乡人均邮电业务量	元/人	C_{14}	+	0.016
		互联网普及率	%	C_{15}	+	0.029
		城乡交通网密度	公里/平方公里	C_{16}	+	0.052
	生态环境一体化（B₅）	农村卫生厕所普及率	%	C_{17}	+	0.012
		工业固体废物综合利用率	%	C_{18}	+	0.025
		建成区绿化覆盖率	%	C_{19}	+	0.025

2. 数据的收集及处理

本书收集了中部 6 省以及全国 2000—2019 年的面板数据。这些数据主要取自于中国知网电子资源中的"中国经济社会发展统计数据库"，数据库中的数据来源于国家统计局每年权威出版的各种统计年鉴,它保证了数据来源的权威性和可靠性。

对于数据的处理方法如下:

首先,建立初始评价矩阵。m 个地区 n 个指标构成初始评价矩阵 $P = (r_{ij})_{m \times n}$,$r_{ij}$ 表示第 i 个地区的第 j 个评价指标,其中 $i \in [1, m]$,$j \in [1, n]$。

$$P = (r_{ij})_{m \times n} = \begin{pmatrix} r_{11} & r_{12} & \cdots & r_{1n} \\ r_{21} & r_{22} & \cdots & r_{2n} \\ \vdots & \vdots & \vdots & \vdots \\ r_{m1} & r_{m2} & \cdots & r_{mn} \end{pmatrix}$$

其次,对初始评价矩阵标准化和加权处理。评价指标分为正向指标和反向指标,正向指标值越大越好,反向指标值越小越好。由于不同的评价指标量纲不同,不具备可比性,因此需要对各指标进行标准化处理,从而形成标准化的初始评价矩阵 $B = (b_{ij})_{m \times n}$。对于正向指标,有 $b_{ij} = \dfrac{r_{ij} - \min(r_{ij})}{\max(r_{ij}) - \min(r_{ij})}$,对于负向指标,有 $b_{ij} = \dfrac{\max(r_{ij}) - r_{ij}}{\max(r_{ij}) - \min(r_{ij})}$。将矩阵 B 的列向量与层次分析法确定的各指标权重 w_n 相乘,就得到加权标准化后的矩阵

$$C = (c_{ij})_{m \times n} = \begin{pmatrix} w_1 b_{11} & w_2 b_{12} & \cdots & w_n b_{1n} \\ w_1 b_{21} & w_2 b_{22} & \cdots & w_n b_{2n} \\ \vdots & \vdots & \vdots & \vdots \\ w_1 b_{m1} & w_2 b_{m2} & \cdots & w_n b_{mn} \end{pmatrix}$$

最后,综合评价结果的确定。综合评价结果向量 $F = W \times C$,其中 C 为各评价对象与正理想解的贴近度形成的评价矩阵,W 为采用层次分析法计算得到的准则层权重。

二、中部地区和东部、东北、西部地区城乡 经济社会发展一体化的比较分析

（一）中部地区城乡一体化的变迁及与东部、东北、西部地区的 比较

改革开放以来，尤其是进入 21 世纪在中部崛起战略的引领下，中部地区坚定实施市场化改革，大力推动对外开放发展战略，努力推进工业化和城市化，工业经济实力迅速提升，城市化水平快速提高。在这样的背景下，中部地区积极统筹城乡发展，大力实施工业反哺农业、城市带动乡村的发展战略，把发展现代农业作为促进农业经济发展方式转变的重要任务，把实现城乡公共服务均等化作为追求公平、正义的基本原则，把切实提高农民收入，改善农民生活水平作为调整国民收入分配的重要内容，城乡一体化水平迅速提升。中部地区城乡一体化得分从 2000 年的 0.4255 增加到 2019 年的 0.7094（见图 2-1），增幅达到 66.72%，取得了历史性的发展成就。从 2000—2019 年中部地区城乡一体化的变动状况来看，除了 2000—2001 年出现小幅下滑以外，自此到 2019 年一直呈上升的趋势，尤其是 2013—2014 年还出现了 14.71% 的较大增幅。

把中部地区和东部地区、东北地区、西部地区放在一起做比较后会发现，在 2000—2019 年全国四大经济板块中，城乡一体化格局发生了较大改变。2000 年时，东北地区城乡一体化水平最高，其次是东部地区，中部地区城乡一体化得分相对较低，仅位列第三。但是经过将近 20 年的发展，东北地区由于经济衰退严重，农业的现代化改造不足，农村公共服务投入较少，导致城乡一体化水平一路下滑，到 2019 年只能位居第三，仅排在西部地区之前。而中部地区却由于经济实力迅速提升，产业结构快速转型升级，民生明显改善，社会

公共服务均等化水平显著提高,从而前移到了第二位。而且即便是排在东部地区之后,与它的差距也明显缩小了。2000年时,中部地区的城乡一体化水平为东部地区的84.81%,到了2019年已上升到东部地区的91.99%。

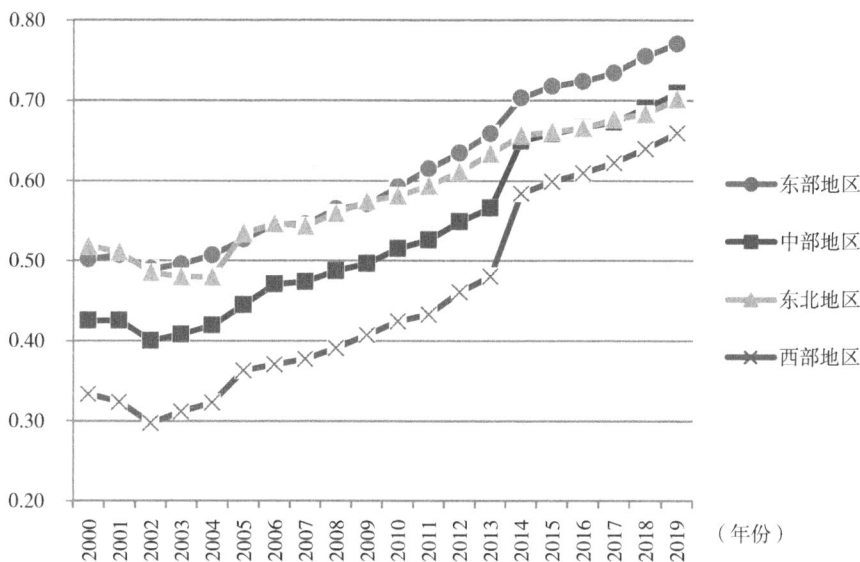

图2-1　2000—2019年中部地区与东部、东北、西部地区
城乡一体化水平演进态势及比较

(二)中部地区城乡生活一体化的变迁及与东部、东北、西部地区的比较

国家统筹城乡发展,实现城乡一体化的最终目标就是让农村的居民能够享受到和城市居民一样的生活条件和水准,从而彻底消灭城乡差别,实现城乡均衡发展。因此,城乡居民之间的生活水平差异是最能反映城乡一体化的指标。中部地区在2000年时由于工业化水平较低,整体经济实力较弱,经济增长所创造的财富主要集中于城市,公共服务也主要为城市居民享有,所以城乡居民生活水平差距较大,城乡生活一体化水平较低,得分仅有0.275,在全国四大经济板块中列居第三,排在东北地区和东部地区之后,仅高于西部地区。

但是在进入 21 世纪以后,中部地区积极融入全球化,充分发挥了地区比较优势,重塑了地区专业化分工,所以工业化水平提高很快,整体实力迅速提升。政府部门通过二次国民收入分配把大量财力开始转移到农村,为农民提供基本生活保障。不仅如此,由于工业化推动了城市化,城市化为大量农村劳动力提供了就业岗位和收入来源,城市生产要素进入农村促进了农业的现代化和农村产业融合,导致农村经济发展方式发生了巨大改变,现代农业、现代旅游业、餐饮业等成为拉动农业经济增长、农民增收的重要引擎。这些都对农民收入水平的改善、生活水平的提升起了重要作用,从而 2000—2019 年中部地区城乡生活一体化水平提高很快,得分从 0.275 增加到 0.383,增幅达到39.27%,在四大板块中最大(见图 2-2)。由于增幅最大,所以到 2019 年时,中部地区接连超越东北、东部地区,城乡生活一体化水平在四大经济板块中的排名上升到第一位。

图 2-2 2000—2019 年中部地区与东部、东北、西部地区
城乡生活一体化水平演进态势及比较

此外,在中部地区城乡生活一体化演进的过程中还有一个非常重要的特征,就是全国四大经济板块城乡生活一体化水平出现了收敛的态势。中部地

区虽然城乡生活一体化水平后来者居上,达到了最高,但与其他地区的差距并不是很大。按照新古典主义经济学的理论框架,这与地区之间生产要素的自由流动有密切的关系。

(三)中部地区城乡社会一体化的变迁及与东部、东北、西部地区的比较

实现经济增长,创造社会财富的目的是让人普遍共享,一起受益,而推动城乡基本公共服务均等化是实现社会成员对共同创造的社会成果共享的必然选择,也是城乡社会一体化发展的基本内容。只有努力提高城乡基本公共服务均等化水平,城乡社会一体化水平才能得到有效提升。2000年时,中部地区现代产业体系还没有建立起来,区域比较优势还未得到充分发挥,经济实力尚未得到明显增强,在城乡基本公共服务均等化方面没有较多的财力可用,只有城市居民能够享受到较好的社会服务,因此城乡社会一体化水平较低,城乡社会一体化得分为0.0264。这一得分仅仅高于西部地区,在全国四大经济板块中居第三位。不仅如此,中部地区与东部地区、东北地区城乡社会一体化水平差距甚远,只有东北地区的32.32%,东部地区的42.88%。伴随着进入21世纪,由于中部地区的工业化和城市化水平迅速提升,基本公共服务供给能力快速提高,中部地区的城乡社会一体化水平迅速上升,2000—2019年从0.0264增加到0.1232,增幅达366.67%(见图2-3)。虽然在四大经济板块中的排名下降到了第四位,但与东北、东部地区的城乡社会一体化水平差距大大缩小了。

(四)中部地区城乡经济一体化的变迁及与东部、东北、西部地区的比较

城乡经济一体化的实质是城乡产业劳动生产率的趋同,二元经济结构彻底消失。如果城市经济一方面能够在工业化引擎的持续作用下不断发展壮

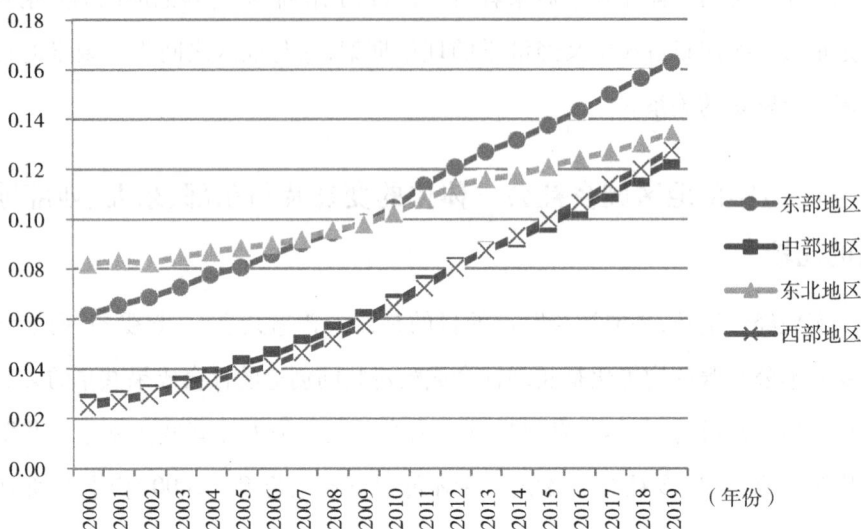

图 2-3　2000—2019 年中部地区与东部、东北、西部地区
城乡社会一体化水平演进态势及比较

大,吸纳来自农村的大量劳动力在非农产业中就业,另一方面能够通过扩散效应促进劳动力、资本、技术、管理等优质的生产要素进入农村,对传统的农业进行现代化改造,并推动一、二、三产业融合,那么城乡融合发展的现代产业体系就会建立起来,非农产业和农业之间的劳动生产率就不会存在明显的差距,城乡居民之间的收入水平就会趋于均衡,城乡二元经济结构就不复存在,城乡经济一体化就会真正实现。

　　进入 21 世纪以前,在"效率优先、兼顾公平"的基本原则下国家实施的是倾向沿海的发展战略,这一战略实施的结果是国家整体经济实力迅速提升,但区域差距明显拉大,对经济可持续发展提出了重大挑战。在这种情况下,国家开始注重内陆地区的发展,中部崛起战略就是在这一个大背景下提出的。在中部崛起战略提出之前的 21 世纪初期,中部地区人均收入水平较低,非农产业占比较小,城乡收入差异显著,二元经济结构特征突出。2000 年时中部地区人均 GDP 为 5582 元/人,只有东北地区的 60.79%、东部地区的 45.33%。

非农产业比重为 79.76%,大大低于东北和东部地区 87.08%、88.49%的比重。城乡收入比达到 2.548,明显高于东部和东北地区。因此,2000 年时的城乡经济一体化得分为 0.0966(见图 2-4),只比西部地区高,比东部和东北地区都低。2000 年以后,在国家发展战略的引领下,中部地区经济综合实力迅速上升,人均收入水平迅速提高,非农产业比重快速提升,城乡收入差距明显缩小,城乡经济一体化发展取得巨大成就。但是由于农业现代化改造的进程比较迟缓,一、二、三产业融合发展水平仍然较低,造成城乡劳动生产率的差异不仅没有缩小,反而扩大了。2000 年时中部地区二元经济结构系数为 5.086,到 2019 年时扩大到 5.614,这与东部、东北地区分别从 5.771、5.092 下降到 4.970、3.03 形成了鲜明的对比。就是由于二元经济结构系数的扩大,导致中部地区城乡经济一体化受到了很大影响,虽然在全国四大经济板块中仍然排在第三位,但与东部、东北地区的差距明显拉大了,而与西部地区的差距则明显缩小了。

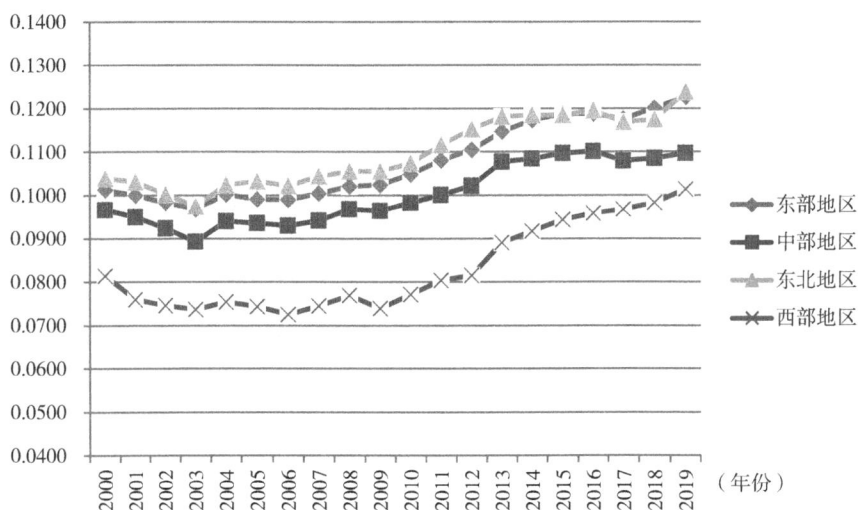

图 2-4　2000—2019 年中部地区与东部、东北、西部地区
城乡经济一体化水平演进态势及比较

（五）中部地区城乡空间一体化的变迁及与东部、东北、西部地区的比较

在改革开放以前,为了实施重工业优先发展战略以建立起独立完整的国防工业,实行了城乡分割的经济体制。城市和农村的劳动力被严格限制在一定的地域范围内不能自由流动,资本也采用行政手段按照国家发展战略的要求进行配置。虽然农产品和工业产品会通过计划的方式在城乡之间流通,相关的信息也会在城乡之间传播,但产品流通的规模被限制得很小,信息传播的范围也非常有限。总的来说,城乡分割的制度阻碍了城乡人员、资本、物资的流通,导致城乡空间一体化的程度很低。改革开放以后,为了适应市场经济的发展和对外开放战略的需要,城乡分割的体制逐步被打破,物资和人员的流通开始变得频繁和顺畅起来。但由于传统体制惯性的作用,城乡空间一体化的程度很还是较低。即便是到了 21 世纪初,这种情况还是没有根本改观,2000 年时中部地区的城乡空间一体化得分为 0.0073（见图 2-5）,虽然高于东北、西部地区,但与东部地区差距较大,只有东部地区的 63.29%。按照具体指标进行分析,中部地区的交通网比较发达,在四大经济板块中仅次于东部地区,居第二位,为物资和人员的流动提供了很大便利,但人均邮电业务量却在四个区域中排名末位。从互联网设施的便利程度看,中部地区的互联网普及率为 1.04%,只有东北地区的 80%,东部地区的 30% 左右。2000 年以后,由于国家不断深化经济体制改革,加上国家和地区经济发展上内生形成的对交通、通信基础设施要求的提高,中部地区交通网络进一步优化,互联网设施进一步完善,人员流动和物资流通的速度加快,表征城乡空间一体化的各项指标有了很大进步。2019 年交通网络密度上升到了 1.399 公里/千方公里,在四大经济板块中列首位。互联网普及率达到 56.14%,虽然相对还较落后,但与先进板块的差距已大大缩小。人均邮电业务量为 67.11 元/人,已经实现了对东北地区的赶超,虽然还是落后于东部和西部地区,但差距已经较小。

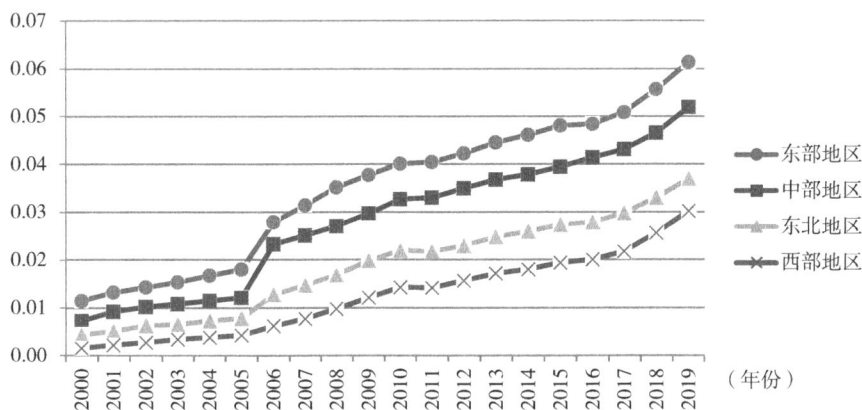

图 2-5　2000—2019 年中部地区与东部、东北、西部地区
城乡空间一体化水平演进态势及比较

（六）中部地区城乡生态环境一体化的变迁及与东部、东北、西部地区的比较

无论城市或是乡村,良好的生态环境不仅构成了经济发展的外在环境,也是促进经济增长的重要资源条件。按照工业化的基本规律,从工业化的初期到中期,一个国家主要是依靠资源投入驱动经济增长的,因此粗放型的经济发展方式成为主流。在这个时期,生态环境往往成为追求经济增长所付出的必要机会成本,无论是城市还是农村都会出现生态环境恶化的情况。但是随着工业化的持续深入,资源的价格、劳动力的成本会上升,环境对经济发展的硬约束会增强,经济发展方式会随之发生改变,靠技术驱动的集约型经济发展方式会替代原来的粗放型经济发展方式成为主流。在这种情况下,城市的生态环境首先得到改善,创新发展、绿色发展成为经济发展的目标和基本要求。其次,由于城市居民收入水平提高,对健康、生活品质的要求提升,自然对粮食、蔬菜、水果等绿色、有机农产品的需求也相应上升。这样一来,绿色发展就成了农村、农业发展的基本方向,生态环境自然也就得

到改善。

中部地区是在进入 21 世纪,国家实施中部崛起战略以后才逐步走上快车道发展起来的,虽然改革开放以后获得一定的发展,但和全国其他地区一样,采用的是粗放型的经济发展方式,因此付出的环境成本比较高,城乡生态环境一体化水平也较低,2000 年时城乡生态环境一体化得分为 0.0206,高于西部地区,但低于东部和东北地区,并且和东部地区差距较大,只有东部地区的 67.1%。2000 年以后,中部地区在经济发展的同时,越来越注重环境保护,并且在要素投入边际报酬出现递减的情况下更多地依赖技术进步来实现经济增长,从而创新发展、绿色发展的水平越来越高。2019 年中部地区的城乡一体化得分达到 0.0411(见图 2-6),不仅实现了对东北地区的赶超,而且与东部地区之间的差距也大大缩小,城乡一体化得分达到东部地区的 84.06%。

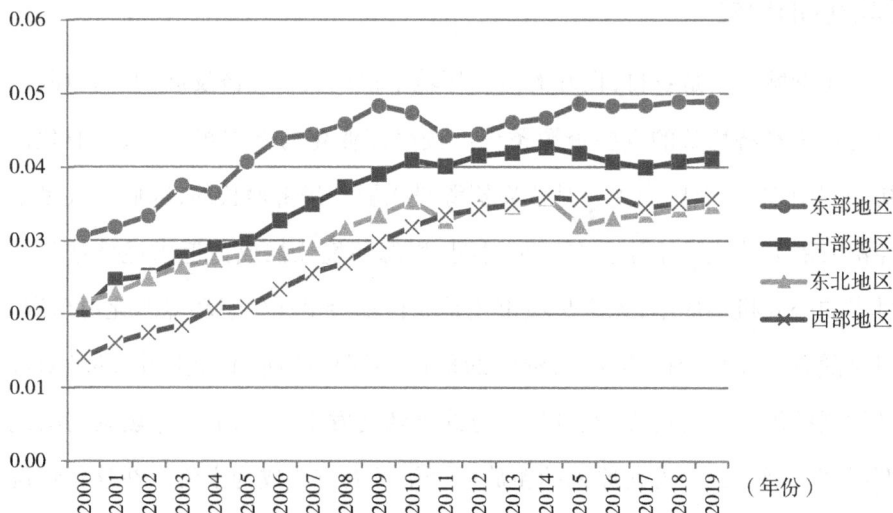

图 2-6 2000—2019 年中部地区与东部、东北、西部地区
城乡生态环境一体化水平演进态势及比较

三、中部地区城乡经济社会发展 一体化的基本状态评价

（一）中部6省城乡一体化的总体演进与差异分析

2000—2019年中部6省城乡经济社会一体化水平都出现了显著提升,但是提升的幅度差别较大,其中安徽省增长最快,2000年时城乡一体化得分在6个省份中排名第四,为0.4088,到了2019年增加到0.7312,增长了78.86%,在各省份中的排名前移到第二位(见图2-7)。增幅居于第二、三位的分别是河南省和山西省,2000年时这两个省份的城乡一体化得分分别为0.4017和0.3743,在6个省区中是最低的,到2019年增加到0.7167和0.6430,19年的时间里分别增长了78.4%和71.8%,由此河南省的城乡一体化得分排名前进了二位,排到了第三,但山西省的位次没有发生改变,还是维持在先前的末位。山西省的城乡一体化变迁过程与其他几个省份相比有其自身独特的特点,虽然2000年时城乡一体化水平较低,但发展很快,在2013年时甚至在所有省份中居第一位,但是2015年以后相对于其他省份发展就滞后了,2016年、2017年连续两年出现了下降,2018年才重拾升势,到2019年是唯一一个城乡一体化得分低于0.7的省份。湖南省在2000年时的城乡一体化得分为0.4323,在6个省份中排名第三,但由于发展相对较慢,所以到2019年时城乡一体化水平仅高于山西省,排名退后两位,居第五位。湖北省和江西省在2000年时城乡一体化水平很高,得分分别为0.4680、0.4917,但发展最为缓慢,所以到2019年时和其他省区之间的差距明显缩小了。湖北省虽然前进了一位,在中部6省中列居首位,但优势已不是很突出,江西省则先后被湖北省、安徽省超越,仅列居第三。

再把中部6省与全国城乡一体化的变迁做一对比,会发现除了山西省以

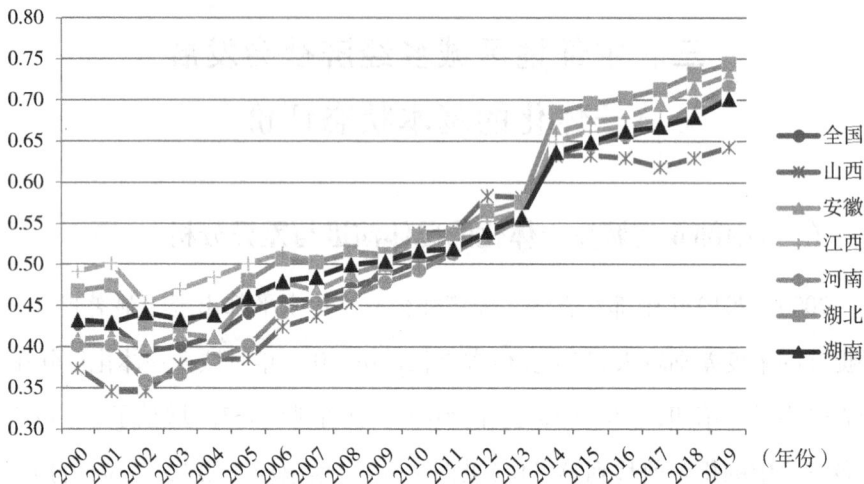

图 2-7　2000—2019 年中部 6 省城乡一体化演进态势及与全国的比较

外,其他 5 个省份与全国城乡一体化的演变轨迹几乎是一致的,共振现象非常突出。这充分说明中部 6 省城乡一体化的变迁是在全国大背景下实现的,所以在做具体分析时要与国家的发展战略、政策的演变结合起来。再对具体的数据进行分析,2000 年时中部地区城乡一体化得分为 0.4255,稍微低于全国 0.4275 的水平,其中江西省、湖北省、湖南省高于全国水平,而安徽省、河南省、山西省低于全国水平。到了 2019 年,全国城乡一体化得分增加到 0.7055,而中部地区则变得高于全国水平,为 0.7094,其中湖北省、安徽省、河南省、江西省高于全国水平,湖南省和山西省则低于全国水平。

从上述的分析可以看出,进入 21 世纪以后,由于工业化的迅速推进,城市化水平的快速提升,国家不断完善惠农支农的各项政策体系,健全城市带动农村发展的各种机制,中部 6 省城乡一体化水平持续提高。但各省份提高的程度不尽相同,总体上看,先前城乡一体化水平比较高的地区提升幅度较小,城乡一体化水平较低的地区提升幅度较大,6 个省份城乡一体化水平出现了收敛的态势。

(二)中部6省城乡生活一体化演进及差异分析

根据刘易斯提出的城乡二元结构理论,之所以城乡之间存在着较大差距,主要是因为城乡产业部门之间劳动力生产率的差距决定了城乡居民收入水平的差异。如果城乡居民收入差异消失或非常接近,那么他们的消费结构就会趋于一致,城乡之间也就不存在二元结构了。所以,城乡居民生活水平的一体化是城乡一体化的重要反映。

2000—2019年中部6省的城乡生活一体化水平均呈现上升的态势,但不同的省份变化幅度不同。山西省、安徽省、河南省在2000年时城乡生活一体化水平较低,在6个省中居于后列,城乡生活一体化得分分别只有0.2241、0.2605、0.2596,但在2000—2019年期间由于城乡生活水平差异程度持续缩小,进展很快,因此到2019年时,这三个省的城乡生活一体化得分分别达到0.3538、0.3977、0.3854(见图2-8),安徽省一跃成为中部地区城乡生活一体化水平最高的地区,河南省也超过了中部地区的平均水平,跻身前三,只有山西省,虽然城乡生活一体化得分增幅最大,但依然在中部各省份中排在末位,只是城乡居民生活差异程度与其他省份相比缩小了。对于山西省来说,在不放弃煤炭产业的前提下,努力挖掘各地区比较优势,建立新型的专业化分工与协作体系,实现多元化发展,努力提升工业经济实力和城市化水平,为农村经济发展注入更多优质要素和发展活力,才能有效提升农民收入水平,缩小城乡居民生活水平差距,促进城乡生活一体化水平的提高。江西省、湖北省、湖南省在2000年时城乡生活一体化水平较高,在6个省中居于前列,城乡生活一体化得分分别为0.3443、0.2797、0.2853,但在2000—2019年由于城乡居民生活水平差异缩小程度不高,所以除了湖北城乡生活一体化得分由0.2797增加到0.3960,增长了41.58%,排名从第三位上升到第二位以外,江西省、湖南省均出现了排名下滑的趋势。其中,江西省由第一位下降到第四位,湖南省由第二位降到第五位。根据上述的分析并结合图2-8可以知道,在2013年之前中部 6 省的城乡生活一体化水平差异程度较高,但是在此之后就逐渐出现了趋同的趋势,尤其是 2013 年之后,各地区城乡生活一体化的差异就变得比较小,且只是在很小的范围内波动。这说明从党的十六大提出"统筹城乡经济社会发展"到党的十八大提出"推进城乡一体化发展",建立的以工促农、以城带乡的长效机制是非常有效的,它在强化农业基础地位的同时,提高了农民的收入水平和消费水平,推进了城乡生活一体化水平的提高。

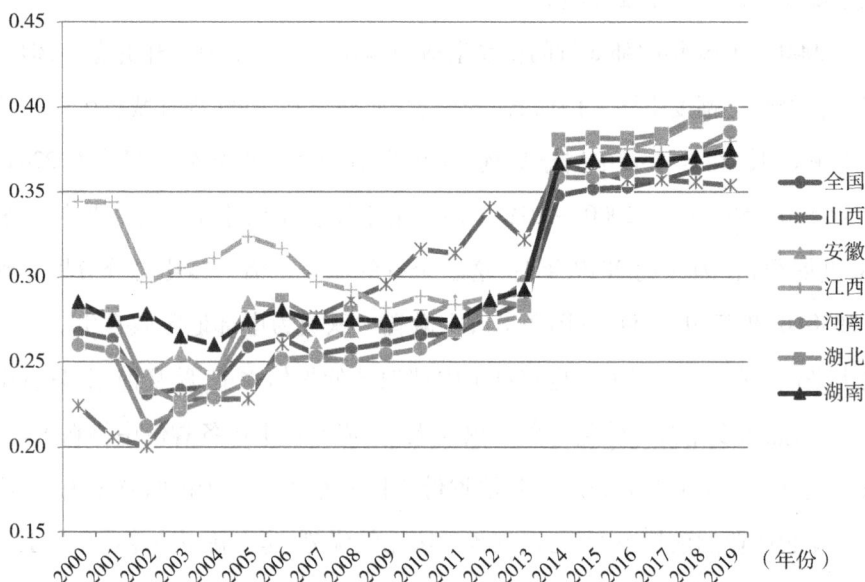

图 2-8　2000—2019 年中部 6 省城乡生活一体化演进态势及与全国的比较

如果把中部 6 省城乡生活一体化水平的变化和全国的情况做一对比会发现,2000 年时中部地区城乡生活一体化得分为 0.2746,比全国 0.2673 的得分高,分具体省份看,江西省、湖北省、湖南省高于全国水平,其他三个省份低于全国水平。此后,中部地区和全国的城乡生活一体化水平的演变轨迹基本是一致的,共振现象也很突出。而且相对于全国来说,中部地区的城乡生活一体化水平提高更快,到 2019 年,除了山西省以外,其他 5 个省份都高于全国水平。

　　如果从具体的指标进一步对中部6省的城乡生活一体化的变化做进一步的分析会发现,各地区的城乡居民消费水平比都呈下降的趋势,除了山西省以外,其他省份的这一指标值都降到了2.0以下,说明城乡之间总的消费水平差距是缩小的。中部各省份之所以城乡生活一体化指数下降,是因为结构性的原因导致的。城乡之间在食品消费、衣着消费上的支出差异在迅速地缩小,尤其在衣着消费上的支出,农村居民在2000年时仅为城市居民的1/8到1/6,但到了2019年不到1/3了。但在其他消费比如交通通信、文教娱乐、医疗保健上的支出城乡居民之间的差异却迅速扩大。2000年时中部6省城乡居民在交通通信、文教娱乐、医疗保健上的消费支出比为1.47、1.08、1.20,但到了2019年却分别上升到1.96、2.01、1.51,尤其是在文教娱乐上的消费支出,城乡居民消费支出比上升了86.69%,成为城乡生活一体化水平提高的重大障碍。分析这一原因,固然与城乡居民收入水平有关,但更多与城市文明带来的消费理念有很大关系。所以,要提高城乡生活一体化水平,还是要从提高城市化水平,让更多农民接受城市文明理念着手。

(三)中部6省城乡社会一体化水平演进及差异分析

　　各个地区在整体经济发展水平提高的前提下,建立健全基本公共服务标准体系和投入机制,促进城乡公共服务均等化,不断增强城乡居民在改革发展中的获得感、幸福感、满足感,是提高城乡社会一体化水平的关键。

　　改革开放以来,尤其是进入21世纪以来,中部6省在不断壮大城市经济,努力改善城市居民公共服务水平的同时,在农村的投入力度不断加大,极大地改善了农村居民的社会服务水平,城乡社会一体化水平显著提高。2000—2019年中部6省的城乡社会一体化水平均出现了大幅上升,尤其是河南省,城乡社会一体化得分从2000年的0.0116增加到2019年的0.1175,增长了9.1倍(见图2-9),虽然在6个省份中位列第五,但与其他省份,尤其是先进省份的差距已经大大缩小。安徽省、江西省、湖南省的城乡社会一体化水平提

升也非常显著,城乡社会一体化得分分别从 2000 年的 0.0190、0.0209、0.0261
增加到 2019 年的 0.1148、0.1233、0.1263,增幅分别达到 504.21%、489.95%、
383.90%,除了安徽省被河南省超越,从第五位退居到第六位以外,其他两个
省份的排名没有变化,分居第四位和第三位。相对于其他 4 个省份而言,山西
省和湖北省的城乡社会一体化得分上升幅度相对较小,分别只有 208.5% 和
156.3%,但它们的排名没有发生变化,仍然在 6 个省份中分列第二和第一。
把 6 个省份 2000 年、2019 年城乡社会一体化得分及上升幅度做一个对比,会
发现 2000 年时城乡社会一体化水平较低的省份上升幅度较大,城乡社会一体
化水平较高的省份上升幅度较小,各省份之间城乡社会一体化水平收敛的态
势非常明显,到了 2019 年各地区之间城乡社会一体化水平差距已经很小了。

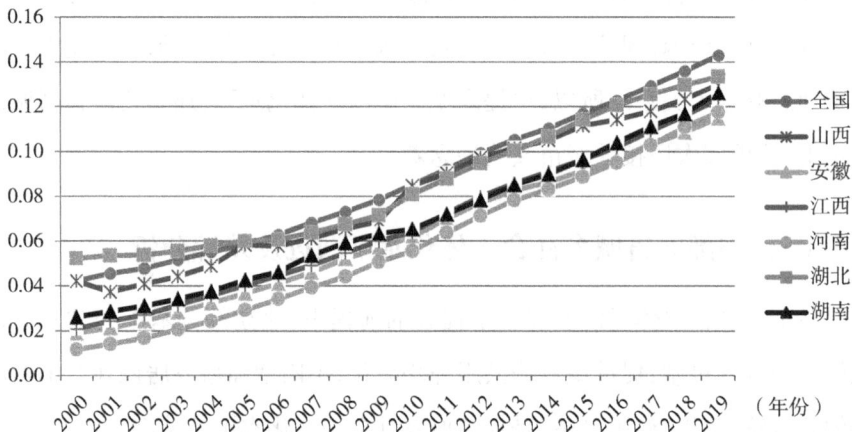

图 2-9　2000—2019 年中部 6 省城乡社会一体化演进态势及与全国的比较

　　把中部 6 省与全国的城乡社会一体化水平变迁做一对比会发现,2000 年
时中部地区的城乡社会一体化得分为 0.0264,只是全国城乡社会一体化得分
的 62.76%,其中高于全国平均水平的省份有湖北省和山西省。经过 20 年的
时间,虽然中部地区整体城乡社会一体化得分上升到了全国水平的 86%,但
没有一个省份是达到全国水平的。很显然,中部地区的城乡社会一体化水平
依旧较低,是阻碍城乡一体化发展的重大障碍。

　　分具体指标分析,表征城乡社会一体化水平的3个指标是城乡每千人拥有卫生技术人员数比、人均教育经费比和人口城市化率。城乡每千人拥有卫生技术人员数比反映了城乡医疗资源的相对丰裕情况。虽然大量优质的医疗资源依然富集于城市,但受益于公共服务均等化机制的建立,农村获得的医疗资源也在增加,而且也由于城市医疗资源向农村的外溢,城乡居民在医疗资源的获取上正趋于均等化。所以,我们有理由相信,一个地区每千人拥有的卫生技术人员数越多,城乡医疗服务均等化程度越高。中部6省中山西省和湖北省相对优势比较突出,除了在最近几年和全国相比处于劣势以外,其他年份城乡每千人拥有卫生技术人员数几乎都是高于全国水平的。但是其他省份在这个指标值上和全国相比一直处于劣势,因此中部6省的城乡医疗卫生服务均等化水平相对较低。从教育来看,基于创新发展的需要,国家未来对各行各业人才的需求会非常多,教育已经成为支撑中国未来经济发展的根本,所以贫困地区、贫困家庭的孩子上学得到了政府和社会机构的大力支持,城乡教育均等化程度普遍比较高。中部6省的人均教育经费除了江西、河南比较高外,其他几个省份相差不大,和2000年时相比差异已经很小。和全国水平相比,各个年份人均教育投入经费都是大大低于全国的,所以中部6省城乡教育的均等化程度相对也比较低。城市化是工业文明时代发展的基本趋势,伴随着城市现代产业体系的不断完善和发展,对非农就业的容纳能力越来越强,导致大量农村劳动力涌入城市,成为实际意义上的城市常住人口。越来越多的人进入城市使得人口城市化率提高的同时,城乡居民获得的公共服务也越趋均等化。2000年时中部6省人口城市化率差异还比较大,但到了2019年,基本都在60%上下了,差异已经变得很小。同样的,如果和全国做比较,各个年份中部6省城市化率都是低于全国水平的。城市化率低,说明大量的农村居民还生活在农村,没有和城市居民一样享受到政府提供的公共服务,所以城乡社会一体化水平低。

　　总之,从中部各省城乡社会一体化的具体指标值来看,各个指标值都低于全国水平,说明中部各省城乡社会一体化水平较低。同时,从时间变化来看,中部6省各指标值趋于接近,这是导致它们城乡社会一体化水平收敛的根本原因。

(四)中部6省城乡经济一体化演进及差异分析

在测度城乡一体化的5个维度中,经济一体化起着基础性的作用,其他几个维度高度依赖经济一体化,经济一体化水平不高,往往会造成区域整体一体化水平的低下。

2000—2019年中部地区城乡经济一体化水平的提升幅度较小,20年的时间里才提升了13.56%,在全国各大经济板块中是提升幅度最小的。分省来看,山西省是中部6个省份中唯一一个出现城乡经济一体化水平下降的区域,从2000年的0.0889下降到2019年的0.0801(见图2-10)。除山西省以外,其他5个省份城乡经济一体化水平均呈现出一定程度的提升,只是提升的幅度存在差异而已。河南省的提升幅度最大,城乡经济一体化得分从2000年的0.0926增加到2019年的0.1109,增长了19.76%,相应的排名也得到了提升,从6个省中的第四位前进到了第三位。安徽省、湖北省、湖南省的城乡经济一体化水平提升幅度差异不大,分别为15.78%、14.20%、14.61%,排名没有发生变化,依然分列第三、第二、第五位。江西省是中部6省中城乡经济一体化水平最高的省份,虽然在2000—2019年城乡经济一体化得分增幅较小,只有7.94%,但它在中部6省中城乡经济一体化的龙头地位一直比较稳固,即便在长时期里数据不断波动也没有发生改变。

为了更好地理解各省份城乡经济一体化水平及变动情况,就需要从具体的指标值的变化来分析。表征城乡经济一体化水平的4个指标是人均GDP、非农产业产值占GDP比重、二元经济结构系数、城乡居民人均收入比。人均GDP越高,城市辐射和带动农村经济发展的能力越强,城乡一体化、协调发展的水平可能更高。中部6省人均GDP在2000—2019年间的增长幅度都较

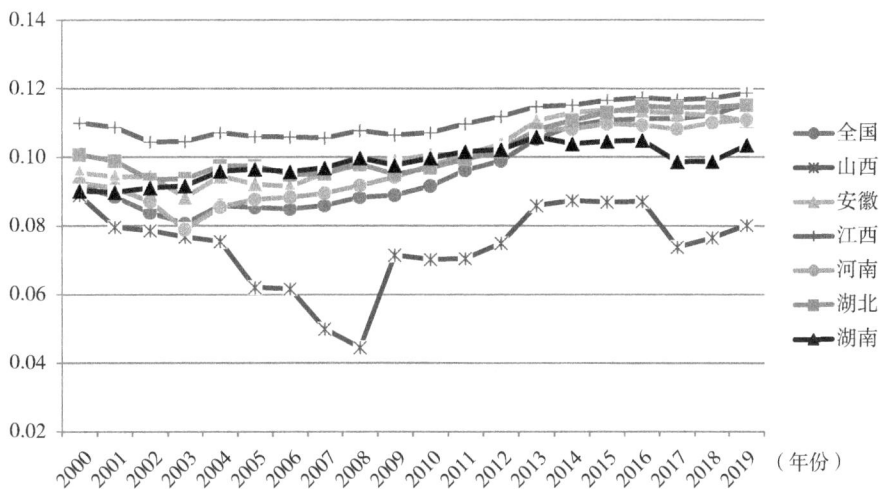

图 2-10 2000—2019 年中部 6 省城乡经济一体化演进态势及与全国的比较

大,按不变价计算都在 800% 以上,其中安徽省和江西省增幅较大,其他省份增幅较小,山西省增幅最小。山西省在 2000 年时人均 GDP 为 5137 元/人,高于安徽省和江西省,但由于增幅较小,到 2019 年时被超越,成了人均 GDP 最低的省份。相比较而言,湖北省人均 GDP 一直在各省份中排名第一,对于推动城乡经济一体化有很大促进作用。

如果做具体分析会发现,各地区人均收入水平迅速上升主要是由非农产业贡献的,进入 21 世纪以来尤其是最近 10 年来,由于先进科技在工业领域中的广泛应用,金融、保险、科技咨询、物流运输等现代服务业的发展,以及近 10 年来资本密集型生产方式在各行各业的普及,导致非农产业劳动生产率提高很快。相对来说,农业科技进步缓慢,现代农业生产体系还未广泛建立,导致农业劳动生产率提高程度有限。这样一来,城乡劳动生产率差异出现了扩大的趋势。二元经济结构系数是表征城乡劳动生产率差异的指标,二元经济结构系数越大,城乡经济一体化水平越低。从中部 6 省二元结构系数的变化来看,除了河南省城乡二元结构有所改善以外,其他 5 个省份这一指标值都是恶化的,其中江西省、山西省二元结构系数增幅较大,分别从 2000 年的 2.733、

7.392 增加到 2019 年的 4.004、10.598，增幅达到 46.51%、43.37%，安徽省、湖南省的增幅较小，20 年里增长了 17.13%、14.61%，湖北二元结构系数只增长了 6.89%，几乎没有变化。江西省城乡二元结构最不显著，山西省城乡二元结构最为突出，其他省份的城乡二元结构差异不大。可以说，正是由于中部各省份城乡二元结构特征更为突出，才造成了中部地区城乡经济一体化发展滞后的结果。

非农产业产值占 GDP 比重是一个地区工业化和城市化水平的重要表征，也是吸纳农村劳动力强弱的重要体现。除了山西有天然的煤炭资源，采掘业贡献了大部分 GDP，非农产业产值占 GDP 比重一直保持在 90% 以上，基本没有发生变化以外，其他地区的这一指标值均从 70% 以上上升到了 90% 以上，演进路线和发展水平比较类似。可以说，各地区非农产业的进一步发展壮大为城市现代工业、服务业与农村的农业一体化发展提供了良好的条件。

城乡居民收入比是城乡经济一体化水平的直接反映，这一指标值越低，城乡经济一体化水平越高。城乡居民收入比在各省份的发展演化基本分为两个阶段，第一个阶段是 2000—2009 年，这一指标值呈不断增长的态势，第二个阶段是 2009—2019 年，这一指标值不断下降。在中部 6 省中，2019 年山西省的城乡居民收入比相对于 2000 年出现了小幅上升，结合二元结构系数和非农产业产值占 GDP 的比重的变化，虽然山西省人均收入水平是大幅上升的，但城乡二元结构更加恶化，城乡经济一体化水平变得更低。除了山西省以外，其他所有的省份 2019 年城乡居民收入比都小于 2000 年的这一数值。可以说，城乡居民收入比的不断下降是推动城乡经济一体化水平上升的重要因素。

把中部 6 省城乡经济一体化的演变与全国做比较后发现，2000 年时全国城乡经济一体化水平为 0.0917，中部地区有安徽省、江西省、河南省、湖北省 4 个省份超过全国水平。但是由于全国城乡经济一体化推进得更快，导致在 2019 年时只有江西省超过全国水平。

（五）中部6省城乡空间一体化演进及差异分析

城市和乡村之间在空间上能顺畅地实现要素的流动,货物的流通是城乡一体化的重要表现。只有这样,城市的优质生产要素才能进入农村,把农村的优势资源挖掘出来,变资源优势为经济优势,从而提高农村的劳动生产率,改善农民的生活水平,缩小城乡收入差距。这就要求在城乡之间尤其在农村能够建立起互联互通的各种现代基础实施,从而达到城乡空间一体化的目的。

从中部6省城乡空间一体化的状况来看,各省的城乡空间一体化水平都实现了大幅上升,其中江西省增幅最大,城乡空间一体化指数从2000年的0.0055增加到2019年的0.0494,增长了798.18%,在各省份中的排名从第六位前进到第四位(见图2-11)。湖北省、安徽省、湖南省和河南省的城乡空间一体化水平提升也较快,从2000年的0.0076、0.0076、0.0072、0.0083增加到2019年的0.0585、0.0562、0.0473、0.0566,增幅分别达到669.74%、729.47%、556.94%、581.93%,相应地,它们的排名也发生了很大变化,湖北省从第四位上升到了第一位,安徽省从第三位上升到了第二位,但是湖南省排位没有变化,仍然位于第五,河南省则下降了一位,从第二下降至第三。和江西省、湖北省、安徽省、河南省、湖南省相比,山西省的城乡空间一体化水平上升幅度较小,2000—2019年,山西省的城乡空间一体化得分从0.0076增加到0.0461,增幅为506.58%,由于相对其他省份增幅相对较小,它的排名从第三退居至倒数第一。

从构成城乡空间一体化的具体指标来分析,城乡交通网密度是最能表征城乡空间上互联互通的指标,这一指标值越高,说明劳动力、资本、商品在城乡间的流动越频繁,城乡空间融合程度越高。国民经济要得到顺利发展,交通基础设施必须先行建设。进入21世纪以来,伴随着各地区交通基础设施投入力度的不断加大,各类交通网络体系不断完善和发展,从统计数据来看,中部6省的城乡交通网密度都呈现了大幅度的上升,但是各省之间差别比较大。江

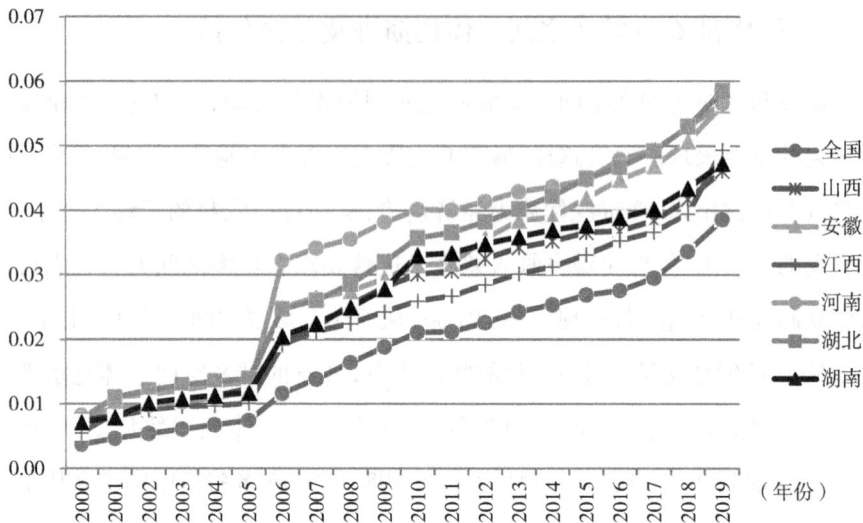

图 2-11 2000—2019 年中部 6 省城乡空间一体化演进态势及与全国的比较

西省、湖北省、安徽省、河南省的交通网密度上升幅度较大,2000—2019 年分别增长了 390.04%、350.84%、340.43%、308.93%,增幅均在 300% 以上。江西省和湖北省由于交通网络体系不断完善,导致它们的排名也发生了很大变化,江西省从末位前进到了第四位,湖北省从第四位上升到了第三位,河南省和安徽省虽然位次没有发生改变,仍居于第一和第二,但优势更加凸显了。互联网作为现代化的信息基础设施,有利于城乡间的信息交流,为人、财、物的流通创造了便捷的条件。可以说,在现代社会,没有互联网的地区就是信息孤岛,有了互联网,城乡之间的互联互通才能真正做到真实高效。从互联网普及率的变化来看,2000 年时中部 6 省互联网普及率普遍较低,到 2019 年时发展到大约 55% 上下,各省份在互联网建设上基本是齐头并进的,差异不是很大。也就是说,各省份互联网普及率的大幅提高促进了城乡空间一体化水平的提升,但它们的差异较小。城乡人均邮电业务量是城乡空间一体化水平高低的直接反映。城乡人均邮电业务量越大,说明城乡之间信息交流越通畅,货物流通规模越大,城乡之间已经形成比较发达的物流、信息流网络系统。反之,城乡人均邮电业务量较小,则说明城乡之间在信息沟通、货物运输方面存在着障碍,从另一个方面也说明了城乡各自的经济体系相对独立,没有形成相互融通、互相促进的统一经济体。从中部6省城乡人均邮电业务量的发展变化来看,2000—2019年每个省份都出现了30倍左右的大幅增长,这说明中部各省份城乡空间融合水平大幅改善。从各省份变化的差异情况看,2000年时城乡人均邮电业务量较低的省份增长的幅度较大,较高的省份增长的幅度较小,各地区城乡人均邮电业务量出现了趋同的态势。具体来说,2000年时居于前三位的山西省、湖南省、湖北省城乡人均邮电业务量增幅较小,2019年时分别降到了第三、四、六位,安徽省、河南省、江西省城乡人均邮电业务量增幅较大,2019年时分别从第四、五、六位上升到了第一、二、五位。

和全国比起来,中部6省的城乡空间一体化水平要高得多。2000年中部各省份中,即便是城乡空间一体化水平最低的江西省,得分也比全国水平高出48.26%。2000年以后,全国城乡空间一体化推进得很快,虽然在2019年时仍然与中部各个省份存在差距,但由于城乡空间一体化得分在2000—2019年增长了944.98%,在一定程度上缩小了和中部地区的差距。

(六)中部6省城乡生态环境一体化演进及差异分析

在传统的农业社会,主要由手工业和生活性服务业构成的小城镇能源资源消耗少,人口规模小,没有较严重的污染,因此与农村之间不存在显著的生态环境的差异。城市是工业化的载体,改革开放以来,经过现代工业化浪潮的冲击,城市对能源资源的消耗越来越大,人口也越聚越多,不可避免地出现了比较严重的环境问题,比如扬尘污染、水污染、空气污染、生活垃圾污染等。农村受到工业化的冲击相对较小,而且由于大量人口外出,进一步降低了生态环境恶化的可能性。进入21世纪以来,尤其是近10年以来,由于工业技术的进步和国家对于环境保护的重视,城市的生态环境在不断好转,同时,由于受到资源集约利用和新型农业生产模式快速发展的影响,农村的生态环境也有了明显改观,城乡生态环境一体化的趋势日益显著。

2000年时中部地区的城乡生态环境一体化水平较低,城乡生态一体化得分仅为0.0206,比全国水平0.0226低一些,其中安徽省、湖北省、湖南省、河南省的城乡生态环境一体化得分相对较高,超过了全国水平,而江西省和山西省则相对滞后,低于全国水平。2000—2019年中部6省的城乡生态环境一体化水平出现了不同程度的上升,其中相对滞后的江西省和山西省城乡生态环境一体化得分增幅较大,分别为265.90%和188.13%,不过即便如此,它们的城乡生态环境一体化水平在中部各省份中的排名却没有发生变化,只是和其他省份的差距缩小了。2000年时安徽省和湖南省的城乡生态环境一体化得分为0.0261、0.0234,在中部6省中居于第三、四位,2000—2019年这两个省份的城乡生态一体化得分分别增长了109.36%和98.65%,前移到了第一、二位。河南省和湖北省的城乡生态环境一体化得分在2000年时为0.0296、0.0278,在中部地区列第一、二位,但是由于城乡生态环境一体化推进较慢,城乡生态环境一体化得分仅增长了56.51%、46.28%,因此在各省份中的排名退居到了第三、四位(见图2-12)。可以看到,2000年时城乡生态环境一体化水平较低的地区提升幅度较大,而城乡生态环境一体化水平较高的地区提升幅度则较小,地区之间的城乡生态环境一体化水平出现了趋同的趋势。此外,由于中部地区的城乡生态环境一体化水平相对于全国来说上升幅度更大,所以出现了和全国水平的趋同,只是由于6个省的城乡生态环境一体化得分更接近了,所以在2019年时只有安徽省、河南省、湖南省超过了全国水平。

为了更详细地了解各省份城乡生态环境一体化水平的变化,需要对具体的指标进行分析。建成区是指一个地区已经实现城市化的区域,是适应非农产业发展和非农人口就业和生活建立起来的地区。建成区绿化覆盖率是用来衡量城市公共环境绿化情况的重要指标,该数值越高,绿化水平越高。由于农村受到工业化的影响较小,人口向城市的大量流动又减小了对农村生态环境的压力,因而建成区绿化覆盖率在一定程度上能够反映城乡生态环境一体化

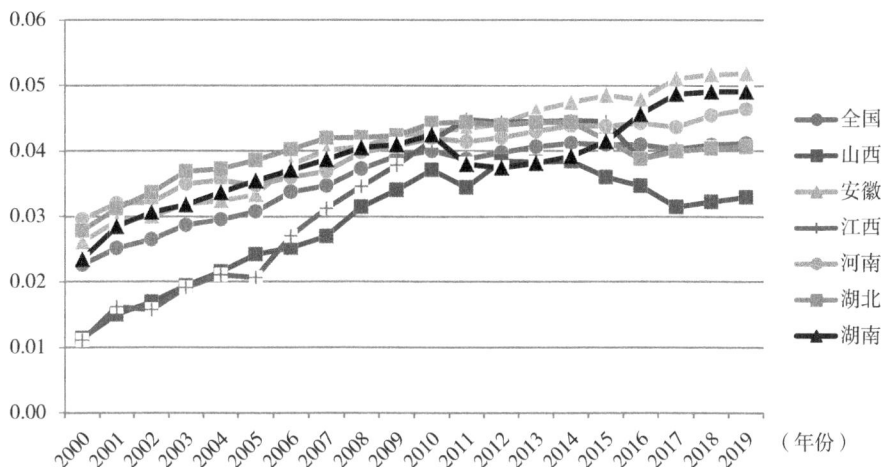

图 2-12　2000—2019 年中部 6 省城乡生态环境一体化演进态势及与全国的比较

的状况。2000 年时山西省、安徽省、江西省的建成区绿化覆盖率较低,分别只有 24.2%、23.86%、23.5%,而河南省、湖北省、湖南省的建成区绿化覆盖率较高,分别为 32.42%、30.28%、28.33%。但是由于建成区绿化覆盖率较低的省份提升幅度较大,而建成区绿化覆盖率较高的地区提升幅度较小,所以出现了中部 6 省趋同发展的状况。不过相对来说,江西省的建成区绿化覆盖率比较突出,优势显著,湖北的这一指标值较小,劣势明显。其他省份则相差不大。

厕所是生活在现代社会中的人们必不可少的卫生设施,提高农村卫生厕所普及率不仅可以改善生态环境,对于提高群众的卫生文明素质,提升公众健康水平也至关重要。中部地区在 2010 年之前农村卫生厕所普及率高于全国水平,但在 2010 年之后由于农户厕所改造滞后,造成长期低于全国水平。在 2000 年时江西省、河南省、湖北省、湖南省 4 个省份农村卫生厕所普及率高于全国,但到了 2019 年就只有江西省、河南省、湖北省 3 个省了。在中部 6 个省中,山西省、安徽省的农村卫生厕所普及率比较低,尤其是山西省,在全国都处于后列,江西省的农村卫生厕所普及率最高,其余 3 个省份相差不大,与全国水平相比差距也较小。

在工业化过程中会产生各种工业固体废物,如果不及时处理和回收利用,就会产生严重的污染,对生态环境造成破坏。在当今社会,虽然工业产品一般是城市生产出来的,但在农村居民消费的过程中也会产生很多工业固体废物垃圾从而造成污染。如果一个地区工业固体废物处理、回收利用的技术水平高,相关的设施和设备投入多,工业固体废物综合利用率高,那么对生态环境的保护就比较有效,否则城乡生态环境就容易受到破坏。2010年之前,中部地区工业固体废物综合利用率低于全国水平,尤其在2007年之前,这主要是由于山西省和江西省的工业固体废物综合利用率低造成的,安徽省、河南省、湖北省、湖南省一直是高于全国水平的。2010年中部地区的工业固体废物综合利用率整体开始超过全国,不过中部6省的格局基本没有发生改变,山西省和江西省的工业固体废物综合利用率还是最低,且大大低于全国水平,安徽省是最高的,相对于全国55.02%的水平,达到了93.61%。河南省、湖北省、湖南省在2019年也分别达到了74.07%、59.74%、83.19%的水平,显著高于全国水平。

第三章　中部地区推进城乡经济社会
发展一体化的探索与实践

中部地区是中国四大经济区之一,是"三农"问题最突出的地区,也是对城乡经济社会一体化要求最迫切的地区。中部6省自"十一五"时期以来各省一直在根据本省的省情,确定试点试验区先行先试,实践中取得了实效和经验,形成了自身特色。①

一、河南省推进城乡经济社会发展
一体化的探索与实践

(一)河南省城乡统筹发展的工作部署

2006年,河南省政府出台了《关于加快推进城乡一体化试点工作的指导意见》,探索城乡一体化发展的新路子,选择经济发展较快、工业比重较大、财政保障能力较强、城镇化水平相对较高的鹤壁、济源、巩义、义马、舞钢、堰师、新郑等7个市为试点,为全省推进城乡一体化取得经验,提供示范。

---

① 吕连生:《中部地区城乡一体化特色和发展新对策》,《江淮论坛》2013年第6期。

自 2009 年起，河南省大力推进城乡一体化示范区建设，省政府先后印发郑汴新区、洛阳新区等 16 个城乡一体化示范区的总体建设方案。建设城乡一体化示范区，目的是按照城乡一体、产业融合、统筹发展理念在局部区域探索实施科学发展，并在局部区域率先实现工业化、信息化、城镇化、农业现代化，从而为河南省实现全面城乡一体化积累经验。

2011 年 10 月，《国务院关于支持河南省加快建设中原经济区的指导意见》文件公布，为河南省实现城乡一体化发展注入强劲动力。2012 年，国务院批复《中原经济区规划》，要求为全国同类地区发展提供工业化、城镇化、农业现代化同步发展的示范。河南省将工业与农业、城市与农村作为一个整体统筹谋划，在户籍、社保、财产确权、金融服务等方面逐步打破二元结构，使河南城乡发展一体化的特色更加显著。2013 年 3 月，国务院批准建设郑州航空港经济综合实验区，为河南省新型城镇化、工业化和农业现代化的协调发展带来新的驱动。2013 年 12 月，河南省委、省政府发布《关于建设城乡一体化示范区的实施意见》，决定将全省 16 个省辖市的城市新区，统一调整更名为城乡一体化示范区（以下简称"示范区"）。建设城乡一体化示范区，是贯彻落实中央决策部署的一项实际行动，也是加速实现工业化城镇化、带动农业现代化、推动城乡发展一体化的积极探索和具体实践。2014 年 7 月，《关于进一步推进户籍制度改革的意见》中指出户籍改革要坚持积极稳妥、规范有序；以人为本、尊重群众意愿；因地制宜、区别对待；统筹配套、提供基本保障的原则，调整户口迁移政策，建立城乡统一的户口登记制度，建立居住证制度，健全人口信息管理制度，完善农村产权制度，扩大基本公共服务覆盖面，加强基本公共服务财力保障，保障农业转移人口及其他常住人口的合法权益，为河南省改革城乡二元户籍制度提供了指导思想。2014 年 11 月，河南省政府下发《河南省人民政府关于建立城乡居民基本养老保险制度的实施意见》，指出要建立统一、公平的覆盖全体城乡居民养老保险制度，城乡居民的养老保险账户将实现无缝对接。2015 年，河南省委、省政府出台《关于加快城乡一体化示范区建设的指导意见》,推动示范区在构建现代城乡体系、构建现代产业体系、公共服务均等化、生态文明建设、体制机制创新等方面先行实践。经过数年来的培育与发展,河南城乡一体化示范区基础设施逐步完善、要素资源逐渐丰富、产业规模持续扩张,取得了较为明显的发展成就。目前,河南省城乡一体化示范区按照发展阶段划分大概可分为三类:第一类是以周口市、南阳市为代表的农业大市,该类示范区城镇化起步较晚,目前仍处于"挖渠注水"阶段;第二类是以平顶山市、濮阳市为代表的老工业城市,该类示范区通常面对着资源枯竭、产业转型的问题;第三类则是以洛阳、许昌为代表的高度城镇化城市,该类城市龙头企业带动、工业反哺农业效应较强。

2016 年 3 月,《河南省国民经济和社会发展第十三个五年规划》在肯定河南省取得的成绩的同时,对河南省的统筹城乡发展提出了更高的要求:有序推动农业转移人口市民化;建设宜居宜业的现代城市;大力发展县域经济;有序推进社会主义新农村建设;推动城乡发展一体化。要以新型城镇化带动,推动城乡要素合理配置、平等交换和基本公共服务均等化,构建新型城乡关系,实现城乡协调发展、共同繁荣。2016 年 8 月,中央批准河南省设立自贸区,建设自贸区将为河南吸引来高端要素的聚集,为河南经济发展注入新的活力,打造中原经济区升级版,助力河南城乡一体化发展。2016 年 9 月,河南省政府总体规划部署了河南省建立统一的城乡居民基本医疗保险制度,印发《河南省人民政府办公厅关于整合城乡居民基本医保制度的实施意见》,统一医疗保险管理体制,由人社部门管理。明确要求 2017 年河南省全面实施统一城乡的医疗保险制度,保障河南省 8000 多万农村人口平等地享受与 1100 万城镇居民一样的城乡居民基本医疗保障待遇。2016 年 9 月,国务院印发《推动 1 亿非户籍人口在城市落户方案》指出,要维护进城居住农民在农村的宅基地使用权、集体收益分配权以及土地承包权,并探索农民自愿有偿退出机制,为保障进城农民的利益提供了政策依据,是对户籍制度改革的进一步探索。

（二）河南省推进城乡经济社会一体化的实践

经过试点、示范区发展阶段的积极探索和扎实实践，河南初步走出了一条具有地方特色又富有成效的城乡一体化发展之路。

1. 济源"六位一体"模式

济源市地处黄淮海平原西端与山西高原交接处，北部和西部为太行山和王屋山，南部和东南部为黄土丘陵。全市市域面积只有1931平方公里，在全省18个省辖市中面积最小，仅为郑州市的1/4，驻马店市的1/8，南阳市的1/14，是一个中等县市的面积。2008年年底全市总人口67.96万人，其中非农业人口25.57万人，占总人口的37.63%。人口大多集中在平原地区，虽然山区5镇的总面积为1154平方公里，占全市面积的60%以上，但户籍人口只有15.2万，仅为全市的22.37%，全市人口密度为359人/平方公里。推进城乡一体化建设，7个试点市中济源是效果最明显的。自2005年济源被确定为河南省城乡一体化试点市以来，济源市相继出台了《关于加快推进城乡一体化、建设社会主义新农村工作实施意见》《济源市关于加快推进城乡一体化决议》《济源市人民政府关于进一步深化户籍管理制度改革促进城乡一体化发展的意见》《济源市深化户籍制度改革实施细则》等系列文件，以城乡一体化为主战略，坚持从市情实际出发，在统筹城乡基础设施、公共服务、就业社保等方面大胆探索，先行先试，初步实现了从"二元分割"向"一体统筹"的转变，特别是在中原经济区上升为国家战略后，济源市进一步提出了建设中原经济区城乡一体化示范市的战略构想，围绕城乡资源要素配置、土地节约集约利用、农村人口有序转移、行政管理体制改革等方面大胆改革创新，使其城乡一体化建设实现了从试点探索到示范带动，推动了济源市跨越式发展，对中原经济区强化新型城镇化引领、统筹城乡发展、推进城乡一体化起到了典型示范作用。

济源市城乡一体化建设的指导思想可以概括为："注重一个引领、落实两个坚持、突出五个着力、实现一个目标"。"注重一个引领",就是以新型城镇化为引领;"落实两个坚持",就是坚持全域规划、一体发展;"突出五个着力",就是着力优化城乡发展布局,着力推动产业转型升级,着力提升基础设施和公共服务水平,着力推动生态宜居环境建设,着力缩小城乡居民收入差距;"实现一个目标",就是把济源建设成为中原经济区地区性中心城市和城乡一体化示范市。

（1）着力全域规划,推动规划布局一体化。规划是城市建设和管理的基础,也是促进城镇化健康发展的依据。优化城镇化布局,要强化规划的前瞻性、导向性作用,以规划引导城镇的优化布局,以规划引领新型城镇化科学发展。济源市按照"全域规划、一体发展"的理念,着力把推进新型城镇化与经济社会发展结合起来,新型城镇化与工业化和农业现代化结合起来,新型城镇化与生态文明结合起来,城市建设和农村全面进步结合起来。在空间布局上,把全市域 1931 平方公里作为一个整体进行统筹规划,编制完成了《济源市城乡总体规划（2012—2030）》,坚持以城乡一体化为统揽,建设好一个中心城区,推进玉川、曲阳湖、沿黄 3 个复合型组团融合式发展,打造 3 个重点镇,构建"中心城区+复合型组团+小城镇+新型农村社区"四位一体、布局优化、衔接紧密、功能完善、统筹发展的现代城镇体系,为中心城区、重点组团、中心镇及农村社区制定了明确的功能定位、分阶段发展目标及发展方向,带动全市城乡一体化水平全面提升。在此基础上,济源市还制定了基于全市域的多项专项规划、重点项目规划及相应的规划配套政策措施,对市域产业布局、基础设施及公共服务设施建设、生态环境保护等提出了具体指导方案。全域的科学规划为新型城镇化的发展绘制了一幅磅礴大气的蓝图,对于引领济源市城乡一体化建设,促进区域统筹协调、可持续发展起到了至关重要的作用。

（2）着力集聚融合,推动产业发展一体化。产城融合是推进城乡一体化的有力支撑,济源市按照产业为基、就业为本的要求,把产业发展与中心城区建设、城市功能完善、新型农村社区建设、农民转移就业等工作有机结合,统筹产业融合发展。一是强力推进工业经济发展。按照省委、省政府确立的"三规合一、四集一转、产城互动"的要求，规划建设了玉川、虎岭、高新技术3个省级产业集聚区，实施"工业出城、项目上山"和"退二进三"行动计划，引导城市规划区内的食品饮品和生物制药、机械加工和装备制造、电子电器和矿用电器等产业向产业集聚区集聚，大力推进工业经济转型。二是优化农业产业发展布局。重点围绕蔬菜、烟叶、薄皮核桃、冬凌草、畜牧养殖五大特色优势产业，大力推进"两园、四区、四基地"建设，打造产业核心区、生态集聚区、农业高效园区，规划建设了双汇生猪、伊利奶业、王屋山冬凌草、科云绿色农业、柳江禽业以及薄皮核桃、种子产业、肉兔产业等8个农业产业化集群，切实推动农业生产的集约化、规模化、标准化发展。三是积极发展城乡服务业。以中心城区、西霞湖、王屋山3个功能区为载体，大力构建城乡一体的服务业发展格局。按照"市域全景、景城一体"理念，重点打造北部山岳型景观旅游带、南部黄河水文化景观旅游带。大力发展现代物流业，依托交通区位优势，打造豫西北、晋东南区域性物流中心。大力实施《济源市服务业发展三年行动计划（2012—2014年）》，积极推进"一带、三区、五园、六街"建设，完成王屋山、五龙口、九里沟旅游景区体制改革，深入挖掘开发王屋山道教文化、济水文化以及篮球文化产业，加快推进旅游、商贸、物流、金融等服务业发展。

（3）着力同质建设，推动基础设施一体化。济源市按照"拉大框架、完善功能、加强管理、提升品位"的思路，加快推动城乡基础设施一体化发展。一是大力实施中心城区综合提升。围绕打造生态宜居精品城市的发展定位，按照"优化西北、拓展东南、改造老城、建设新城"的发展思路，持续开展"十大区域综合整治"和"四项整治、六项规范"工作，重点推进济东新区、小浪底北岸新区、三湖新区等九大重点区域开发建设，先后实施了篮球城、大剧院、群艺馆、青少年活动中心、老干部活动中心、图书馆、游泳馆、博物馆、科技馆、城展馆十大市政工程，加快改造旧城区、棚户区、城中村和重点部位，城市道路、"两气一水"、污水处理、垃圾处理等基础设施不断完善，初步形成大气、秀气、灵气的城市特色,中心城区集聚辐射带动能力和对外形象不断提升。二是实施城镇建设提升工程。在加大对城市基础设施建设的同时,各镇也大力实施硬化、亮化、绿化、美化、净化工程,配套完善了小城镇基础设施。通过一大批标准高、投资大的小城镇建设项目的快速实施,示范带动,各镇镇区规模不断扩大,规划布局逐步规范合理,镇区建设速度加快,镇区面貌明显改善,小城镇的吸引力和辐射力逐步增强。三是加快推进基础设施向农村延伸。坚持开展以造林绿化、农田水利建设、土地开发整理和村容村貌综合整治工作为重点的"3+1"工作,大力实施以"硬化路组组通、自来水村村通、宜建沼气户户通、广播电视村村通、电话宽带村村通"为重点的"五通"工程,积极实施百村富民工程、生态文明示范村、现代农业农村发展示范区建设、新老典型村结对竞赛活动,在理念、思路、机制、政策、措施上切实向推进新型社区建设倾斜。

（4）着力均等服务,推动公共服务一体化。大力实施基本公共服务均等化工程,加快构建城乡一体、全面覆盖、标准领先的基本公共服务供给体系,强力推进教育公平、全民健康、文体普及、社会保障等基本公共服务均等化,实现了城乡居民在就业、教育、社会保障、社会救助、住房保障、计划生育、退役士兵安置等方面的"七个完善统一"。一是均衡城乡教育事业发展。优化学校布局,推动高中和职业教育向市区集中,初中向小城镇集中,小学和幼儿园向镇区和新型农村社区集中。整合职业教育资源,建设济源职业教育园区,组建职业教育集团,吸引重点企业参股建设,促进校企合作、一体化办学。二是均衡城乡社会保障。加快户籍制度改革,2007年率先在全省打破城乡居民身份限制,建立城乡统一的居民登记制度,全面放宽农村居民进城镇、进社区落户的条件,实行城乡士兵"同义务、同待遇"制度。不断完善社保体系,率先在全省出台了城乡居民社会养老保障办法,率先在全省将镇级住院补助比例提高到95%,率先在全省发放了集养老、医疗、失业等5种保险于一体并搭载银行金融功能的社会保障卡。三是均衡城乡基本医疗服务。建立市级医院与镇卫生院、社区卫生服务中心紧密联系的医疗服务体系,实施全民健康档案工程,推进城市医疗卫生资源向基层延伸,在全省率先完成标准化卫生所建设任务,有效缓解群众看病难问题,确保农村居民"小病不出村"。加快医疗中心、康复中心、残疾人服务中心、健身养生中心建设,着力提供集医疗、保健、养老于一体的新型医疗服务。11个镇已全部完成敬老院的配套工程,使五保集中供养率提高到45%。

(5)着力生态宜居,推动生态环境一体化。济源市围绕打造精品宜居城市的目标,按照"显山、露水、见林"的生态建设理念,持续开展植树造林、村容村貌综合整治、十大重点区域综合整治、"五小"综合治理,建设沿山、沿水、沿路生态廊道,使城乡生态环境得到了明显的改善。一是进一步巩固国家卫生城市创建成果。实施城区居委会"五化"(硬化、绿化、亮化、美化、净化)达标改造、城区绿化、公厕、垃圾中转站建设等工程,对"五小"经营户、集贸市场、背街小巷等与群众生活密切相关的薄弱环节进行集中整治。二是深入开展村容村貌综合整治。建立"村(居)收集、镇(街道)运输、市(域)处理"的垃圾处理长效机制,开展主次干道沿线"五小"(小石灰窑、小煤场、小养殖场、小型废弃建筑、小堆渣)清理活动,实施"五化"提升工程,开展"十大重点区域"综合整治工作。实行"以奖代补""先建后补"的财政管理模式,按照先期实施、边建边补、竣工验收、按实补助的办法,大力推动生态村建设。三是持续开展城乡环境综合整治活动。大力开展污染减排、环保专项整治、重金属污染防治、环境监察等工作,持续开展"三夏""三秋"禁烧活动,积极实施天然林保护工程、退耕还林工程、林业生态市建设、国家森林城市创建、全民义务植树等活动。先后荣获国家卫生城市、国家园林城市、中国人居环境范例奖、河南省宜居城市等荣誉称号。

(6)着力均衡分配,推动要素配置一体化。济源紧紧围绕推进城乡要素自由流动机制体制建设,切实加大改革创新力度。一是大力推动农村产权制度改革。济源在全省率先开展农村集体土地确权登记试点工作,实施了农村集体土地所有权、集体建设土地使用权、宅基地使用权、土地承包经营权的确权和小农田水利工程所有权的确权登记,发放"土地使用权证"和"房屋产权证",启动村级集体资产股份改革试点和小型农田水利工程管理体制改革,建立产权交易平台,推动城乡要素加快流动。二是积极推进土地制度改革。采取土地入股型、项目支撑型、大户带动型、荒坡开发型、产业推动型等模式大力推动土地流转,财政每年列支 2000 余万元专项奖励资金,全面加快土地流转步伐。参照执行保障性住房供地政策,确定平原、山区丘陵社区人均建设用地标准,允许社区建设腾退出来的集体建设用地使用权通过协议方式实现有偿、有限期流转,大力创新用地保障机制。三是强力推进金融制度创新。从农村产权抵押管理入手,建立政策性的担保基金和担保公司,分解银行贷款风险;积极发展村镇银行、小额贷款公司等农村新型金融组织,不断创新农村金融产品,加大支农贷款发放力度。四是积极构建城乡居民就业服务体系。建立市、镇(街道)、社区三级公共就业服务体系,率先在全省实施城乡居民就业服务均等化政策,建立全省最高标准就业补贴,全面提高居民就业创业能力。

2. 许昌市半城市化地区城乡一体化发展模式

随着城市化的快速推进,城乡之间的经济联系也越来越紧密,城乡互动发展的态势日益明显。在城市边缘区或城镇密集区普遍发育和形成了一种城乡土地利用混杂交错、社会经济结构急剧变化的过渡性地域类型,国际学术界称之为半城市化地区。该地区的特征是:产业结构和就业构成的工业化和非农化水平已相当高,但产业、人口与城镇的空间集聚程度则比较低,随着我国工业化和城市化进程的发展,将会大量催生半城市化地区的形成与发展。

许昌市处于《河南省城镇体系规划(2006—2020)》的京广城镇发展带上,也是《中原城市群总体发展规划纲要(2006—2020)》新(乡)—郑(州)—漯(河)产业发展带上的中心城市,属中原城市群核心建设区。2006 年年初,许昌市政府结合当地实际,启动建设了许昌市至长葛市城乡一体化推进区,规划面积 110 平方公里。该区位于许昌市和长葛市之间,处于中原城市群内部,其社会经济结构、经济发展水平、土地利用状况均具有从乡村到城市的过渡性特征，属于半城市化地区。半城市化现象往往首先发生在区位条件较好的地区，许昌市城乡一体化推进区北部连接郑州都市圈，南部深入许昌市腹地，处于河南省中心地区，区位优势明显。这一区域内有5个县(市、区)的10个乡镇，81个行政村，人口稠密、交通区位优势明显，经济基础和产业基础较好，既有区位优越、经济基础较好的城中村、城郊村、园中村，又有中等村和贫困村，具有很强的典型性和代表性。许昌市以城乡一体化推进区建设为目标，进行探索，积累经验，对全市城乡统筹发展和新农村建设将起到很好的示范带动作用。2010年1月，许昌市城乡一体化推进区更名为许昌新区，其规划面积180.4平方公里。2013年12月21日，按照省委、省政府印发《关于建设城乡一体化示范区的实施意见》的要求，许昌新区更名为许昌市城乡一体化示范区。许昌市发挥独特的区位优势、产业优势，积极谋划、乘势而上，在河南省统筹城乡改革发展中先行一步，积极打造中原城市群新的经济增长极。

几年来，许昌市委、市政府为解决"三农"问题和城乡经济社会的统筹发展，按照"党政主导、产业支撑、市场运作、群众拥护"和按市场经济规律办事、按群众意愿办事的原则和"推进'三个集中'，实现'六个一体'，优化'一个环境'"的发展思路大力建设城乡一体化推进区，取得了阶段性成效。

(1)推进"三个集中"，即：项目向园区集中，农民向社区集中、土地向规模经营集中，把此作为加快推进区建设的根本途径。一是积极引导项目向园区集中。立足于培育特色产业集群、强化推进区产业支撑，按照走新型工业化道路要求，坚持布局集中、土地集约、产业集聚的原则，在全市规划的9个工业集聚区中，有5个规划在示范区，全市规划的4个物流园区中，有3个规划在示范区，分别是长葛城南物流园，位于长葛市和尚桥镇，主要以钢材、建材配送为主；魏都物流园位于魏都民营科技园区，以农产品配送为主，许昌市城南物流园区，位于东城区南部、将官池镇境内，以仓储配送为主。市政府出台政策明确规定：哪个县(市、区)、哪个乡镇引进到示范区的项目，税收返还到哪里；新上项目能够入驻示范区而不入驻的,原则上不立项、不批地、不环评。二是农民向社区集中。着眼于改善农民居住条件、转变农民生活方式、走具有许昌特点的新型城镇化道路,以群众、业主、政府"三满意"为根本标准,按照"城中村"改造模式,对示范区村庄进行分类改造,积极发展新型社区,加快农民向社区集中,2008 年以来全市启动建设了 7 个"城中村"改造项目,6 个在示范区。三是土地向规模经营集中。土地规模经营是推进农业产业化、发展现代农业的前提条件。按照依法自愿有偿的原则,加快土地流转,促进土地向公司、业主和种植大户集中。目前,示范区花卉苗木发展到 6.4 万亩,其中 80%以上都通过土地流转,实现了业主经营、规模经营。

(2)实现"六个一体",即:城乡规划一体化、产业发展一体化、基础设施一体化、公共服务一体化、就业市场一体化、社会管理一体化。这是城乡一体化示范区建设的基本目标。

一是城乡规划一体化。政府在示范区建设中始终坚持"统筹规划、突出特色"的原则,切实发挥规划的引领作用;示范区建设之初,根据河南省政府批复的 2005—2010 年《许昌市城市总体规划》,编制完成了《许昌市统筹城乡发展总体规划》以及部分相配套的专业规划和专项规划。2010 年 2 月 11 日,根据省政府印发的《许昌新区建设总体方案》(豫政〔2010〕24 号),许昌市委、市政府最终委托英国奥雅纳(上海)工程咨询有限公司开展《许昌新区空间发展战略规划》的编制,在初稿形成后,市委、市政府不惜重金聘请国内知名专家、学者,对许昌新区空间发展战略规划进行研究论证,最终从宏观层面对许昌新区 186 平方公里广袤区域的功能定位、发展思路、产业策略、发展规模、空间布局等进行界定,提出了未来 20 年许昌新区的发展目标以及经济发展、社会人文、自然资源和环境保护 4 大类 38 小项的指标,为许昌新区规划和建设提供指导和依据,勾画出了一幅未来许昌新区建设发展的宏伟画卷,成为未来20 年指引许昌新区建设的行动指南。

二是城乡产业发展一体化。政府立足点是把示范区建设成为特色产业集聚区，一方面积极调整优化城乡产业布局，将做大做强市区经济与强化推进区的产业支撑一并考虑，着力解决市区经济特别是市本级经济发展相对缓慢问题，另一方面，按照转变经济发展方式的要求，调优一产、提升二产、搞活三产，促进示范区三次产业协同发展、融合发展。按照产城一体的理念，围绕建设"一带十区二十个产业集群"的集群经济体系，科学编制了《许昌至长葛集群经济产业带发展规划》，以规划引导各类要素向园区集聚，用产业支撑示范区的建设发展，培育超硬材料制造、汽车及零配件制造、食品加工、现代物流等特色支柱产业。在抓好二、三产业的同时，注重把发展花卉苗木产业作为实现城乡产业发展一体化的重要突破口，在推进区规划了8.9万亩的名优花木、观光花木、现代花木，并努力促进生态、文化、旅游有机结合，实现一产和三产的互动发展、一体发展。目前，新区作为先进制造业集聚区、科技创新先导区、现代物流发展区，已被列入河南省四大主导产业基地。

三是城乡基础设施建设一体化。加快以道路为重点的基础设施建设，充分发挥道路的拉动作用、带动作用。开工建设主次道路48条，总里程164公里，已经完工35条，建设里程136公里，其中以许昌—长葛和魏武大道的双向八车道快速通道为支撑的"三纵九横"道路框架基本形成，各社区基本实现了村村通，10个社区实现了户户通。许昌县核心起步区、长葛市民营科技园区、创业园区的路网格局基本建成，区内电力、通信、垃圾、污水处理、集中供水、供热等配套基础设施建设同步配套。规划建设郑州国际机场客货枢纽港、石武高速客运许昌站、京珠高速公路新城区立交口等对外交通节点的重点工程全部完成。

四是城乡公共服务一体化。以构建城乡一体的教育、医疗卫生、文化、体育、社会保障等体系为抓手，做到加大政府投入、鼓励社会参与、事业单位改革改制"三管齐下"，大力发展各项社会事业，推动城市公共服务向示范区拓展。示范区享受义务教育阶段"两免一补"、新农合参保率、有线电视入村率均达到100%。另外，在英刘村、西街村、武店村和高桥营社区开展了农村社会保障试点工作,新建敬老院分院 10 所,新建高标准中学、小学和幼儿园 11 所,许昌县正在建设高标准的综合试验学校;建成农村客运站 120 个,体育健身工程70 个,农家店 50 个,示范区群众的生活条件明显改善。

五是城乡就业市场一体化。实行城乡就业政策一体化、服务制度一体化。积极建立示范区人力资源市场,示范区 5 个工业集聚区内已建成人力资源中心 3 个,分别是魏都区人力资源中心、长葛市人力资源中心和许昌县人力资源中心。坚持城乡统筹就业,着力提高农村劳动力二次就业率。大力支持民营经济和中小企业发展,努力增加就业岗位,增加农民非农收入。研究促进农民就业的扶持政策,鼓励企业吸纳当地农村劳动力就业。抓住新城区建设和第三产业发展的有利时机,加快农村劳动力向第三产业转移。鼓励以创业带动就业,把创业培训和小额担保贷款等政策扩展到示范区,鼓励农民特别是务工返乡人员创业,同时,加强职业技能培训和就业中介服务,提高农民的就业技能,努力创造有利于农民就业的良好环境,形成以培训促进就业的良性互动机制。示范区近几年来共转移就业 5.2 万人,占示范区劳动力总数 7.1 万人的 74%。

六是城乡社会管理一体化。在深化乡镇管理体制改革、加强基层民主政治建设的同时,重点抓好推进区的乡镇改街道办事处,农村改社区,农民改市民的"三改"工作:一是着眼于建立城乡一体的户籍管理制度,深化户籍制度改革,示范区居民户口已全部转成非农业居民户口。同时制定完善了示范区垃圾处理、污水处理、林木管护、道路管理等办法。二是把示范区作为城乡社会救助工作规范化建设示范区,进一步健全、完善和规范各项社会救助制度,形成程序规范、结构合理、层次分明、制度完善的城乡社会救助工作机制。示范区内所有城乡社会救助奖金全部实行社会化发放;所有乡村全部建立基层城乡社会救助项目公示栏;对示范区内敬老院实行等级化管理,提高敬老院管理水平。

(3)优化"一个环境",不断探索完善工作决策机制、推进机制、市场开发机制和督查督导机制,对示范区的建设发挥统领和指导作用。在工作决策机制方面,成立了许昌市示范区建设工作领导小组及办公室,定期研究制定统筹城乡发展的目标、方向和工作重点,协调解决有关问题,重大问题由许昌市委、市政府研究决定;在工作推进机制方面,实行"市指导、县为主、乡村参与"的工作机制。建立了市示范区联席会议制度,定期召开联席办公会议,协调解决具体问题,抓好日常工作落实;探索建立"决策、管理和执行"三支队伍并举的推进机制,并不断创新发展,使在投融资、建设用地供给等方面的机制更加完善、更加管用,并靠一系列行之有效的工作机制和办法,促进了新区建设良性健康发展。在市场开发机制方面,实行"党政引导、业主经营、市场运作、开发建设"的运行机制。积极推行"村企共建"等市场开发模式,充分发挥企业投资开发、拆迁安置、招商引资、经营管理主体的作用:在工作督导机制方面,坚持"分级负责、分类督导、重在指导"的原则,市、县分级负责,把日常督导、定期督导、全面督导和专题督导有机结合起来,把督导与指导、服务与指导有机结合起来,增强了工作的指导性。

(三)河南省推进城乡发展一体化的基本经验

河南各地的积极探索和扎实实践为城乡一体化稳步有序发展积累了不少宝贵经验。对中部地区如何解决"三农"问题,如何实现经济社会全面协调可持续发展,有重要的借鉴意义。

1. 注重科学规划

坚持规划先行,充分发挥规划的先导作用和引领作用,依靠高水平的规划实现示范区的科学发展。示范区规划的"灵魂"是统筹,就是坚持以人为本的规划理念,引导公共服务向农村延伸,社会保障向农村覆盖,公共财政向农村倾斜,统筹发展社会保障和公益事业。示范区规划的核心是产业布局,就是按照集群经济发展的要求,通过发挥工业集聚区的作用,实现二、三产业相互牵引,并带动一产发展,使一、二、三产在推进区内协调发展。规划中注重打造特色村庄,建设新型社区。突出生态特色,营造宜居环境。在示范区建设过程中,始终把总体规划作为示范区建设的蓝图和行动指南,坚持做到统一审批、统一监管、统一建设。

2. 深化改革创新

政府坚持把制度创新作为前提和基础,积极致力于消除城乡有别的制度分割,大胆改革城乡户籍、养老低保、合作医疗、义务教育、社会保障制度等,把过去只有城市居民才能享受的政策向农村延伸,按照城乡一体化原则,大胆制定并实践促进农村劳动力向城市流动的政策,包括建立和规范各种劳务中介组织,加强劳动力职业教育和培训,为农民提供各种劳务信息,逐步建立城乡统一的公民身份制度、城乡劳动力市场,实现城乡统一的就业和社会保障服务等。通过完善的政策支持体系和具体的运行体制,解决好失地农民的生活问题,实现劳动力的自由配置,使大批不再从事农业生产的农民离土又离乡,快速、有序地向城镇流动,成为真正的城镇居民。

3. 强化产业支撑

城乡差距产生的根源,除了制度上的原因外,还有一个重要的客观原因就是产业比较利益的差距,也就是农业同工业、服务业在比较利益上的差距。要缩小城乡差距,除了消除制度上导致人为差别的因素外,就是要通过一定的方式缩小产业带来的利益差距,也就是要突破农民只是从农业获得收益的框框,大力发展工业和服务业。基于此,各示范区把工业发展作为产业一体化的核心,持续推进产业集聚区建设,让更多的农民从土地上解脱出来,从农业中转移出去,融入工业,融入城市,走出了一条以工业化促进城镇化、以城镇化引领工业化的新型城镇化道路。

发达国家的实践表明,城乡一体化的推进最终是以大量农民向非农产业转移、城市化的快速推进、逐步实现农业现代化为基本途径的。因此，各示范区在实施城乡一体化战略时，把解决广大农民的就业问题、实现农村富余劳动力的转移作为基本途径，考虑统筹三次产业发展，促进农民收入增加，最终实现转移农民、富裕农民的根本目的，加快推进城乡一体化。

4. 加快土地流转

农村集体土地产权不清，与国有土地产权不对等，制约了土地资源在城乡之间的顺畅流转和优化配置。各示范区在全国率先完成农村集体资产确权发证工作，并创新经济组织，以土地股份合作为载体，推行大户种植、规模化经营，极大地解放了土地的生产力。这一过程为城镇发展提供发展空间，土地的增值收益返还农户，让农户获得了住房或社会保障，让农户享受到土地财产增值收益。

5. 推动基本公共服务均等化

大力实施基本公共服务均等化工程，着力构建覆盖城乡、功能完善、可持续的基本公共服务体系，实现了城乡居民在就业、教育、社会保障等方面的完善统一，率先在全省出台城乡居民就业服务均等化政策，实施无差别的城乡就业创业服务；率先基本普及了高中阶段教育，率先基本普及了学前三年教育，率先推行了中等职业教育免学费政策；率先在全省实现了城乡居民养老、医疗、最低生活保障的全覆盖，各项保障标准走在全省前列。

二、江西省推进城乡经济社会发展
一体化的探索与实践

从2009年起，江西省选择了具有较好基础条件和辐射带动作用的南昌市、新余市和部分县（市、区），开展统筹城乡经济社会发展一体化试点工作，同时从 2004 年起赣州市开展了以社会主义新农村建设为重点的统筹城乡发展改革试点,2010 年,批准共青城市为城乡一体化发展试点市。2012 年,又增加赣州市、井冈山市开展统筹城乡改革试点,这里主要介绍南昌市、新余市试点情况。

(一)南昌市城乡经济社会一体化的探索

南昌市地处中国中部地区,位于我国第一大淡水湖鄱阳湖西南岸,属亚热带季风区,气候温润温和。南昌具有承东启西、沟通南北的枢纽性区位优势,是唯一与我国经济最活跃的长江三角洲、珠江三角洲、海峡西岸经济区相毗邻的省会城市。全境以平原为主,东南平坦,西北丘陵起伏,总面积 7402.36 平方公里,平原占 35.8%,水域占 29.8%,岗地、低丘占 34.4%。全市辖 4 县(南昌县、新建县、进贤县、安义县)、5 区(东湖区、西湖区、青云谱区、湾里区、青山湖区)、3 个国家级开发区(南昌高新技术产业开发区、南昌经济技术开发区和南昌小蓝经济技术开发区)、江西桑海经济技术开发区和红谷滩新区。

1. 制定规划政策,推动城乡统筹工作

2009 年年初,南昌市被确定为全省统筹城乡经济社会发展一体化试点城市后,市委、市政府科学规划,突出重点,先后出台了《关于推进城乡发展一体化,加快打造核心增长极的实施意见》和一系列的配套政策举措,稳步实施以镇村联动建设为重点的城乡统筹工作。通过这些政策举措,为该市镇村联动建设发展提供有力的保障。

2. 抓好产业发展,夯实镇村联动发展基础

一是突出抓大型现代农业项目建设。实施了百个重点都市现代农业、成长性特色产业基地、大型农业综合开发等一大批现代农业项目建设。二是突出抓农业产业化集群化发展。大力实施了以粮食加工产业、畜禽加工、水产养

殖与加工、饲料加工、特色经济作物与花卉苗木、中药材加工、农产品物流等
"七大百亿特色产业"集群建设，推动农业向特色化、组织化、规模化发展。三
是突出抓县域经济发展。按照三次产业并重的工作思路，以"加快县域经济
发展二十条政策措施"为抓手，全面促进县域优势主导产业发展。

3. 扎实推进改革试点，提升镇村联动发展水平

提出了开展城乡发展一体化"十项"配套改革试点工作。一是推进全国
农村改革试验区改革试点。二是推进农村土地管理制度改革试点。三是推进
农村产权制度改革试点。四是推进农业服务体系改革试点。五是推进农业保
险制度改革试点。六是推进农村空心村整治建设改革试点。七是推进基层民
主建设改革试点。八是推进城乡户籍制度改革试点。九是推进农村计生服务
体系改革试点。十是推进城乡一体化网上行政审批服务改革试点。

4. 以社会保障、基础设施和公共服务为重点，着力推进三方面工作

一是推进城乡社会保障均等化。2010 年起投入 62 亿元，通过给予一次
性缴费补贴的方式，为城市规划区范围内全部符合条件的被征地农民购买养
老保险，惠及全市近 30 万农民，此举在全国尚属首次；南昌县实现了所有乡镇
通公交车，率先在全省实施农房政策性保险。二是推进城乡基础设施一体化。
实施"点、线、面"相结合。点：开展了以村庄规建为先导，以特色产业为支撑，
以生态优化为基础，以休闲农业为亮点，以乡风文明为根本的五位一体综合示
范村、秀美乡村和特色小镇建设。线：大力实施主要通道"五化"综合整治。
面：大力实施年度新农村村点整治建设和千万树木进千村活动，围绕"三清六
改四普及""三绿一处理"和"三化（划）三改一习惯"的要求，全面推进年度新
农村村点整治建设。三是加快促进城乡公共服务一体化。通过积极整合城乡
教育资源，将农村义务教育全面纳入公共财政保障范围。

（二）新余市城乡经济社会发展一体化的实践

新余市自 2009 年被列为江西省统筹城乡经济社会发展一体化试点市以来，紧密联系实际，坚持以统筹城乡一体化发展为统揽，立足"走在全省前列、争当中部地区统筹城乡一体化发展排头兵"的发展定位，围绕城乡规划布局、经济发展、基础设施、就业社保、公共服务、生态环境、社会管理、体制机制"八个一体化"的工作思路，大胆实践、奋力创新，统筹城乡发展一体化试点工作取得显著成效，形成了有益经验。

1. 市域一体、高起点规划布局，以规划引领城乡一体化发展

新余市打破城乡界限，将"全市 3178 平方公里幅员，主体城区与一县四区 36 个乡镇办，66.7 万城镇人口与 47.3 万农村人口，经济建设与社会发展"作为一个整体通盘考虑、统筹谋划布局，按照"全域新余、组团发展"理念，委托中国城乡规划设计院在全省率先编制了《新余市城市总体规划（2008—2030）》，构建以"一带一廊双核五区"为核心内容的市域空间结构体系。同时，以《总体规划》为指导，完成土地利用总体规划的修编，以及城乡一体的基础设施、社会事业、生态环境等专项规划的制定，初步形成了城乡统筹、相互衔接、全域覆盖的发展规划体系及监督执行体系。通过统一规划、统一布局，促进了区域内经济、社会、人口、资源、环境的协调发展，加快了城市基础设施和公共服务向农村延伸步伐。

2. 以工促农、城乡产业联动，用产业支撑城乡一体化发展

新余市按照"一产做精、二产突破、三产配套"的思路，坚持城乡产业联动，充分发挥城乡比较优势，优化产业布局，统筹产业发展。工业上实施园区化战略，全方位实行招商引资，推进新能源、新材料、钢铁三大支柱产业分别向高新区、分宜工业园、市经济开发区三大重点园区集中；农业上实施"向规模

经营、特色产业、优势品种集中"战略,按照工业化理念加快现代高效农业发展;第三产业上实施"8+4"战略,重点发展商贸餐饮、物流、房地产、旅游、金融保险、职业教育、电子信息和农村服务业八大主导行业,培育会展、文化、中介咨询、社区服务四大新兴行业。产业的大发展,较好地解决了统筹城乡一体化发展中的"钱从哪里来,人往哪里去"难题。

3. 狠抓农民增收、富裕百姓,用农民收入衡量城乡一体化发展

新余市把农民收入增长情况作为衡量统筹城乡一体化发展实绩的硬指标,坚持寓强市于富民之中,始终扭住农民增收不放松,在户调查、村统计、乡汇总、县分析、市抓总的基础上,建立横向到产业,纵向到农户的增收坐标体系,把增收措施落实到每个农户。在增收思路上,进一步明确了突破种植业、狠抓养殖业、扩大劳务、力促创业,促进农民增收由依靠传统农业向依靠现代农业、非农产业的转变,由一产为主向二、三产业为主的转变。

4. 做强主城区、搭建以城带乡平台,用城镇承载城乡一体化发展

新余市坚持把加快主城区建设放在重要位置,以建设国家新能源科技城和赣西区域中心城市为目标,大力改造老城区、建设生态新区、提升高新区,完善配套服务,推进产业向主城区聚集,增强主城区承载力和辐射力,基本形成了"两城三区""两江四岸"的中心城区发展格局。在做强主城区的同时,加快县城、中心镇和新型社区建设,促进人口集中居住、产业集群发展、要素集约利用,形成1个中心城、2个副中心、1个中央城镇密集带、1个生态走廊、5个城市发展次区域区、11个中心镇、一批中心村和新型农村居民点的城乡一体化建设布局。

5. 致力先行先试、加快改革,以创新推动城乡一体化发展

新余市着力破除城乡二元结构,稳步推进"四项改革"。一是宅基地换房

工作有序推进。制定出台了《关于推进农村土地承包经营权规范化流转的意见》,探索实施土地信托流转、土地股份合作、龙头企业经营、宅基地换房等流转模式,为保障农民工土地权益提供了依据。二是扩权强镇工作有新突破。为适应统筹城乡一体化发展和农民持续增收的需要,按照"强化中心镇政府的公共服务职能,规范其建设发展职能,授权其行政执法职能"的思路,在全省率先推进扩权强镇改革试点,赋予中心镇县级经济社会管理权限,拓展中心镇搞建设、抓发展、优服务的空间。三是全域推进农村产权制度改革。到2020年,农村产权改革工作基本完成,全市100%村集体经济组织成立了"三会"(股东大会、董事会、监事会),并制定了集体经济组织章程,完成了登记赋码,申领了组织证书。四是一元化户籍管理制度改革有序铺开。为了实现城乡居民自由迁徙、国民待遇同享,在全省率先试点开展了城乡一元化户籍管理制度改革,明确提出实行城乡统一的户口登记、迁移、管理制度,对户改前原农民在承包地、林地、宅基地、社保医保和村集体资产产权等方面实行"双轨保障、允许过渡"。双林镇户籍管理制度改革试点先行一步并取得成功,共换发新居民户口簿10557本,已全部换发完成,低保金、优抚金、五保供养金等已发放到位,规划区内的居民城镇医保和农村医保实行由居民自行选择确定。

6. 以中心镇建设为突破口,树立标杆,用示范带动城乡一体化发展

中心镇处于城乡之间、工农之间,是城市联结农村的桥梁和纽带,是实现城乡一体化发展的重要节点。根据市情,新余市把11个中心镇作为全市试点工作示范平台、重点突破区域,先行先试,探索经验。制定出台了《关于加快中心镇建设与发展的决定》等10余个系列文件和扶持政策,选派了市直强势部门、优秀干部到中心镇定点帮扶和挂职帮扶,明确了各中心镇总体规划设计必须请国家甲级以上资质规划设计单位编制,组建了小城镇建设投融资公司、担保公司、水利投资公司、农业产业化企业担保有限公司。

(三)江西省推进城乡经济社会发展一体化的成效与经验

江西省各试点地区找准切入点,加大改革创新力度,逐步破解城乡二元经济社会结构性矛盾,在一些重点领域和关键环节进行了有益的探索和实践,取得初步成效,为推进全省城乡发展一体化积累了宝贵经验、提供了先行示范。

1. 江西省城乡经济社会一体化试点工作的成效

一是初步搭建了试点工作的政策框架。各试点地区制定了试点工作实施意见和实施方案。新余市制定了《关于在全省率先形成统筹城乡经济社会发展一体化新格局的实施意见》,并出台了城乡一体化空间布局、基础设施、产业发展、基层党建、生态环境一体化推进体系、公共服务体系、深化农村金融制度改革、户籍制度改革、统筹城乡发展综合评价指标体系等试点工作9个系列配套政策文件,初步搭建了城乡一体化发展试点工作"一个总体方案,九个配套文件"较为完整的政策框架体系。

二是重点进行了一些探索和实践。各试点地区抓住有利契机,加大改革创新力度,找准切入点,以重点领域和关键环节的有效突破来推进试点工作的开展。新余市宅基地换房、扩权强镇、城乡一体化户籍管理制度和农业产权制度等"四项改革"试点全面铺开。

三是扎实推进了城乡公共服务均等化。各试点地区将改善农村民生作为一体化试点工作的核心内容来抓,扎实推进公共事业发展,从扶贫开发、文化教育、医疗卫生、社会保障等多个方面,加快提升农村公共服务水平,让人民群众共享改革发展成果。分宜全县率先进行了初中进县、小学进镇、幼儿进园的有益探索。

四是加快推进了小城镇和新农村建设。各试点地区把小城镇和新农村建设作为统筹城乡经济社会一体化发展的重要平台和节点,以项目建设为主要抓手,整合资源,强力打造。南昌市按照改造"城中村"、建设新农村、打造小城镇的思路,促进"城中村"农民变市民,扎实推进了"城中村"改造,城乡环境面貌得到进一步改善。新余市围绕农村人口转移和带动农村基础设施建设,以孔目江生态经济区和11个中心镇建设发展为突破口,打造统筹城乡一体化发展试点工作的示范平台。共青城市确立把甘露镇建设成为"共青城建设延伸区、产业发展承载区、新市民休闲娱乐区、高素质人才培养区"的发展思路,努力打造成全省城乡统筹发展的示范镇。

2. 江西省城乡经济社会一体化试点工作的主要经验

一是在加快农村产业结构调整和优化升级上实现新突破。加快农村产业结构调整和优化升级,是统筹城乡发展、推进城乡发展一体化的重要途径和基础环节。加快科技进步和科技创新步伐,把绿色、低碳技术及其产业化作为推进农村产业结构优化升级的突破口;推动全民创业,激发民间投资创业活力,支持民营企业参与国有企业改革改制,努力形成国有经济与民营经济比翼齐飞、双轮驱动的发展格局;进一步壮大县域经济、发展农村经济,为县域经济社会发展提供坚实的物质基础。

二是在统筹城乡就业创业和促进农村富余劳动力转移上实现新突破。把农村富余劳动力转移出来,使之转化为新的生产力,是统筹城乡发展、推进城乡发展一体化的基本要求和必然选择。为此,应建立促进城乡基本公共服务均等化的体制机制,使农民工在社会保障、基本公共服务以及政治参与等方面享有与城镇居民同等的权益,为进城农民在城镇安居乐业提供条件;稳步推进城乡统一户籍制度改革,让农民享有与城市居民同等的发展权利和发展机会,为城乡居民自由迁徙、城乡生产要素自由流动创造必要条件;在工业园区、城镇郊区与相邻农村之间建设新型农村社区,促进农民就近就地转移,努力构建产业和城镇互动发展、融合发展格局。

三是在优化农村创业和投资发展环境上实现新突破。统筹城乡发展、推进城乡发展一体化,关键在于通过完善基础设施、建立基本公共服务体系、改善发展环境和提高农民整体素质等增强农村自我发展能力。为此,应以培育创业型农民为核心,以建设创业型新农村为目标,以加强创业支撑保障体系建设为着力点,优化农村创业发展环境,为农民创业"出点子、找路子、搭台子、安梯子";进一步优化经济环境、加大政策支持力度,加强政府、企业、银行之间的联系与互动,鼓励金融机构加大信贷支持力度,完善中小企业担保体系,拓宽融资渠道,着力增强县域经济发展的内生动力。

三、湖南省推进城乡经济社会发展一体化的探索与实践

(一)湖南省推进城乡经济社会发展一体化的政策举措

湖南省地处我国中部,是典型的农业大省,在改革开放后的快速发展中,城乡二元结构明显,严重阻碍经济社会健康发展,制约经济社会转型。早在20世纪末,湖南省就提出了实行城乡一体化发展战略。进入21世纪以来,省委、省政府高度重视城乡统筹协调发展,在全面推进工业化、城镇化进程中,积极推动建立和完善城乡发展一体化的体制机制。

2004年9月,湖南省委、省政府出台了《关于加快县域经济发展若干问题的意见》,提出了"坚持统筹城乡经济社会发展"的总体要求。2005年,省建设厅印发《2005年全省城乡规划和小城镇建设工作要点》,决定在韶山市、长沙县和冷水江市进行城乡一体化规划试点,拉开了全省以县域为平台探索城乡一体化发展的序幕。

2007年,长株潭城市群被国务院批准为"全国资源节约型和环境友好型社会建设综合配套改革试验区"后,湖南省委、省政府明确提出把转变经济发展方式与"两型社会"建设有机结合起来,大力推进新型工业化、农业现代化、

新型城镇化和信息化"四化联动"。因此,"两型社会"建设和城乡一体化互动发展已成为湖南省的特色。湖南省通过加大"两型社会"综合配套改革,加强城乡生态环境同建同治,推进了城乡生态环境一体化。全面实施城市环境综合整治工程,加大污染物减排和治理力度,严格控制污染物排放总量,采取了有效措施防止城市污染企业和项目及有害有毒物体向农村转移。在这一方面,为全国各个省区提供了示范。

2011 年,湖南省委、省政府将嘉禾、湘潭、汉寿、冷水江 4 县(市)列为"十二五"城乡一体化示范县(市),要求 4 县(市)积极探索城乡一体化发展的战略、路径与方法,为全省城乡一体化发展提供典型和经验,为省委、省政府科学决策提供参考。在全省"十二五"规划明确的 4 个城乡一体化试点示范县市的基础上,资兴市 2013 年又进入全省城乡一体化的试点县市。

2012 年,省委、省政府出台《关于加快新型城镇化推进城乡一体化的意见》,要求以提升城镇发展质量、缩小城乡差距和提高城乡居民收入为目标,着力推进城乡规划、城乡建设、城乡产业、城乡公共服务、城乡社会管理一体化,构建新型工农关系和城乡关系,加快形成以工促农、以城带乡、城乡互动的一体化发展新格局。

2014 年 2 月,为全面推动城乡发展一体化,湖南省启动经济社会发展规划、城乡规划和土地利用总体规划的"三规合一"试点工作。试点工作将按照城乡一体、全域控制、部门协作的要求,以城乡规划为基础,以经济社会发展规划为目标,以土地利用规划提出的用地为边界,编制县(市)城乡总体规划,实现一个县(市)一张图,县(市)域全覆盖。试点工作的主要内容是统筹衔接经济社会发展和土地利用规划,全面优化城镇化布局和形态,合理确定城镇化发展的各项目标,积极推进基本公共服务均等化。"三规合一"是对规划体制改革的重大调整,将对推进新型城镇化和城乡发展一体化产生深远影响。

(二)湖南省城乡经济社会发展一体化的探索与实践

1."长沙现象"

作为湖南省会和"两型社会"综合配套改革试验核心城市的长沙市,在统筹城乡协调发展、推进城乡经济社会一体化方面的成功探索,被专家学者和媒体誉为"长沙现象",其成功经验引起国内广泛关注。

(1)突出科学决策,谋划城乡发展的顶层设计。《中共长沙市委推进城乡一体化发展工作纲要》确立了尊重规律、惠民为本、协调发展、有序推进的发展原则;科学划分了启动试点、重点突破、全面实施3个推进阶段;确定了跳出农村建设农村、转移农民富裕农民、调整农业发展农业的基本思路;明确了要构建新型的城乡、工农、镇村"三大关系",转变经济增长、农民生活和社会管理"三大方式"。

(2)突出规划引领,优化城乡发展的空间布局。长沙根据"统筹城乡,重在农村"的发展思路,开展了市、县、乡、村四级一体化规划编制工作,加速了城乡规划对接。按照"小城镇—中心村—集居点"的新型空间架构,对镇村规划进行了全面优化调整,引导农民向城镇转移,向中心村和集居点集中居住。实现了国民经济和社会发展规划、土地利用规划、城市总体规划"三规"融合,城乡资源配置更趋优化。

(3)突出基础延伸,夯实城乡发展的内涵动力。长沙实现了城乡基础设施联合共建、联网共享。针对农村发展中的薄弱环节,加快以农村公路通达、电网扩容、安全饮水、环境整治、校舍改造为重点的"五大工程"建设不断改善农村基础设施条件。

(4)突出产业融合,增强城乡发展的基础支撑。长沙不断完善产业发展体系,加快转变经济发展方式,增强城区对县(市)发展的辐射带动作用,大力推进产业加速融合:一产与二产融合方面,突出现代农产品加工业的发展,引导农业龙头企业做大、做强、做优,不断拉长农业产业链条,推动农产品由初级产品向次级产品转型。一产与三产融合方面,突出完善现代农产品物流体系,加快推进农超对接,大力发展都市休闲农业,积极扶持会展农业、连锁经营、生鲜配送等新兴业态。城市资本和工商资本不断涌入农村,各示范点基础设施、公共管理服务、产业优化升级、商贸旅游项目等吸引了省内外知名企业和个人投入大量资金开展建设。

（5）突出机制创新,激发城乡发展的体制活力。围绕打破城乡二元割裂的体制性、机制性障碍,长沙初步形成了城市工作、农村工作相互对接、良性互动的管理模式和工作格局。推进土地管理制度创新,成立了农村土地流转交易中心,推动土地资源由不动向可动转变、土地整理从节约向集约转变、土地利用从低效向高效转变。实行城乡建设用地增减挂钩,将土地收益增值部分用于农村建设,实现保障发展、保护资源、保持生态的和谐统一。推进农村金融制度改革,拓宽城乡一体化发展的投资领域。加快户籍制度改革,鼓励农民通过土地权益换户口、换身份、换保障,放宽农民工进城落户条件。大力推进乡镇机构改革,撤镇改街、撤村改居稳步进行,社区服务向农村加快延伸。各类新型经济组织和社会组织蓬勃发展。

（6）突出生态共建,促进城乡发展的环境和谐。长沙以城乡环境整治工程为抓手,重点解决工业企业污染、城镇污水集中处理、农村面源污染治理、城乡固体废弃物处理等问题。在全市推广了"户分类、村收集、镇中转、县处理"的农村生活垃圾处理模式,成为全国首批农村环境综合整治试点城市。积极推进湘江、浏阳河、捞刀河、沩水河"四河流域生态修复"工程。科学规划畜禽养殖区域布局,完成养殖污染治理面积149万平方米。围绕创建全国生态文明示范城市目标,不断提升生态容量。长沙县获评"中国十佳两型中小城市",开福区青竹湖镇荣获全省第一个"两型社会示范镇"称号,团头湖湿地恢复与保护工程获国家批准,千龙湖、松雅湖和金洲湖成功获批国家湿地公园。

（7）突出公共服务,提高城乡发展的保障水平。长沙市制定出台了《长沙市民生保障实施办法》，加快建立以科技、教育、文化、卫生、体育等为主要内容的公共服务体系，以城乡公共服务均等化为取向，让农民在家门口就能享受到与城市居民同等的公共服务。完成 137 所乡镇卫生院新改（扩）建和 1366 个行政村卫生室标准化建设，基本实现了"小病不出村、一般病不出乡、大病不出县"。全市建成 1040 个农村基层文化服务点，并积极实施农村"中小学教师继续教育工程"，不断提高农村义务教育水平。加快推进城乡社会保障体系建设，率先中部地区全面实现城乡居民养老保险全覆盖，率先全国实现城乡居民医疗保险并轨。统筹城乡劳动就业体系建设，每年新增城镇就业人员约 12 万人，每年约有 80 万农村劳动者实现转移就业。

2. 城乡一体化示范县（市）的实践

湘潭县作为全省城乡一体化示范县，结合"两型社会"建设率先统筹城乡发展，积极推进城乡产业、基础设施、公共服务一体化，在短短 3 年时间内，取得了"1 个提高、2 个缩小、3 个加快建设"的成绩。即城镇化率提高，城乡居民收入差距和城乡居民生活差距缩小，覆盖城乡的基础设施体系、城乡均等化的公共服务体系、城乡逐步融合的社会保障体系加快建设。基础设施城乡一体化改造加快，2013 年县到乡镇公路达 807.4 公里，乡镇到村、组公路达 8465.6 公里。涓水二桥主体工程、易俗河港区千吨级码头水工部分主体工程已全部完工，湘湘、韶茶干线公路提质改造工程全面扫尾，超额完成农村公路建设目标任务。

汉寿县作为农业大县，近年来坚持"工业强县、城镇兴县、旅游活县、幸福汉寿"发展思路，强化"龙株太"一体化在全县城乡一体化中的引领作用，以就地村镇化推动城乡协调融合发展，大推进镇村同治，在城镇周边进行农村建设连片示范，将城镇周边作为城镇功能配套的延伸区来建设，在繁荣城镇经济，发展城镇产业的同时带动农村经济发展，尤其是推动城镇农产品加工企业与现代农业对接，在农民与企业之间搭起一座桥梁，促进农产品转化增值和农民增收,对推动新型城镇化、城乡一体化发展产生了良好促进作用。近年来该县主要经济指标增长较快,产业结构调整和产业升级稳步推进,新型城镇化速度加快,农村基础设施显著改善,城乡公共服务体系不断完善,当前,汉寿县的罐头嘴镇的交通进一步改观:沅水大桥的修建使县镇连接更为紧密;205 省道12.5 公里,纵穿南北;县道罐六线 7.4 公里,军红线 13.5 公里,贯穿东西;乡级公路已经全面硬化,村级主干道硬化率达到 90%。

嘉禾县自被列为湖南省城乡一体化示范县以来,为持续加速嘉禾城乡一体化建设进程,嘉禾县按照就近城镇化、就地市民化的原则,率先推进城乡一体化建设,在操作上坚持规划同步、建设同体、设施同覆、发展同向、保障同效、管理同治的原则,在方向上力求实现公路变街道、田野变庄园、水体变乐园、荒山变森林、村委变社区、村民变市民的变化,积极探索城乡一体化建设嘉禾模式,取得了明显成效,先后被列为全省"统筹城乡就业试点县""城乡公交一体化试点县""城乡社会救助一体化试点县""城乡供水一体化示范县"。嘉禾县在城乡一体化中,这里抓生态环境一体化,推进"八个一"工程,即力求每个乡镇都有一套规划、一条样板街道、一条镇村一体化示范带、一个主题广场、一个规范性市场、一个特色产业(特色产业园)或标志性企业、一个星级农庄、一个标准化政务小区。95%的村配了环卫设施、建了保洁队伍,实现生活垃圾"日产日清"。通过开展"点亮嘉禾"行动,县城背街小巷、乡镇镇区和 122 个行政村主道实现亮化。

资兴市于 2013 年列入全省城乡一体化试点,该市以东江湖生态保护为支撑,以有序推进农村产权制度改革、城乡户籍制度改革、生态资源权利置换改革三大改革为动力,以实现城乡规划建设、产业发展、生态环境、公共服务、创业就业、社会管理 6 个一体化为主要任务,大力实施"十镇百村"工程,计划用 3 年时间着重把 10 个乡镇、100 个村打造成城乡一体化示范点和示范带,带动全市 20 个乡镇街道、260 个行政村统筹协调发展。以此为抓手,不断加快新农村建设的步伐,完善现代城镇体系,逐步实现了城乡基础设施、公共服务、劳动就业、社会保障协调发展,形成了城乡发展一体化的新格局。该市把"三清六改一化、拆旧建新"与移民建房、生态移民、新村部建设、项目建设征地拆迁安置、生态环境治理有机结合，改善人居环境，已建设农民新村43处，全面改善了农村风貌。

（三）湖南省城乡经济社会一体化发展的主要经验

湖南省委、省政府把推进城乡经济社会一体化发展作为事关经济发展社会全局的大事来抓，充分发挥自身优势，积极推动典型示范，大力破除城乡分治的制度体系，积累了农业大省推进城乡经济社会一体化发展的宝贵经验。

1. 以县域为平台，推进城乡经济社会一体化发展示范

县域是承上启下、连接城乡的重要枢纽。作为农业大省，湖南绝大部分国土在县域，县域行政区划面积达20.53万平方公里，占全省的96.9%；绝大部分人口在县域，县域人口达6306万人，占全省总人口的88.4%，经济基础在县域，县域地区生产总值占全省的66%，县域城乡一体化毋庸置疑是湖南城乡一体化的重要基础与主要依托。因此，走以县域为节点的城乡一体化发展道路是湖南城乡一体化的突出特色，经过近年来的探索与实践，已经逐步形成了三种模式：一是以湘潭、汉寿、嘉禾、冷水江等为代表的县域综合建设模式，乘着政策东风，发挥各自的优势，整合资源，大胆尝试，科学规划、统筹部署县域城乡产业发展、基础设施建设、公共服务等，整体推进城乡一体化发展；二是以望城、长沙、浏阳等为代表的中心城镇推动模式，即发挥中心城镇的节点作用，因地制宜，以城乡规划为引导，以小城镇建设与特色产业发展为抓手，推进制度改革，加快资源要素向农村集聚，实现工农互动、城乡协调发展；三是以武冈、澧县、醴陵等为代表的中心城市带动模式，即通过加速提升县城综合承载能力，打造区域中心城市，带动城乡产业发展、基础设施建设和公共服务能力的提升，促进城乡共同繁荣。这些模式为全省的城乡一体化提供了典型示范和宝贵经验。

2. 以新型城镇化为动力,激发城乡发展活力

湖南省委、省政府把大力推进新型城镇化作为转变发展方式、破除城乡二元结构、推动科学发展的重大战略举措来部署,出台了《关于大力推进新型城市化的意见》《关于加快新型城镇化推进城乡一体化的意见》等重要文件,确立了以城市群为主体形态,以长株潭城市群为核心、中心城市为依托、县城和中心镇为基础的城镇化基本发展方向,初步构建了大中小城市和小城镇协调发展的新型城镇体系。全面加大了对新型城镇化的投入,实施了交通、能源、水利、通信、城市建设等领域一大批基础设施项目,使城镇承载力及对农村的辐射力更强。注重四化良性互动发展,推进劳动力、土地、资金等生产要素的优化配置,促进了城镇经济持续快速增长,并带动了农业现代化和农村非农产业的发展。

3. 以新型工业化为龙头,推动城乡产业发展提速

一是以"双百工程"和"四千工程"为抓手,采取了一系列重大举措,强力推动工业经济快速发展。2011 年,全省规模工业实现增加值达到 7911.51 亿元,实现利润 1832.99 亿元,是 2006 年的 6.7 倍,工业占全省生产总值的比重达到 41.3%,较 2006 年提升 6 个百分点。二是重视新型工业化对农业现代化和农村经济发展的带动作用,促进城乡产业协调与融合。2011 年,全省省级以上农业产业化龙头企业发展到了 429 家,增加 239 家;农产品加工业实现销售收入 3900 亿元(不含烟草),为 2005 年的 3.3 倍;全省龙头企业"订单"基地面积达到 4000 多万亩,联结农民 760 多万户;农产品加工企业直接安排就业人数达到 160 万人,有效地促进了农村经济发展和农民增收。

4. 以新农村建设为总揽,改善农村生产生活条件

一是大力改善农业生产条件,提高农业综合生产能力。率先在全国结束

了农民缴纳"皇粮国税"的历史,切实落实了各项惠农补贴,大力推动农田水利设施建设和节约集约用地,提高了农业综合生产能力,粮食生产实现连续9年增产。二是整合力量推进农村基础设施建设,改善农村环境。除不断加大对水、电、路等基础设施投入外,还启动"一事一议"财政奖补试点。并开展了"万企联村、共同发展"等活动,争取社会各界支持。全省农村实现了村村通电话、村村通公路,饮水安全工程建设、文化设施建设、环境治理等均取得重要成就。三是着重抓好示范带动,建设城乡统筹新农村典范。2006年起全省启动实施了"千村示范工程",确定1211个新农村示范村进行重点支持,带动了一大批村庄的水、电、路、讯等基础设施与城镇接轨,真正实现了村民富、村庄美、村风好。

5. 以保障民生为核心,促进城乡公共服务均等化

一是加快推进城乡就业均等化。启动实施了"上岸渔民就业援助计划"等一系列就业援助计划,形成了覆盖城乡的就业培训体系,保证了就业局势的基本稳定。二是不断健全城乡社会保障与救助体系。同步推进职工医保、城镇居民医保、新型农村合作医疗体系建设,三大医保参保人数达到6903.2万人,覆盖率稳定在95%以上;2009年启动新型农村社会养老保险试点,目前已经覆盖全省122个县市区,2011年启动城镇居民养老保险试点,与新农保试点制度实现合并;基本建立了新型城乡社会救助体系。三是着力提升城乡公共卫生服务能力。全省各级累计投入乡镇卫生院业务用房建设资金27.4亿元,累计投入4.66亿元为乡镇卫生院配备医疗设施;在农村普遍落实了9类国家基本公共卫生服务项目。四是全面推进城乡教育公平发展。全面实行了城乡义务教育免费制度,完善了农民工子女入学办法,先后组织实施了义务教育合格学校建设工程、农村初中校舍改造工程、农村卫生新校园工程、特教工程,启动了学生营养改善计划,全省无一人因贫失学。同时,近年来全省还实施文化惠民工程、城乡住房保障工程、农村清洁工程,加强和创新社会管理,维

护了社会和谐稳定。

6. 以优化资源要素配置为目标,探索城乡体制改革

一是探索户籍制度改革,破除城乡二元结构的身份壁垒。湖南 2003 年就出台了《湖南省深化户籍管理制度改革方案》,近年来又逐步放宽了中小城市和小城镇落户条件,引导农村人口向城镇转移。二是创新农村土地管理制度,推进土地集约高效利用。先后出台了《实施〈农村土地承包法〉办法》《关于积极推进农村土地承包经营权流转,促进农业适度规模经营的意见》等一系列文件,对土地流转、规模经营进行引导和扶持。三是加快财政管理体制改革,推动公共资金投入向农村倾斜。推进财政"省直管县"改革,建立对县乡转移支付的增长机制,加大对"三农"的投入力度。四是稳步推进农村金融改革,逐步增强农村发展的资金支持。到 2012 年 6 月末,全省金融机构涉农贷款余额 4378.2 亿元,同比增长 25.6%,高于全部贷款增速 7.9 个百分点。五是推进农村行政管理体制改革,不断强化农村改革发展的组织保障。确定 46 个乡镇机构改革试点县,从紧设置乡镇机构,建设服务型政府,提高了行政效率;通过大力推行村务公开、民主管理,有效提升了农村基层组织的政策执行力。

四、山西省推进城乡经济社会发展一体化的探索与实践

(一)山西推进城乡经济社会发展一体化的举措

山西是中部的欠发达省份,境内以山地、丘陵为主,总面积 15.6 万平方公里,有 11 个地级市、119 个县(市、区),人口 3410 万人。从 2006 年开始,山西朔州平鲁区大胆实施了以"一城十镇百村"为重点的"城乡一体化试验"。2010 年,山西省资源型经济转型综合配套改革试验区已上升到国家战略层

面。阳泉市被选为省国家资源型经济综合配套改革试验区的城乡统筹试点。阳泉市为推进全域一体化,建4条纵贯辖区腹地的大型通道,将所经乡镇连接起来,并吸引人口、资金、项目向该地段聚集。建成一道城镇星列、人口密集、产业发达、环境优美的城镇长廊。这一平均宽15公里,长65公里,总面积约1000平方公里的百里城镇长廊,成为阳泉市的核心发展地段和黄金地带,全市80%的人口、项目、资本、财富都要集聚在这个长廊上,城乡一体、三县(区)融合。

2011年11月份,农业部批准朔州市成为全国首批、山西首家农村改革试验区,承担城乡经济社会发展一体化制度建设试验课题。朔州市围绕全国农村改革试验区办公室批复的试验方案和总体要求,紧扣城乡经济社会发展一体化制度建设这一主题,坚持因地制宜、分类指导、大胆创新、封闭运行、风险可控、分步推进的原则,积极探索,确立了改革试验的目标:逐步建立完善以煤补农的长效机制,积累资金,增加投入,加快农村基础设施建设,着力改善农民生产生活条件;加大移民并村、撤乡建镇、集中居住实施力度,深入推进扩权强镇工作、不断提升农村公共服务水平;进一步创新农村金融制度、土地制度、经营制度,大力发展"一村一品、一县一业",不断增强农业农村的可持续发展能力。因此,探索资源型地区城乡一体化模式成为山西省城乡一体化的特色。

从2011年起,山西开始实施百镇建设工程。计划用5年时间,把全省100个区位和资源优势突出、发展潜力较大、基础设施相对完善、具有一定人口和产业基础的重点镇,打造成为各具特色的工业强镇、商贸重镇、文化名镇和旅游大镇。

2012年年底,山西省委十届四次全会暨全省经济工作会议提出,"积极稳妥推进城镇化,完善城乡一体化机制,统筹推进城镇化建设与扩权强县强镇、扶贫攻坚、农村危房改造、地质灾害治理等相关工作,不断提高城镇化质量和水平"。

2017年1月14日,在十二届人大七次会议上,山西省《政府工作报告》中指出,大力推进城乡一体化要做好"四个方面"工作:推动太原都市区提档升级、优化城镇空间布局和功能、推进美丽宜居乡村建设、完善城乡一体化体制机制。

(二)山西省推进城乡经济社会发展一体化的探索与实践

在省委、省政府的高度重视和积极推动下,山西省许多县市从实际出发,顺应人口自然流动规律,因地制宜,创造性地探索各具特色的城乡经济社会一体化发展新路子,通过调整城乡布局,形成了以下几种推进城乡经济社会一体化的模式。

1. 经济发展联动模式

(1)大城市带动型。当城市发展到较为成熟的阶段,扩散效应成为主导力量,城市的人口、技术、资金等生产要素开始向卫星城镇离心扩散,产业也开始向卫星城镇转移,伴随着要素流入和产业迁移,导致卫星城镇快速发展的模式简称为大城市带动型。该模式以太原市阳曲县为代表。阳曲县位于太原市郊区附近,交通便利,一方面充分借助区位优势,依靠太原都市圈带动经济发展,建立工业园区,积极承接太原都市圈的产业转移,实现本地区产业转型升级;另一方面,由于靠近市郊,积极发展观光农业、乡村生态旅游等集休闲、娱乐、住宿、餐饮于一身的综合性服务业,吸引城市人口消费,拉动本地经济增长。总之,凭借太原经济圈辐射作用以及工业园区的带动作用,阳曲县城乡一体化水平迅速提升。

(2)资源产业拉动型。资源产业拉动型是指政府重新分配资源产业利润,用于发展非资源性产业和提高农民生活的社会公益事业,通过产业结构调整和农民生活质量改善,缩小城乡差距,实现城乡经济联动发展的过程。乡宁县"一矿一事一业"活动是资源产业拉动型的最好例证。早期乡宁县因为煤炭产业发展带来了诸多问题,如贫富差距拉大、农村生态环境破坏等。针对这一现象,乡宁县政府积极倡导全县所有合法煤矿根据生产规模,按照每吨不少于30元的标准分别投资于"一业一事"项目。"一业"是指适合县域经济发展的非煤产业,有利于转化农村劳动力,增加农民收入;有利于产业结构调整,实现城乡经济联动发展。"一事"是指提高农民生活质量的公益事业,可以改善农村基础设施,提升农民生活质量,缩小城乡差距。"一矿一业一事"针对性地解决了资源型地区城乡一体化发展中存在的问题,加快了城乡一体化发展。

(3)现代农业推动型。现代农业推动模式是指通过大力发展现代农业,提升特色优势农产品聚集度,并带动相关产业发展,从而提升农村经济水平,缩小城乡差距的过程。近几年,山西省着力发展现代农业,扎实推进"一村一品"和"一县一业"。以吉县为例,吉县利用苹果资源禀赋,按照"基地+农户+合作社+龙头产业"的生产、销售、加工一条龙的产业模式,带动了运输业、仓储业、旅游业、包装业等配套产业发展。吉县以苹果产业为依托,将单一种植结构延伸为生产、加工、销售的多层次产业链,并带动了配套产业发展,大量社会闲散劳动力得以就业,整个县域经济水平提升,城乡差距缩小。

2. 设施建设推动模式

设施建设推动模式主要是通过基础设施建设推动要素与产品的双向自由流动,实现资源的最优配置,逐步达到城乡协调发展的过程。山西省通过设施建设推动城乡一体化的模式主要有新农村建设推动型、移民搬迁建新城模式以及生态旅游拉动模式。

(1)美丽乡村建设型。美丽乡村建设型是指通过农村基础设施建设,改善农村人居环境,提升农民生活质量,以提升农村发展水平缩小城乡差距的过程。2014年山西省启动了改善农村人居环境、建设美丽乡村的"四大工程",分别是"完善提质工程、农民安居工程、环境整治工程和宜居示范工程"。2014—2016年,全省"四大工程"完成投资633.3亿元,改造农村(县、乡、村)公路7745公里;解决农村150万人的安全饮水问题;新建、改扩建老年人日间照料中心 3000 个,农村幼儿园 776 所;集中解决搬迁、危房改造等 178 万困难群众的安居问题;每年有 10 万贫困人口实现易地搬迁。同时扎实推进宜居乡村建设"三级联创"活动,开展了 300 个省级美丽宜居乡村创建工作,各市县也都开展了本级示范村的创建工作,新农村建设实现了提档升级。通过新农村建设,农村人居环境大幅改善,城乡差距显著缩小。

(2)移民搬迁建新城型。移民搬迁建新城型是指利用移民搬迁的机会,科学合理规划新城镇空间布局、产业结构和基础设施建设等,逐步实现整合优化,提升城乡一体化发展水平的过程。通过移民搬迁建新城推进城乡一体化的代表是平鲁地区。平鲁地区通过大规模搬迁,大规模基础设施建设,整合优化原有村镇,科学布局"一城十镇百村"的城镇空间体系。"一城"即县城井坪,该区域的政治、经济和文化中心,主要负责带动"十镇"的快速发展。"十镇"就是分布在县城井坪周边的十个功能性卫星集镇,主要目标是辐射"百村",加快商贸繁荣。"百村"是按照分步实施、突出特色的基本原则,选择出来的各方面条件都比较好的 100 个示范村庄,按照净化、美化、绿化的基本标准来进行示范村的建设,改善农村人居环境。目前,井坪早已充分发挥"磁石效应",成为带动村镇快速发展的龙头;从"十个卫星集镇"到县城的"十分钟经济圈"也已形成,大量农民开始进入井坪创业生活。平鲁城乡一体化建设取得突破性进展。

(3)生态旅游拉动型。生态旅游拉动型是指通过开发乡村生态旅游资源,改善生态旅游景点的基础设施,提升农村建设水平,吸引城市居民出行消费,以此促进农村经济发展,实现城乡一体化的过程。该模式以长治市为代表。长治市主要通过三个方面实施生态旅游拉动模式:一是着力开发"三色"景点:绿色、古色以及红色景点,"绿色"是指自然旅游风光,"古色"是指古文化建筑等历史古迹;"红色"是指八路军产业园等抗战纪念景点。二是着力打造"旅游产业带",推广太行山大峡谷、天下都城隍庙、通天峡大峡谷以及八路军文化园等景点,吸引城市居民前来消费。三是以旅游文化为依托建设红色抗战小镇等特色小城镇，推动新型城镇化建设。长治市境内逐渐形成了一大批"旅游专业村"和"旅游专业镇"，吸引太原经济圈乃至全世界的游客前来消费，带动不发达地区经济发展，从而有效破解城乡二元结构，推进城乡一体化发展。

3. 技术进步驱动模式

（1）创新技术应用型。创新技术应用型是指运用现代农业科技创新技术，提升农业现代化水平，实现传统农业转型升级，促进农业增产、农民增收和农村发展。太谷县用高新技术改造传统产业，大力推进农业品种、技术、知识更新三项工程建设。一是推动农业示范园区内龙头企业与省农科所、山西农业大学科研组合作，提高科技孵化功能。二是鼓励科技部门开展农业技术承包，中科院北京仲元公司承包"合理施肥、均衡营养防枣裂"技术，山西农业大学承包"枣树标准化管理防病防裂"技术等，提升了农业科技辐射力。三是健全农民技术培训体系，开展农业实用技术培训，年培训人数达 10 万人次，推广农业科学技术。依靠农业科学技术应用，太谷农产品成本降低、质量提升，农业得以发展，农民收入大幅提升，城乡差距缩小。

（2）信息服务推动型。信息服务推动型是将互联网、多媒体等技术运用于城乡管理，利用信息引导资金、技术、人才在城乡之间更合理高效地流动，缩短城乡空间距离，促进城乡统筹发展。太原以"互联网+城管"构建"数字城管"，护航魅力龙城的经验值得各地借鉴。太原市数字化城乡管理指挥中心推出了"城市帮手"手机 APP，带动城乡居民共同参与城市管理。"城市帮手"APP 加载了违章查询、公交查询、停车场查询、医院银行查询等多项便民服务，为城乡居民出行提供便利。在 APP 上，只需简单的几步操作，就可以上传城市管理问题。太原数字城管微信订阅号及公众平台，也会及时推出城市供暖、天气预报、停水停电等信息，为城乡居民生活提供了极大便利。"数字城管"监控区域达 438 平方公里，考核 6 个城区、3 个开发区、20 个部门、52 个街办、455 个社区治安与环境状况。自运行以来,解决城乡管理、市容环卫各类问题达 360 万件,结案率达到 95%。目前,城市中乱摆乱设的摊点、积存垃圾点等问题都有所减少。城乡空间一体化、社会一体化、生态一体化建设取得突破进展。

(3)电子商务驱动型。电子商务驱动型是指农村地区以电子商务网站为平台,实现互联网产业与传统农业等产业资源整合,助推农村经济发展,自发实现城乡一体化的过程。大同市电商产业园是电子商务驱动模式的典范。电商产业园采用"互联网+农业+旅游业+医药业等"发展方式,配套物流业、金融业以及大学生就业创业基地,构建电子商务生态圈,全面助推大同市市郊发展。"大农业(互联网+农业)"整合核桃、黄花、凉粉、小米、苦荞等农产品资源,通过线上交易、订单农业等方法扩大农户销售渠道,促进农副产品交易,使农户收入翻两倍。"大旅游(互联网+旅游)"整合云冈石窟、华严寺、九龙壁、悬空寺、恒山、古城墙等旅游资源,通过线上交易使大同旅游收入翻 5 倍。"大医药(互联网+医药)"整合仟源制药、普德药业、同药集团、振东泰盛制药等医药资源,通过网上推广、网上下单使医药产销值翻翻⋯⋯通过"大农业""大旅游""大医药""大物流"以及"大金融"等手段,实现了电商产业园区经济腾飞,促进了城乡一体化水平提升。

4. 政策实施拉动模式

政策实施拉动模式是指政府出台城乡统筹政策拉动农村发展,使农村逐步达到与城市同步的状态,最终实现城乡一体化的过程。城乡统筹政策主要包括医疗、教育、文化、就业和社保 5 个方面。山西在"县乡医疗一体化""义务教育均衡化"两个方面做得比较好。

(1)县乡医疗一体型。山西省全面推进"县乡医疗卫生机构一体化",加强医疗联合体建设。以县级医院为龙头,整合县域医疗卫生资源,将辖区内县级医院、乡镇卫生院、社区卫生服务中心组建成医疗集团,实行人、财、物一体化管理，推动医疗资源合理配置和有序流动，促进重心下移、资源下沉。组建医疗集团人力资源、财务管理等管理中心，对所属医疗卫生单位相关工作统一管理。整合建立医疗集团医学检验、放射影像、消毒供应等业务中心，为所属医疗卫生单位统一提供服务，降低运营成本，提高服务效率。医疗集团可自主调整基础性和奖励性绩效工资比例，重点向基层医疗卫生机构和签约服务的医疗卫生人员倾斜，提高薪酬待遇，调动积极性。2017 年 10 月底，全省 119个县医疗集团全部挂牌运行，实现了一体化改革全覆盖目标。完善县域综合医改的"山西模式"，为全国提供可共享的改革经验。

（2）义务教育均衡型。山西省义务教育均衡化主要从硬件、软件和教育机会 3 个方面推进，其中，硬件是基础；软件是关键；教育机会是保障。推进城乡教育硬件一体化。统筹农村学校布局调整，实施农村学校标准化建设。实现"学校选址与重点镇、中心村建设相协调，资源配置与教育需求相统筹"。完善区域内薄弱学校校舍改造、技术装备配备工作，稳步提升小学、初中、高中生教育技术装备值。推进城乡教育软件一体化。建立"交流互动"的城乡教育资源配置机制。城镇学校按比例派教师到农村开展支教服务活动，农村学校教师到城镇学校上挂锻炼。建立城乡中小学校长交流制度。促进名校进新区、进园区、进山区，开展城乡教育互动联盟，采取"一对一"支援形式与共同发展模式，形成合作互动的发展团队。推进城乡教育机会均等化。扶持义务教育困难群体，统筹教育资源向农村、贫困地区倾斜，健全帮困助学满覆盖制度体系，使得农村学龄儿童、城乡贫困家庭子女、农民工子女、残疾儿童等，都有公平机会接受义务教育。

（三）山西省推进城乡一体化实践的经验

山西省推进城乡一体化的实践表明了城乡一体化没有固定的模式，县域一级面临的环境、条件的不同，造成了不同县域在推进城乡一体化进程中的特色模式。但是，成功模式总是符合时代潮流的，是顺应经济社会发展规律的结

果。总结山西省的实践经验,有以下几点:

一是推进城乡一体化必须符合经济社会发展和人口流动规律。中国的城市化过程就是农村富余劳动力转移消化的过程。推动社会发展的动力来自于社会生产力的不断进步。人口流动方向和经济社会发展具有高度的相关性。进入 21 世纪以来,山西省的经济社会呈现跨越式发展的态势,在整个发展过程中,工业化和城镇化不断推进,农村的富余劳动力不断向城镇输送转移,与之相伴的是城镇人口规模的扩大,人口逐渐由分散转向集聚。人口集聚的规律是不以人的意志为转移的,只有符合人口集聚规律的举措才能有效推进城乡一体化;脱离开人口集聚规律搞城乡一体化必将事倍功半。山西省城乡一体化成功模式无一不是在遵循经济社会发展的趋势来探索人口流动的途径。

二是县域城乡一体化必须符合城乡布局的多样性和多层次性。推进城乡一体化要坚持因地制宜。从山西省的实践经验来看,不同地区、不同类型的地区,都有加快城乡一体化建设的内在要求,但是形式上不同。其本质上是当地经济社会发展趋势的使然。偏远山区,自然村落分散、人口密度低,基础设施投资需求大、公共产品投资绩效预期较低,所以采取"大县城+中心村"的模式;经济基础较好的区域,人口密度相对较大,小城镇发展基础好,县域城镇体系完善,所以可以采用"县城+特色城镇+中心村",或者是"小城镇片区+中心村"的布局形式;大中城市的近郊,各类条件比较优越,城乡一体化的主要任务就是规范管理,形成"城市+社区"的管理模式,使城乡高度融合等值化发展。

三是做大做强县城是城乡一体化的基础。县城是县域范围内既有就业岗位,又有较完善的住宅和公共设施的中心城市,具有集聚人口和壮大二、三产业的功能,还承担着带动周边农村地区发展的重任。抓住县城的建设和规划就抓住了县域城乡一体化发展的关键。山西省的成功实践表明,县城在缺少扶持政策的情况下迅速扩张壮大,承接大部分的本土转移人口。通过做大做强县城,来发挥城市对农村的辐射带动作用,是符合欠发达地区实际的有效的经验办法。

四是坚持以工促农、以城带乡、环境友好的原则。在以工促农方面,阳泉市煤矿遍布城乡,采区自然也遍布城乡,煤炭等采掘行业为全市新农村建设和城乡一体化作出较大贡献。如果山西省各工业部门能够更多地探索用不同的方式支持农业及农村的发展,则可收到双赢或费少而惠多的效果,使全省以工促农能够成为一个长效机制,坚持下去,形成工农和谐发展的局面。

在以城带乡方面,阳泉市以城带乡不断深化,并在形式上不断寻找新的切入点。政府要充分发挥作用为各地农产品进城销售以及到外地销售创造条件,提供帮助,做大量的工作。城市具有较高的消费能力和较新的消费理念,政府应帮助农民围绕城市消费观念和热点,发展市场需要的名、优、特产品,大力开拓城市市场,打击假冒,培植信誉。另外,鉴于山西省较为脆弱的资源环境条件,必须转变发展方式,努力协调工业化、城镇化发展与水资源、土地资源、生态环境保护的关系,把转型、绿色、环保、节能、低碳的理念渗透到全社会每一个"细胞"中,在人与自然和谐中打造"精品山西"。

五是城乡一体化必须重视政府的规划引导。规划是打基础、管长远和先导性的工作。规划不能依靠市场自我提供,规划是完善市场规律调节不到的环节和方面,一个好的规划必须依靠政府制定和实施。其一,要确立大规划观念。所谓"大规划",就是要科学编制城乡一体化规划体系,并尽量保持其稳定性,从规划开始就要注重新农村的建设效益。山西省情的特点是县多、乡弱、村小。应全面分析评估各地各村的产业支撑能力、环境承载能力、生产生活条件,计算建设效益以确定合适的建设项目,争取以一定的投入取得更多的成效。应一村一策,因地制宜,为每一个村庄拿出配套的规划方案来。其二,要逐次改善农村生产生活条件。2011年以来,山西省启动实施农村街巷硬化、农村便民连锁商店、农村文化体育场所、中等职业教育免费、新型农村社会养老保险等新5个方面的全覆盖。目前,这项民生工程在各地顺利推进,新的

"五个全覆盖"让生活富裕起来的村民们在精神和文化方面得到了满足,这些政策措施都体现了政策的坚实性和稳步性。其三,要逐步推进小城镇建设,推动新农村建设不断向纵深发展。阳泉市在一体化背景下全面推进新农村建设,按照"规划先行,分类建设,梯次推进"原则,逐步合并相邻村、拆除空心村、搬迁偏远村、缩减自然村、扩张中心村、壮大小城镇,从宏观上确立新村镇建设的整体布局。近年来,具有山西特色的县域城乡新布局在中心村、小城镇、大县城三个层面破题渐进,框架全面拉开,雏形业已显现。对此,应主动把握城乡发展的趋势,顺势而为地发展小城镇,加快新农村建设和城乡一体化步伐。

五、湖北省推进城乡经济社会发展一体化的探索与实践

(一)湖北省加快城乡经济社会一体化发展的重要举措

湖北省位于长江中游的洞庭湖以北,全省辖武汉市、黄石市、十堰市、荆州市、宜昌市、襄樊市、鄂州市、荆门市、孝感市、黄冈市、咸宁市、随州市、仙桃市和恩施自治州,总计 15 个市、1 个自治州和 1 个林区,土地面积 18.59 万平方公里,占全国总面积的 1.94%。

近年来,省委、省政府把加快新农村建设作为"三农"工作的总抓手,坚持规划先行、试点示范,扎实推进城乡一体化建设,以城乡统筹发展推进湖北跨越式发展。2009 年,省委、省政府提出了推动新农村建设全方位发展,力争实现农村面貌"三年明显变化,五至七年大变化"的目标。在总结经验的基础上,谋划构建了"五个层面"新农村建设为重点的推进城乡一体化发展的格局。"五个层面"的新农村建设试点工作,覆盖了全省 30%以上的乡镇,形成了全方位推进新农村建设的战略格局,对加快湖北省城乡统筹发展和城乡一

体化建设起到了重要的示范带动作用。

1. 仙洪新农村建设试验区：低成本建设、高质量回报

作为新农村建设的新举措，仙洪实验区的特征是：（1）区域性、整体性。这是跨行政区域、整体推进的试点，试验区范围包括仙桃、洪湖、监利3个市、14个乡镇、407个村，共19.78万户75万人。这一区域是革命老区、传统的粮食产区，也是历史上有名的"水袋子"和血吸虫"虫窝子"，是新农村建设的难点地区和需要重点突破的地区。（2）开发内容综合性：主要有国土整治、水利建设、高产农田建设；水产特色经济板块建设；防洪排涝，公路建设，血防，安全饮水，村镇建设，农村卫生环境整治。（3）每一项任务，都经过规范设计，并有具体建设项目带动。仙洪试验区主要采取组织部门支持、整合项目资金、吸引社会参与、发动群众投入等办法，加大投入力度，加强重点扶持，集中连片推进。

2. 鄂州：探索城乡一体化新路

这是地市级层面上的试点。湖北省委、省政府按照科学发展观的要求，为探索城乡一体化发展的新路子，选择位于武汉城市圈"两型社会"中心的鄂州市作为市州一级构建城乡一体化发展新格局、促进新农村建设的试点。试点的目的是通过多项改革试验，努力冲破影响城乡一体化发展的体制障碍，为全省城乡统筹发展积累经验。

试点的基本方法是实现"三个集中"：突出产业集聚，推进工业向园区集中；加强分类指导，推进农民向居住社区集中；坚持因地制宜，推进土地向种田能手集中。基本目标是"三个步骤"：一年重点突破，三年明显变化，五年大变化。总体要求是"三区合一"：把鄂州城乡一体化示范区建设成为全省城乡一体化的先行区、农村综合改革的试验区、城乡统筹发展的引领区。主要是通过改革创新，统筹城乡空间布局、城乡产业发展、城乡基础设施建设、城乡公共服

务、城乡社会管理、城乡市场体系等,更多地着眼于农村发展,加快农村城镇化进程。

鄂州城乡一体化的试点以规划为龙头,以农村新社区建设为抓手,以基础设施建设和公共服务均衡化为重点,以体制机制创新为动力,创造了可学、可用的经验,探索了一条符合湖北省实际的城乡统筹发展、城乡一体化建设的路子。

3. 脱贫奔小康试点县市:培育特色经济和支柱产业

这是县市级层面上的试点。在 29 个扶贫开发重点县(市)中选择五峰县、丹江口市、大悟县、英山县、保康县、鹤峰县、通山县等 7 个山区县(市)开展脱贫奔小康整县推进试点。主要是立足于区域协调发展,探索整县推进新农村建设的新路子。充分发挥山区资源优势,培育特色经济和支柱产业,加强生态环境保护和建设,改善群众生产生活条件,逐步缩小贫富差距,实现富民富县。通过政策扶持、整合资源、市场引导,加大建设投入,重点加快山区特色产业和县域经济发展,加强基础设施和公共事业建设,推进生态环境保护和村庄整治。各试点县市按照先试点再整体推进的思路推进脱贫奔小康工作,建立了多个重点片区、综合示范区,探索适合本县实际的脱贫奔小康发展模式。

试点县工作得到了全省各行各业、省直各部门以及社会各界的积极响应和大力支持,极大地鼓舞了山区县和欠发达地区的发展信心和建设热情。试点工作与武汉城市圈"两型社会"综合配套改革试验区、鄂西生态文化旅游圈、长江经济带新一轮开放开发互为依托,相互促进,有力地推动了试点县市经济社会协调发展。

4. 新农村建设乡镇试点:上下结合、分段建设

这是乡镇级层面上的试点。为了把新农村建设向纵深推进,实现全省新农村建设"三年明显变化,五至七年大变化"的中期目标,省委、省政府又在跨

区域推进、整市推进和整县推进的基础上,在全省 88 个县(市、区)各选择一个重点乡镇开展试点工作。这些试点乡镇分布在不同区域,有着不同特点,具有很强的代表性和示范性。试点乡镇工作采取整体规划、上下结合、分段建设的办法,创新投入机制,强化政策激励,实施整镇推进。试点乡镇覆盖全省所有县(市、区),通过探索不同区域、不同条件下的新农村建设途径和模式,可以起到更大的示范效应和带动作用,将在更深层次上和更大范围内促进全省新农村建设。

5. 竹房城镇带:山区城乡一体化

这是城镇带层面上的试点。建设"竹房城镇带城乡一体化试验区",是湖北省委、省政府的一项重大战略决策,也是十堰市"一统三分"和竹山县"以城乡一体化示范区带动周边新农村建设"战略的要求。

2009 年以来,竹山县把 305 省道沿线村镇作为城乡一体化建设的先行区,经过一段时期的探索实践,该区域初步形成了较好的区域优势和样板基础。随后,省、市相继组织调研组进行实地调研并形成可行性调研报告,报告经省委常委会专题讨论后形成决定:"将竹房百公里城镇带纳入全省城乡一体化规划,作为山区城乡一体化建设试验区",为全省城乡一体化和山区新农村建设探索经验、提供示范。

竹房城镇带试验区是指以 305 省道为主轴,西起竹溪县蒋家堰镇关垭,东至房县城关镇,约 173 公里呈带状分布的包括竹溪、竹山、房县 3 个县城 15 个乡镇的城镇群。其总体建设目标是:用 3—5 年时间,将竹房城镇带初步建成以 3 个县城为中心、15 个乡镇为重点、150 个中心村为支点的城镇体系,覆盖区域内所有村落的交通体系,形成比较完善的公共服务体系、比较健全的市场体系和功能相对齐备的社会管理体系,形成百公里绿色城镇带、特色产业带、新农村示范区和生态文化旅游带和群众生活富裕带;区域内总人口达到 90 万人,城镇化率 70%,生产总值、财政收入、工业产值、社会消费品零售总额、城镇居民人均可支配收入等"五个翻一番"。

竹山城镇带建设坚持以科学发展观为指导,以统筹城乡发展为主线,以打造鄂渝陕边境城镇示范带为目标,突出村镇建设、产业发展、基础设施、环境保护、社会事业发展五大重点,创新体制机制,统筹推进发展,努力把示范带建设成产业效益明显、基础设施配套、村镇面貌整洁、乡风文明和谐、城乡统筹发展的"百公里新农村示范带、百公里特色产业聚集带、百公里商贸流通辐射带、百公里生态文化旅游带、百公里宜居宜业生活带",实现区域经济社会又好又快发展。①

(二)湖北省城乡经济社会发展一体化的实践

湖北省的城乡一体化试点地区结合本地区位、产业、资源等特点大胆创新,探索出不同区域层面、不同类型和不同特点的城乡一体化发展的 5 个模式。它们不仅在试点地区应用获得成功,也适用于全省及全国进行推广。"全域规划"模式(如鄂州市)具有极强的普适性,是一条极具推广价值的经验。"产业带动型"模式(如大冶市)要求地区具有一定的产业基础和较为鲜明的产业特色,以产业升级改造为突破口,以形成产业集群为目标。因此,该模式的适应性较广,且可拓展内容和方向非常丰富。"小城镇主导型"模式(竹房城镇带)主要适用于产业特征不明显、经济条件相对较弱、农村富余劳动力较多的经济不发达地区,是中西部地区可广泛采用的一种城乡一体化发展模式。"制度创新型"模式对政府的创新性管理水平要求较高,需要地区的经济基础较好、产业支撑能力较强。因此,只适用于个别地区、小范围的试点。"迁村腾地型"模式建设农村新社区所需的资金量非常巨大,对项目所在地区的政府经济实力、区位优势、产业发展环境等均有特殊要求。因此,"迁村腾

---

① 湖北省委财经工作领导小组办公室:《五个层面构建湖北新农村建设格局》,《湖北日报》2010 年 11 月 21 日。

地型"模式的可复制性较弱,适应性较差①。这里主要介绍鄂州市、大冶市试点情况。

1."全域规划"的鄂州市城乡一体化模式

鄂州市位于湖北省东部,濒临长江。帝尧时为樊国,夏商时为鄂国,秦汉时为鄂县。公元 221 年,吴王孙权改鄂县为武昌,取"以武为昌"之义称帝建都。1983 年,鄂州成为省辖市。全市国土面积 1593 平方公里,人口 107 万人。是著名的百湖之市、鱼米之乡。闻名遐迩的"武昌鱼"就产自鄂州。

鄂州城乡一体化试点的基本做法:

一是以统筹城乡发展规划为先导,探索了一条全域规划的路子。鄂州市坚持"全域鄂州"的理念,面向国际国内借脑借智,对全市 1593 平方公里地域板块进行高水平设计、高标准规划,建设宜居宜业组群式大城市,将有限地域空间拓展无限发展空间,开放一切能够推动合作的资源,形成新的比较优势和竞争优势。全市按照"1311"模式(1 个主城区、3 个新城区、10 个特色镇、106 个中心村),以主城区为中心,葛化科技新城、红莲湖旅游新城、花湖工贸新城 3 座新城为支撑,10 个特色镇为节点,106 个中心村(新社区)为基础的四位一体的城乡空间格局,构建了现代化、网络型的市、区、镇、村建设体系,构筑起城乡互动发展、整体推进的空间发展形态。层次分明、对接无缝、覆盖全市、互联互通、有机融合的规划网络体系初步形成。这不仅是工作方法的转变、思维方式的转化,更重要的是思想观念的转化和突破。

二是以农村新社区为抓手,探索了一条推进新农村建设的路子。鄂州市把推进农村新社区建设作为城乡一体化工作的突破口,将全市 320 个村规并为 106 个中心村,这个比例接近 3∶1。探索了迁村腾地建新村、项目拆迁建新村、依托集镇建新村、城中村改造建新村、产业培育建新村、规划引导建新

---

① 曾建民:《推进湖北城乡一体化健康发展的对策》,《学习月刊》2014 年第 9 期。

村、环境整治建新村等6种新村建设模式,已开工建设的就有16个新村。这些新村按照"五统一"的要求建设,即统一规划设计、统一建筑风格、统一产业布局、统一基础设施、统一公共服务,每个新村设立了"1+8"服务中心(1个文化广场,8个工作室:村党支部、村委会、农业发展公司、警备及民事调解工作室、卫生服务站、便民服务站、培训中心、农家超市),较好地解决了节约用地、建房成本、资金来源、规划执行等方面的问题。

三是以改革创新为动力,探索了一条破解统筹发展难题的路子。试点工作的动力和生命力在于改革创新。通过创新的办法,破解发展难题。他们通过抓盘活土地、抓招商引资、抓项目投资、抓民营资本投入,破解资金筹措的难题;整合项目,出台鼓励政策,破解迁村腾地的难题;大力推进一乡一业、区域发展,破解支柱产业培植的难题;运用市场机制,出台优惠政策吸引商家投资,破解项目招商的难题;推进工业向园区集中,农民向城镇集中,土地向规模经营集中,破解"三个集中"的难题;推进户籍制度、土地管理和使用、财政支农资金整合和建立多元化的投入机制、城乡公交联运、城乡供水体制、城乡教育、卫生、劳动就业、社会保障、行政管理体制等10个重点领域和关键环节的改革。出台了《关于均衡城乡公共服务的意见》(鄂州干部群众把它简称"30条"),有力地推动了城乡公共服务均衡发展。

四是以统筹城乡产业发展为基础,探索了一条工农一体、城乡互动的产业发展路子。鄂州市按照城乡产业发展一体化布局要求,推动城区企业向农村延伸,形成城乡产业相互融合,三次产业互动发展的新格局。在工业发展上,充分挖掘优势,大力发展高新技术产业,打造产业集群,生物医学、电子信息、冶金能源、建材、模具材料、纺织服装等工业产业集群初具规模。在农业产业发展上,着力培育农业优势产业,壮大龙头企业,重点发展水产、畜牧、蔬菜、林果等四大支柱产业。在创新农业发展方式上,着力农业多功能开发,大力发展农业产业化经营,不断提高农业组织化程度。休闲农业、旅游农业、设施农业等现代农业加快推进,农产品加工园区正加速建设。"龙头企业+合作组织+板块基地+农户"的产业化经营模式有力地带动了农民增产增收,推动了现代农业发展。在文化产业发展上,围绕"一都两湖",大力开发三国吴都文化游、梁子湖休闲度假游、红莲湖运动健身游等精品旅游线路。在推动现代服务业发展上,信息服务、现代物流、房地产开发等现代服务业水平不断提升,形成了一条符合当地实际、特色鲜明的城乡产业布局互融互补的路子。

五是以统筹城乡基础设施建设为重点,探索了一条城乡基础设施共建共享的路子。鄂州市把城乡基础设施建设和城乡公共事业均衡化作为民生改善的切入点,将农村基础设施和公共服务设施纳入城乡规划统筹安排,增强城乡基础设施建设的集约度,实现城乡基础设施共建共享。在全市基本上实现了路网、电网、供排水网、广播电视电话互联网、供气网和市场网等"六网"建设城乡一体化。率先推行城镇职工医疗保险、城镇居民社会保障、新型农村合作医疗保险、医疗救助"四网合一",实现了城乡低保一体化;建立了城乡畅通、信息互联的就业服务网络;不断培育市场流通主体,完善城乡流通体系,推进城乡要素流动。

2."产业带动型"的大冶市城乡一体化模式

大冶素有"百里黄金地,江南聚宝盆"之美誉。丰富的资源使大冶有着光荣辉煌的过去,而因矿产资源枯竭也曾经让大冶面临发展放缓,经历转型之痛。2010年,大冶跻身"全省城乡一体化扩大试点县市"行列。按照"三化同步、一体发展"的总体思路,坚持产业带动、镇村联动、创新驱动,充分激活发展的内生动力,充分发挥群众的主体作用,形成了"政府主导、农民主体"的一体化建设新格局。

(1)坚持产业带动,形成工农并驾齐驱的产业格局。一是以经济转型推进新型工业化。按照"改造提升传统产业、大力发展接续替代产业"的转型思路,在"搭平台、促开放、抓招商、壮集群、优环境"上狠下功夫,推动产业从"一矿独大"到多元替代、从传统低端向现代高端跨越。二是以新型工业化促进农业现代化。按照"园区 + 龙头企业 + 基地 + 中介组织 + 农户"的思路,着力打造农副产品加工园区,培育引进了劲牌、雨润、中粮等一批重点龙头企业,探索形成了雨润模式、鑫东模式、侯安杰模式、祝山模式、富农合作社模式。实施新型工业化和农业现代化的同步推进,为促进城乡一体化可持续发展奠定了坚实的物质基础。

(2)坚持镇村联动,形成双向互动的城镇化发展新格局。一是打造乡镇特色工业小区,推进产业链向下延伸。出台《加快镇域经济发展的意见》,对工业小区基础设施建设每年给予贷款贴息。全市按照"一镇一主业、一乡一品牌"的要求,已建灵成特钢模具产业园、陈贵镇雨润食品产业园、还地桥镇金桥机电产业园、殷祖镇古建材料产业园等工业小区。二是强化城镇承载功能,引导农民向上转移。坚持以镇为支点,以村为节点,高起点规划、高标准建设"2 个城镇群、8 个中心镇、100 个中心社区(中心村)",推进"产业向乡镇特色工业小区集中,自然村向中心村(社区)集中,农民向城镇和中心村(社区)集中"。

(3)坚持创新驱动,激发城乡一体化发展的内生动力。一是创新土地流转机制,实现土地收益最大化。搭建"三个平台"(村级土地托管中心、镇级土地流转服务中心和农民权益保障中心、市级土地流转服务中心和农村土地纠纷仲裁委员会),推行"三个置换"(宅基地置换住房、土地承包经营收益置换社保、土地承包经营权置换股份),实施"三个激励"(对农业龙头企业、规模经营大户、农民专业合作社进行激励),进一步解放农村生产力,加快富民步伐。二是创新民生问题的解决机制,推动公共资源均等共享。创新社会保障制度,实行"三个对接",即城镇居民基本医疗保险和新型农村合作医疗对接、新农保和城镇居民(职工)养老保险对接、农村低保与城镇低保对接,实现了城乡社会保障全覆盖。创新社会事业发展机制,推进"三个标准化建设",即推进义务教育标准化、基层卫生标准化、基层文体设施标准化,城乡公共服务逐步均衡。三是创新投融资机制平台,解决资金短缺问题。通过改善信用环境、搭建融资平台、创新金融产品、出台激励政策，充分整合各类资本投入城乡一体化试点建设。四是创新基层党建工作机制，凝聚力量保障发展。创新"组织联建、队伍联管、活动联办、资源共享"的新模式，形成"以强带弱、优势互补、整体推进、协调发展"的城乡党建工作新格局。以"千名干部下基层"活动为基础，进一步转变干部作风。

（4）全面激发农民的积极性和创造性，充分发挥农民的主体作用。一是充分调动农民的积极性，引导农民成为建设主体。尊重历史原貌和农民意愿，不搞大拆大建，以小投入换大改观。充分发挥财政杠杆放大效应，通过以奖代补、以奖促干、以物代扶等方式，实行多建多补、先建先补、多投多得。二是充分激发农民的创造性，引导农民成为管理主体。推进村民（居民）自治，健全以民主参与、民主决策、民主管理、民主监督为核心的村民（居民）自治机制。成立了由老党员、居民代表、返乡离退休干部等人员组成的居民理事会，在村庄保洁中发挥了重要作用，负责聘任保洁员，筹措保洁基金，划分保洁责任区，制定卫生公约，建立周督、月评考核制度，监管门前"三包"等工作。

（三）湖北省推进城乡经济社会发展一体化的基本经验

一是树立"城乡统筹发展"理念，实现指导思想上的重大转变。在坚持科学发展、努力把湖北省建设成为中部崛起重要战略支点的伟大事业进程中，在"五个湖北"的总体规划建设中，把城市和农村、市民和农民作为一个整体，把一、二、三产业作为一个整体，始终突出"三农"工作重中之重的地位，把"三农"发展放在优先位置来考虑，统筹谋划，以城镇化带动城乡一体化，以工业化推动城镇化和农业产业化，以新农村建设促进城镇化、工业化发展，以信息化推进全面、协调、科学发展，逐步实现"四化同步"。通过体制改革和政策调整，促进城乡在规划建设、产业发展、基础设施、公共服务、社会保障、市场体系、生态保护上一体化，改变长期存在的城乡二元经济结构和公共政策上的差异，使城市和农村经济社会协调发展、城乡居民共同富裕。

二是树立"全域规划"理念,实现规划模式的重大转变。改变城乡规划分割的管理体制,打破城乡规划相脱离的状况,按照"全域空间"的理念,通盘考虑和布局城市与农村的发展,明确城乡基本功能定位,合理划分功能区,科学编制完善城乡一体化发展总体规划,高标准编制城乡建设规划和土地利用、产业发展、社会事业等专项规划,搞好城乡总体规划与专项规划的有机衔接。特色在于:突破传统的城镇体系规划编制方法,加强与土地利用总体规划等相关规划的协调和衔接,建立了建设项目选址分级管理制度,创新了基层村镇规划建设管理服务的机制。其作用在于:优化了城乡空间布局,推动了城乡基础设施和公共设施的统筹配置,加强了对乡镇和村庄建设的指导、促进了资源的保护和合理利用,引导了农村走特色化发展的道路,促进了投资建设迅猛发展。

三是树立城乡产业互促的发展理念,实现产业模式的重大转变。做大做强新型工业,引领城乡产业发展,走以"两型产业"为支撑的新型工业化路子,使工业成为带动城乡产业发展的主引擎。围绕实现工业销售总额"双千亿"目标,大力实施骨干企业培育、高新技术企业发展、中小企业成长、亿元项目引进、全民创业等"五大工程",在转方式、调结构中,形成多支柱支撑、强抗风险能力的产业体系。做大做强都市农业,促进城乡产业发展,加速传统农业向现代农业转型,培育壮大水产、苗木、畜禽、蔬菜四大支柱产业,加快发展以特色水产为重点的育种、养殖、加工、营销一条龙的产业链。做大做强现代服务业,融合城乡产业发展,大力发展生产性服务业,发展绿色、集约、高端产业集群;引进战略投资者,推进交通业和物流业综合发展;依托特色农业资源,在沿路、沿湖、沿江开辟特色果园、花圃、鱼池等观光农园,促进城乡产业融合发展。

四是树立公共服务均等化理念,实现计划分配模式的重大转变。全省各试点市县把城乡基础设施建设一体化和公共服务均等化,作为城乡一体化的两大着力点,作为促进城乡共同繁荣的关键和提高农民国民待遇的保障。革新观念,坚持发展的科学性;以民为本,坚持需求的适应性;政府主导,坚持主体的责任性;统筹城乡,坚持制度的覆盖性;创新机制,坚持机制的长效性;创新体制，坚持管理的服务性；创新制度，坚持服务的标准性；重点倾斜，坚持城乡的协调性；重视基础，坚持设施的配套性。

五是树立产镇融合、城镇建设多元发展理念，实现城市化模式重大转变。坚决摒弃只顾城市加快发展，不考虑农业、农村和农民问题，甚至以牺牲"三农"利益为代价的传统城市化发展道路，坚持统筹城乡发展，把城镇化的推进和新农村建设有机结合，把城镇化和产业发展融合，创造性地走出了一条产镇融合发展之路。宜都推出了"产业兴城"模式，主要通过特色产业带动就业提升、公共服务引导人口集聚，打造新型社区和现代产业新城。通过扶持一批产业化龙头企业，大力发展优质柑橘、高效茶叶、优质粮油等现代农业示范区，引导本地人口向产业、城镇集中，形成产业发展—就业带动—人口集聚—公共服务完善的城镇化路子。

六是树立改革创新理念，实现体制机制的重大转变。把破除城乡分割的各种体制障碍，形成有效促进城乡协调发展的体制机制，作为推进城乡一体化的重点和难点。整合资源，逐步建立科学的管理机制。加强组织领导，明确责任分工，整合相近职能，精简审批事项，优化审批流程，着力构建起精简高效、运转协调、依法监控的行政构架和服务优质、便民利民、规范有序的管理体系。深化改革，健全各项保障机制。不断深化人口户籍管理制度改革，推进一元化户籍管理，取消对农业和非农业户口性质的划分，并相继出台了一系列政策和措施，促进农村人口在居住、就业、教育、社保、医疗、文体、基础设施等方面逐步享受到与城市人口同样的待遇。积极推进土地流转制度改革，各地紧紧围绕现代农业示范区和新农村试点村镇建设，积极创新机制，努力探索龙头带动型、村企共建型、股份合作型、土地整治型、合作社经营型等土地流转模式。健全信息平台网络，完善综合服务机制。逐步建立"城乡一体化、社区（村）网格化、管理信息化、服务多元化"的社会管理格局。创新方法和途径，增加资金的支撑能力，建立健全政府引导、市场运作的多元化投融资体制。

七是树立党政主导、上下联动、以点带面的理念，实现领导方式的重大转变。湖北省委、省政府主要领导把推进城乡一体化工作拿在手上、列入重中之重,成立了高规格领导小组,制订了一系列政策措施,每年召开一至两次全省性的主题推进会,加强具体指导。先后在仙洪试验区连续召开 18 次现场会,在鄂州试点、大冶试点、掇刀试点、监利试点也连续召开了多场现场会。市、县两级创新激情高涨,改革成果迭出,全省上下形成了推进城乡一体化发展的工作合力。

六、安徽省推进城乡经济社会
发展一体化的探索与实践

(一)安徽省推进城乡经济社会发展一体化的探索

安徽省早在 20 世纪末就提出了实行城乡一体化的发展战略,21 世纪初以来,先后出台了《关于加快推进城乡一体化试点工作的指导意见》等一系列文件,把推进城乡一体化建设摆在了重要位置,积极试点,努力推进。

自 2008 年 4 月起,安徽省政府先后批准马鞍山、芜湖、铜陵、淮北、合肥、淮南 6 市为城乡一体化综合配套改革试验区,探索一条符合安徽省实际的城乡一体化发展道路,城乡一体化综合配套改革取得明显成效。2010 年国务院批复的皖江城市带承接产业转移示范区的规划,是安徽省获得的第一个国家级发展规划。安徽省现已建立皖江城市带承接产业转移示范区、合芜蚌自主创新综合试验区、合肥经济圈、黄山旅游区和九华山旅游区等多个经济区支持区域经济发展。

随着国家级发展规划的逐步实施,形成了承接产业转移与城乡融合发展的互动、融合发展的安徽特色。皖江城市带承接产业转移示范区以合肥、芜湖为核心,以安庆、池州、铜陵、芜湖、马鞍山等 6 个沿江城市为轴线,以滁州和宣城为两翼的产业空间格局,城镇化与工业化双轮驱动。

党的十八大后，安徽省工业化、信息化、城镇化、农业现代化在加快同步发展，城乡一体化发展的条件和优势在逐步形成。目前安徽省城乡一体化的基本态势是：城乡一体化发展与经济发展呈正相关状态，经济强市好于经济弱市，长江沿线好于淮河沿线，城市周边好于边远地区，大致呈现南高北低、东强西弱的不平衡局面；合肥等6个省级试点市，均是全省城镇化率较高、经济条件尚好的地区，城乡一体化综合配套改革工作推进较快，对本地区乃至周边都产生了积极影响；全省其他地区也在主动作为，努力探索符合当地实际和特点的统筹城乡发展之路。

（二）安徽省推进城乡经济社会发展一体化的实践

从马鞍山、芜湖、铜陵、合肥、淮北、淮南等6个城乡一体化试点市的调查来看，安徽在推进城乡一体化的过程中的主要做法有：

1. 规划先行，城乡经济社会一体化的规划体系基本形成

规划是先导，着眼于构建城乡一体化发展的空间新布局，各试点市在新一轮的城市规划的修编工作中，把城乡一体化规划作为首要工作，从全市域的角度，按照组团式空间布局要求，编制覆盖市、县、乡、村四级城乡一体化发展规划。如为推动城乡一体化向纵深推进，马鞍山市出台了"1+8"方案，即《马鞍山市推进城乡一体化发展总体方案》和8个（城乡空间布局、土地利用、产业发展、基础设施、公共服务、就业和社会保障、生态建设和组织保障等）专项方案，全力推进马鞍山城乡一体化综合配套改革试点工作。在启动实施《马鞍山市城市总体规划（2009—2030）》修编工作中，为进一步体现全域马鞍山，与马鞍山市"十二五"规划相结合，在空间布局上提出了打造"一主、两副、三镇"的城镇发展框架，按层次细分马鞍山承接产业转移集中示范园区总体，新区、景区分区规划，"绿线""蓝线""紫线"专项规划，并把土地控制性详细规划与城市设计和县镇规划进行有效衔接，以及规划建设若干个村民居民点的空间

布局,构建城乡一体化发展的新格局;淮北市被安徽省委、省政府确定为试点市后,淮北市紧紧抓住这一重大机遇,成立了推进城乡一体化综合配套改革工作领导小组,出台了《中共淮北市委、淮北市人民政府关于开展城乡一体化综合配套改革的决定》,按照"统筹城乡、合理布局、完善功能、集约发展"的原则,编制完成《淮北市城乡一体化发展规划纲要》、空间布局规划及"七个一体化"专项规划,修编完善县(区)、乡镇总体规划及重点城镇控制性详细规划,以完善镇村布局,集约高效利用土地为重点,编制完成《2010—2030年淮北市村庄布点规划》,初步形成了中心城区—镇—农民新型社区和中心村三级开放型、组团式城镇发展体系。决定、纲要和相关规划的出台对淮北市城乡一体化发展起到了重要的引领作用。

2. 基础设施建设加快,城乡经济社会一体化的基础设施建设推进明显

安徽各试点市在推进城乡基础设施一体化的过程中主要抓了三项工作:一是加大了城乡交通设施建设力度,如马鞍山就明确提出要构建"四纵五横"的快速公路交通网络,实现每个乡镇上高速公路不超过30分钟,铜陵市投入2000多万元用于城乡公交一体化建设;合肥市实施了市域高速公路网、省道公路网、县道公路网、乡村公路网"五网"建设,累计建成绕城高速105公里和"村村通"水泥路3346公里,金寨南路、合六路、合店路、蒙城北路、合水路等城乡结合道路先后建成通车,初步建成了连接城区、覆盖乡村、城乡一体的交通基础设施体系。积极推进城市公交向农村延伸,农村客车通村率达98%。二是加大了城乡基础设施的建设力度,如马鞍山市在水利基础设施建设上,投资5000多万元,实施慈湖河上游水土保持与河道整治等四大工程,年内项目建成并全部投入使用。铜陵市在全国率先推行"组保洁、村收集、镇转运、市县集中处理"的城乡垃圾管理模式,全市乡镇纳入统筹管理范畴,建成乡镇垃圾中转站218座,新增农村沼气用户3350户,淮北已建户用沼气池5400个。

三是加大了农村社会事业设施的建设力度。如铜陵在全省率先实施了村级组织活动场所标准化建设，完成了40所农村中小学、12个乡镇卫生院、70个村卫生室和9所农村计划生育服务机构标准化建设。淮北市把农民集中居住区建设作为推进城乡一体化进程切入点，每年安排1亿元专项资金，用于引导、鼓励试点镇（办）推进农民集中居住区、农村清洁工程等城乡一体化基础项目建设。

3. 保障有力，城乡经济社会发展一体化的组织保障建设不断加强

基层组织是保障，城乡一体化是一项复杂工程，其成效在很大程度上将取决于广大基层组织作用的发挥程度。马鞍山在调整和完善基层党组织的设置过程中，创新建立联合型党组织、融合型党组织、党组织联合体，在全市实施"领头雁"工程和"素质提升"工程，面向全市组织开展"一村一名大学生计划"，加强了乡村后备干部队伍建设，同时该市还建立了流动党员信息库，加强了对流动党员的管理，全面开展了城乡基层党组织结对共建、城乡妇女工作互动和志愿服务。合肥市创新基层党建联动机制。在全市开展"固本强基促和谐、科学发展先锋行"主题实践活动，着力实施"堡垒工程""带头人工程""先锋工程""暖心工程"，全面加强了基层党组织建设和基层党建工作创新，形成了"组织联建、队伍联带、活动联办、服务联动、保障联体"的统筹城乡党建工作新格局。加强"阳光村务"工程建设，创新村（居）"三资"监督管理机制，维护农民合法权益。芜湖市化坚持"强工业、优农业、兴三产"的思路，解收思想，与时俱进，形成了纵向型机关党建、横向型农村党建和灵活型非公企业党建的"品"字形城乡党建工作新格局。通过构建城乡共促的选派示范村、城乡覆盖的党员联系服务群众、城乡合作的基层党组织互帮互助等工作方式，推进了基层党组织活动阵地、基层党组织书记队伍、村级组织制度建设，构筑了增强党内民主活力、激励关爱、引领示范、组织设置、责任追究等保障机制，探索了统筹城乡党组织建设工作机制，为推进城乡一体化发展提供了坚强的组织保证。

4. 城乡经济社会发展一体化的公共服务体系建设明显加快

各试点市以政府投入为主导,以民生工程为抓手,形成了城乡一体化的公共服务设施建设体制机制,推动了各地的教育、文化、卫生、体育、广播的均衡发展。如铜陵市注重教育均衡发展,采用多种措施发展教育均衡,并取得了很好的效果。政府加大宏观调控作用,缩小义务教育的地区之间、城乡之间和校际之间的差距,加大对贫困地区的扶持力度,加快改造薄弱学校,使城乡每一所学校拥有大体均衡的物质条件,共同走向优质学校。在学校布局结构调整上,鼓励重点学校兼并薄弱学校,强弱联合,优化教育资源。马鞍山市在全省率先实施了城乡医疗保险制度并轨,建立和实施城乡一体、标准统一、程序规范、管理动态的最低生活保障制度,在市辖区实施新型农村合作医疗制度与城镇居民基本医疗保险制度的整合,实现了城乡医疗保险统一机构办理、统一定点医院、统一用药标准、统一补助标准的"四统一",建立了城乡一体化的医疗保障体系和覆盖城乡居民的生育保险制度。

5. 以点带面,开展城乡经济社会发展一体化的试点

各试点市通过局部试点,不断探索,取得了一定经验,起到以点带面的示范效应。马鞍山市从 2008 年年初将当涂县和花山区进行城乡一体化试点工作,以新型城镇村体系建设、产业功能区建设、农业园区建设为载体,通过"三自愿、三置换",着力推进"三集中、三转换",加速城乡一体化步伐,随后,该市又有了新的示范线建设,以示范点建设为重点,围绕国道、省道及县(区)内重要道路的沿线,整合各类资源,抓好城乡一体化"四条示范线"建设。

6. 城乡经济社会发展一体化的产业互动格局正在形成

在 6 个试点市中,除淮南、淮北市外,其他 4 个市都属于皖江城市带承接产业转移示范区。这 4 个市结合建设承接产业转移示范区,优化城乡产业布局,强化城乡产业分工与合作,加大对现代农业的投入,推进城乡经济一体化发展。马鞍山市努力构建"一核四区"的承接产业转移示范区总体布局,统筹城乡产业项目的引进和建设,推进工业向园区集中,加快城乡产业结构优化升级。合肥市以"工业立市""工业强县富民"为第一发展方略,以加快建设"一核心、一走廊、两特色"的皖江城市带承接产业示范区为核心,大力支持县区工业园区发展,创新举措推进经济、高新、新站三大开发区与三县(肥东县、肥西县、长丰县)共建特色园区,促进工业向三县转移。县域工业化的推进,增强了对乡村发展和农户增收的带动能力。淮北市在一体化建设中,始终把加快产业发展摆在首位,结合城乡资源差异情况,优化城乡产业布局,提升产业发展水平,推动产业结构由单一向多元转变,传统产业向现代产业的跃升,初步构建了具有较强竞争力的现代产业体系,促进了经济的持续快速增长,筑牢了统筹城乡发展坚实的物质基础。铜陵市紧紧抓住被列入国家第二批资源枯竭城市转型试点的机遇,向国家争取了转移支付专项资金,加快产业发展步伐,并积极指导农村因地制宜发展现代农业、加工业和服务业,建成了一批现代农业高科技园和循环经济园,经济效益大幅度提高。

7. 加快了土地改革的步伐

如何建立健全保护严格、流转顺畅的农村土地产权制度;形成建设用地市场城乡一体化,相互促进,共同发展的良性循环机制一直是各试点市在努力尝试的工作,铜陵在这方面进行了有益的探索,主要做法有三:一是明确了农村集体土地制度改革的"三化"(产权明晰化、产权资产化、产权市场化)目标和"两步走"(先试点,后推开)工作步骤。二是加快了土地流转的步伐。三是开展了确权发证工作,集体土地上房屋权属登记发证工作开始实施。合肥市在全省率先完成农村集体资产确权发证工作,探索建立了农村产权交易中心,55个乡镇全部建立了土地流转管理服务中心,累计流转土地突破100万亩;联动开展了土地使用管理制度、户籍制度、农村金融、农村经营体制、扩权强镇、基层医疗卫生体制、新型养老保险、农村综合改革、"双置换"等系列配套改革和试点,推动了城乡资源的优化配置,加快了农村资产资本化进程,增强了统筹城乡发展、加快新农村建设的持续动力。马鞍山市积极探索成立农村土地承包及流转纠纷仲裁委员会、土地流转服务中心和土地流转服务站,积极引进和培育各类农业产业化项目,形成龙头带基地、基地联农户、产加销一体化的规模化生产经营,推进土地就地集中流转;积极探索建立放弃宅基地使用权和土地承包经营权补偿制度,引导和鼓励已经长期从事非农产业且主要收入来自非农产业的农民自愿以土地换股份、换社保、换就业,突破行政区域限制,促进农民向市民转变。[1]

(三)安徽省推进城乡经济社会发展一体化的基本经验

安徽在城乡一体化试点过程中,结合自身条件进行了积极探索,积累了一些宝贵经验,值得推广应用。

1. 在壮大县域经济中促进农村城镇化

统筹城乡发展,要发挥好县区一级的作用。在城乡发展格局中,县域经济具有极其重要的地位和作用。近年来,安徽省委、省政府将县域经济作为统筹城乡发展的重要抓手,按照"重心下移、放权、放活"的总体思路,不断加大扶持力度。一是提高县域工业化水平。以皖江城市带承接产业转移示范区建设为契机,鼓励各地大规模、高水平承接产业转移。二是提高开发区发展水平。加快现有各类开发区扩容升级,完善功能,提升产业层次,转变发展方式,开展县域产业集群特色优势县认定工作,推动产业集群化发展。三是进一步完善县域扩权工作。深化"省直管县"改革,推进扩权强镇工作,激发县域发展活力与动力。推进"扩权强镇"的直接结果是促进了县域城镇化。

---

[1]　高文宇:《安徽城乡一体化路径新探》,《江东论坛》2010 年第 G00 期。

2. 在城市经济圈快速发展中推进工农产业对接

城乡一体化是区域工业经济发展到一定阶段、工商税源和地方财力积累到一定程度才能达到的城乡融合发展的社会形态。未来城市化发展是以城市群和都市圈为主要形式。在城市经济圈中实现工农产业对接，关系到城乡一体化的成败。这一方面，皖江城市带（包括合肥、芜湖、马鞍山、铜陵、安庆、池州、滁州、宣城8个地级市全境以及六安市的金安区和舒城县）近年来取得了实质性进展。例如合肥市把推进工农产业对接作为推进城乡一体化的首要任务。利用现有优势和资源，以农业优势板块基地为依托，大力发展农产品加工业，建成生态农产品工业园，重点发展农产品深加工工业、食品饮料工业和农机制造业等涉农工业。通过涉农工业企业与农业板块基地龙头企业的紧密合作，有力地带动了农业板块基地的发展，推动了农民就业职工化。

3. 在加快要素市场建设中推进城乡资源共同整合

安徽在加快城乡一体化中十分注重要素市场建设，以推进城乡融合。一是加快建立城乡统一的劳动力市场。对原人事、劳动保障部门所属的人才市场、劳动力市场进行整合，最终形成统一规范的人力资源市场。进一步深化户籍制度、劳动人事制度、工资福利制度、社会保险制度改革，逐步形成城乡统一的人力资源市场。二是加快建立农村建设用地市场。切实加强城乡一体的农村建设用地平台建设，形成规范、有序、便捷的土地市场。在充分尊重农民意愿的基础上，按照"同地、同价、同权"和"两种产权，一个市场"的原则，建立城乡统一的建设用地市场，大力开展土地整治和"双挂钩"试点工作。三是加快农村银行组建步伐。

4. 在承接产业转移中实现城乡经济互动

安徽省随着近年来的大规模承接沿海地区产业转移，直接推动了城乡产业的大发展和大转型,同时也为城乡一体化带来了发展新机遇。例如,宣城市郎溪县是安徽省第一个以县为单位开展的城乡一体化综合配套改革试验区。郎溪县,一个历史上灾害频发、贫穷落后的小县,正以日新月异的新面貌令世人刮目相看,"郎溪现象"为人们津津乐道。郎溪县紧抓实施皖江城市带承接产业转移示范区规划的机遇,打破行政区划界限,积极承接以无锡市企业为代表的江浙地区产业和资本的转移,合作发展县城开发区和重点乡镇(如十字铺)工业聚集区,加快产业集聚,提高开发园区的经济规模和辐射能力,从而形成县域经济增长极,有效带动农业及农村经济的繁荣,促进了县域经济的快速发展。"郎溪现象"的突出之处就是实现了大规模、集群式、高端的承接,在转型发展中加速崛起,建立城乡一体化协调发展的体制机制,促进城乡公共资源均衡配置和生产要素自由流动。实践证明,大规模承接产业转移是提高安徽省工业化水平最有效途径。随着国际国内需求结构的变化、要素价格的上升使安徽省的区位优势和成本优势更加凸显,产业资本向安徽转移呈现出加速态势。在承接产业转移中加大城乡一体化发展,更有利于进一步提高产业承接水平。

第四章　中部地区城乡经济社会
一体化发展过程中存在的
不足及原因分析

一、中部地区城乡经济社会一体化
发展过程中存在的不足

（一）城镇化水平较低，小城镇发展的规模偏小，集聚效应偏弱

城乡发展的根本问题是城市化（Urbanization），100 多年前，由于经济社会发展的需要，城市化这一概念应运而生，然而由于关于城市化的研究的多学科性和自身的复杂性，对城市化概念的界定并未形成一个统一的定义。城市化是一种客观经济现象，也是一种社会转换过程，其内容相当广泛和复杂。如巴顿所说，城市化的产生机制和产生原因极其复杂，我们根本无法对其做到完全准确的了解。① 社会学科乃至部分自然学科都或多或少涉及城市化问题，因而不同学科对其概念的界定不免带有各自的学科特色。城市学家山田浩子认

---

① ［英］巴顿（K.J.Button）：《城市经济学理论和政策》，上海社会科学院部门经济研究所城市经济研究室译，商务印书馆 1984 年版，第 13 页。

为,城市化包括经济基础和社会文化的城市化,[1]其中经济基础过程中的城市化又包括城市性质(人口密度、非农经济活动比重、生活方式等)的扩大化和城市外延的扩大化两个方面。人口学说认为城市化是人口城市化,正如《人口学词典》的解释,城市化就是"在城市地区居住的人口比重上升的现象"[2],并指出城市化有城镇数量增加和城镇人口增加两种方式。经济学认为,城市化是非农产业生产要素的城市集聚过程。地理学认为,城市化是经济布局和居民聚落的空间集聚过程。[3] 社会学认为,城市化是城市生活方式的扩散和强化过程,路易斯·沃思(Louis Wirth)就曾强调,城市化是农村生活方式向城市生活方式转变的过程。[4] 让·德·伏里对各学科定义进行系统分析后指出,城市化主要包括三个要素:一是人口城市化,即城市人口数量的增加及农村人口向城市转移的过程;二是行为城市化,即城市行为方式和思想方法向农村扩散的过程;三是结构城市化,即城市社会组织的变化过程。[5] 可见,各学科对城市化的诊释都有较强的理论基础,都是城市化不同内容的解读。针对当前中国城市化快速推进之现状以及城市思想观念和行为方式转变渐进性之特征,我们认为,人类的生产活动、生活方式等由乡村型向都市型成功转型的过程便是城市化的过程,这一过程主要表现在以下三个方面:一是生活在城市地区的人口比重不断增长,或者说,农村人口向城市人口不断转化或者转移的过程,在我国,主要体现为城乡户籍制度一体化和城市聚居人口比重不断提高的过程;二是城市生活的物质文明和精神文明不断扩散,城市数量不断增多、城市规模不断扩大的过程,在我国,主要体现为城乡生活文化和谐发展的过

---

① ［日］山田浩子:《城市经济学》,魏浩光等译,东北财经大学出版社1991年版,第4页。

② C. Wilson, *The Dictionary of Demography*, Oxford: Basil Blackwell Ltd., 1986.

③ 崔功豪等主编:《城市地理学》,江苏教育出版社1992年版,第67页。

④ L. Wirth, "Urbanism as a Way of Life", *American Journal of Sociology*, Vol.44, No.1 (January 1938), pp.1-24.

⑤ 王挺之:《城市化与现代化的理论思考——论欧洲城市化与现代化的进程》,《四川大学学报(哲学社会科学版)》2006年第6期。

程,乡村生活城镇化的过程;三是城市生产、生活等活动更加集聚,社会经济结构成功转型,城市生活和农村生活的互动强化过程,在我国,主要体现为经济体制转型和经济结构转型的过程。当然,在我国研究城市化的过程中还会经常提到"城镇化""乡村城市化""农村城镇化"等这些概念,如《城市规划基本术语标准》就明确表明,城市化"又称城镇化、都市化"①,这是因为不同的学者或学科对此的解释角度不同,也就是说,它们是对"城市化"的不同提法,其本质是一样的。

城市化和城乡一体化二者是相互联系的。城市化是城乡一体化的重要内容之一,城乡一体化又是城市化的新阶段,其实质是提高城市文明的普及率。随着城市化的推进,城市文明普及率呈加速增长的态势。当城市化率低于30%时,城市文明普及率与城市化率是同步的;当城市化率高于30%时,城市文明普及率超过城市化率呈加速增长的趋势;当城市化率达到50%时,城市文明普及率有可能达到70%;当城市化水平达到70%左右时,城市文明普及率将达到100%,同时城镇化水平和地区经济发展水平之间呈高度正相关关系,城镇化水平的滞后也是影响中部地区城乡发展一体化滞后的一个重要因素。

1. 城镇化发展水平总体偏低,区域内差异明显

改革开放以来,中部地区经济社会快速发展,尤其伴随着中部崛起战略的深入实施,在"十一五"和"十二五""十三五"期间中部地区各省城市建设的步伐加快,中部地区城镇化水平显著提高,平均城镇化水平从2000年的30.67%提高到2020年的58.98%,增长了28.31个百分点(见图4-1)。但中部地区经济社会底子薄、基础差,农业人口众多,从总体看,中部地区城镇化水平低于东部和全国平均水平。2020年全国城镇化率为63.89%,而中部地区整体城镇化率仅为58.98%,落后于全国平均水平4.91个百分点(见表4-1)。到2020年,山西

---

① 中华人民共和国建设部:《城市规划基本术语标准》(GB/T 50280—98),中国建筑工业出版社1999年版,第1页。

城镇化水平,是 62.53%,比全国低 1.36 个百分点;河南是 55.43%,比全国低 8.46 个百分点;湖北 62.89%,比全国低了 1 个点;湖南 58.76%,比全国低了 5.13 个百分点;安徽 58.33%,比全国低 5.56 个百分点;江西 60.44%,比全国低 3.45 个百分点。按照中部地区来讲应该说和全国平均水平持平是比较合理的。但是多数低于全国平均水平,尤其是河南低了 8.46 个百分点。

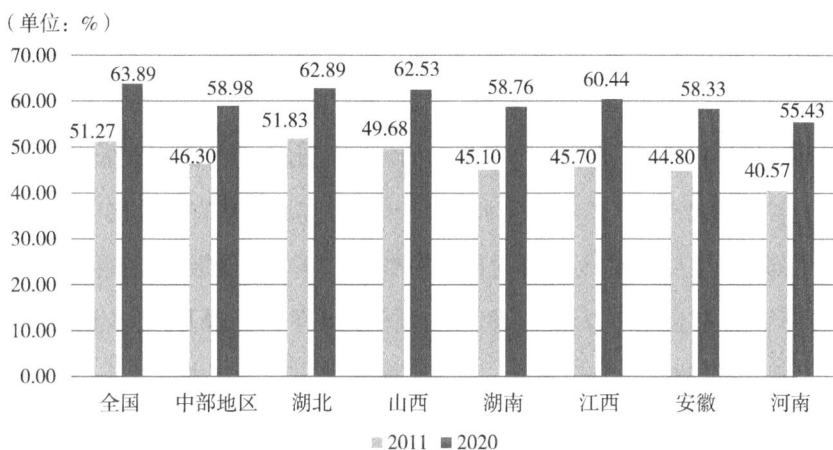

图 4-1　2011 年与 2020 年中部地区城镇化率与全国平均水平对比图

表 4-1　2000—2020 年中部 6 省城镇化率增长情况　　（单位:%）

	2000 年	2005 年	2010 年	2011 年	2014 年	2015 年	2016 年	2017 年	2018 年	2019 年	2020 年
全国	36.22	42.99	49.68	51.27	54.77	56.10	57.35	58.52	59.58	60.60	63.89
中部地区	30.67	37.57	44.44	46.30	50.56	51.24	52.77	54.30	55.60	56.80	58.98
湖北	40.47	43.20	49.70	51.83	55.67	56.85	58.10	59.30	60.30	61.00	62.89
山西	34.91	42.11	48.05	49.68	53.79	55.03	56.21	57.34	58.41	59.55	62.53
湖南	29.75	37.00	43.30	45.10	49.28	50.89	52.75	54.62	56.02	57.22	58.76
江西	27.67	37.00	44.06	45.70	50.20	51.62	53.10	54.60	56.02	57.42	60.44
安徽	28.00	35.50	43.01	44.80	49.20	50.50	51.99	53.49	54.69	55.81	58.33
河南	23.20	30.65	38.50	40.57	45.20	46.85	48.50	50.16	51.71	53.21	55.43

资料来源:2001 年到 2021 年各省份统计年鉴及中国统计年鉴资料汇编,因为多个省区在 2005 年调整成常住人口,本数据结合城镇人口或非农人口除以各省年末总人口所得,便于计量研究。

截至 2020 年年底,中部地区城镇化率为 58.98%,分别低于东部地区、东北部地区 14.37 个和 7.82 个百分点,落后全国平均水平 4.91 个百分点。此外,长期以来我国都是以常住人口占比作为城镇化率的统计口径,其统计学意义大于实际意义,仅体现城镇化在规模和速度上的内容,不能真正反映城镇化的质量和内涵。从各省整体水平来看,湖北省城镇化水平处于中部最高,接近于全国平均水平,山西省紧随其后,截至 2020 年年底分别达到 62.89% 和 62.53%,中部 6 省中只有河南省人口城镇化率尚低于 58%,其余 5 省均已突破 58% 的水平。中部地区城镇化水平长期低于全国平均水平,6 省之间城镇化差距长期保持稳定,城镇化水平最低的河南省比最高的湖北省低近 7.46%,中部 6 省中湖北省的人口城镇化水平处于领先地位,河南省城镇化水平则长期处于中部地区落后位置,远低于全国平均水平。2020 年地级市城镇化水平相较于 2010 年,除省会城市以外的大型城市城镇化水平明显提升,整体上呈现出均衡化趋势,但区域内差异仍明显。城镇化水平可以代表工业化水平,是现代化水平的标志,也就是说整个中部地区,40% 以上的人口还滞留在农村。

2. 城市规模整体偏小,城市体系不完善

国内学者多采用城市人口规模表示城市规模,我们以城市人口及城市土地规模来描述城市规模。改革开放以来,中部不同等级的城市都取得了较大发展,到 2011 年年底中部地区地级及以上城市共有 80 个,其中按城市市辖区年末总人口数目划分,400 万人口以上城市 2 个,200 万—400 万人口城市 6 个,100 万—200 万人口城市 24 个,50 万—100 万人口城市 36 个,20 万—50 万人口城市 12 个,已经形成了一批具有综合经济实力的百万人口以上的大城市。但发展的速度也表现出一定的"极化"现象,具体表现为省会城市集聚了相对充足的要素资源,发展最为迅速,小城市发展则相对缓慢。截至 2019 年年底,在 80 多个地级市中,市辖区人口在 250 万以上的 6 个,200 万—250 万的城市 7 个,150 万—200 万的城市 10 个,100 万—150 万的城市 20 个,50

万—100 万的城市 29 个。而城市辖区建成区面积在 2500 平方公里以上的城市共 20 个,500 平方公里以下的城市共 8 个。

表 4-2　2019 年中部地区城市人口规模、土地规模

人口规模(单位:百万)				土地规模(单位:平方公里)					
行政区域人口总数	城市个数	市辖区人口	城市个数	行政区域土地面积	城市个数	市辖区面积	城市个数	市辖区建成区面积	城市个数
400 万以上	44	250 万以上	6	2.5 万以上	5	2500 以上	20	400 以上	4
300 万—400 万	13	200 万—250 万	7	2 万—2.5 万	7	2000—2500	6	300—400	1
200 万—300 万	10	150 万—200 万	10	1.5 万—2 万	14	1500—2000	13	200—300	3
100 万—200 万	11	100 万—150 万	20	1 万—1.5 万	17	1000—1500	19	100—200	25
50 万—100 万	0	50 万—100 万	29	0.5 万—1 万	23	500—1500	14	50—100	38
0—50 万	0	50 万以下	6	0.5 万以下	14	500 以下	8	50 以下	9

资料来源:根据各省 2020 年统计年鉴、《中国城市统计年鉴》数据整理所得。

由图 4-2 地级城市建成区面积的核密度图发现,中部地区城市规模目前尚未形成稳定的金字塔结构,"中坚力量"明显不足。从城市规模分布来看,省会城市的经济规模相对较大,而大部分中小型地级市的经济总量偏低。

(单位: %)

图 4-2　中部地区土地城镇化与人口城镇化增速比较

资料来源:根据 2011—2021 年《中国统计年鉴》《中国区域统计年鉴》数据,采用统计软件绘制得到。

中心城市的向心力和离心力是推动城乡一体化进程的重要动力,中部城市数量较多,但缺少具有较大辐射带动作用的全国性的中心城市,大部分小城镇规模过小、散,没有形成合理的城镇规模,也难以产生集聚效应。以人口最多的河南省为例,河南省社会科学院发布的《河南城市蓝皮书(2016)》数据显示,河南2015年常住人口城镇化率已提升至46.85%,比2014年年底提高1.65个百分点。然而,对比河南与全国的城镇基础设施水平,无论是城市、县城还是建制镇,河南都明显低于全国平均水平。2014年,河南城市人均道路面积11.67平方米、人均公园绿地9.93平方米,而同期全国城市人均道路面积15.34平方米、人均公园绿地面积13.08平方米。县城和建制镇与全国平均水平的差距相较于城市更为显著。① 全省21个县级市中,市区人口超过15万的只有1个,10万—15万人的有7个,其余的均在10万人以下。再以江西为例,全省现有设市城市21个,平均非农业人口规模21万人,比全国平均规模少10万人。江西现有建制镇725个,平均每个建制镇镇区面积0.88平方公里,平均人口2700人,分别是东部地区的36.7%和54%。② 同时,由于遍地开花,乱铺摊子,交通、通信、水电等基础设施简陋,文化、娱乐、卫生等公益事业发展滞后,市场功能残缺。加之城镇规模过小、功能不全、缺乏特色,必然导致对人口的吸纳力降低、对要素的聚合力减弱,既不利于集约使用土地等资源,也未能充分发挥对人口和产业的吸纳作用,更难以服务于周边的农村。

3. 中部地区的城市化滞后于工业化、非农化

很多学者认为中国尚处于工业化的中期阶段,在未来相当长时间内推进工业化仍将是中国经济发展的首要任务,城市化进程也将主要由工业化来推进。城市化在不同发展阶段,其动力机制是有所区别的。在城市化的前中期,驱动力主要来自工业,城市化与工业化的比例不会很高,但到了城市化后期,城市化主要由第三产业的发展来推动,第二产业比重不断下降和城市化水平不断提高的现象并存,这就导致了城市化与工业化之比持续上升的局面。

---

① 张占仓等:《河南城市发展报告(2016)》,社会科学文献出版社2016年版,第1—12页。
② 周慧:《中部地区城镇化发展:现状、困境及对策》,《安徽广播电视大学学报》2018年第3期。

中部地区正处于工业主导型发展阶段。根据国际规律,人均 GDP 达到 3000 美元左右,城市化率应在 60% 左右,2012 年中部地区人均 GDP 为 5160 美元(按照 2012 年 12 月 31 日美元兑人民币的汇率为 6. 2855 折算),已超过 3000 美元,进入了工业化中期阶段,但截至 2013 年,中部地区城镇化率只达到 48.49%,显然,城镇化滞后于工业化。2013 年第二产业的产值比重为 52.28%,高于全国及其他地区,但优势并不明显,工业产品层次不高,大多数是矿产品、原材料和初级加工产品,附加值低,市场占有率低。另一方面,由于城市化滞后,城市体制不活,中部地区第三产业的比重(36.42%)比全国低 9.68 个百分点,甚至比西部地区低 3.46 个百分点。产业形态也是以传统的流通和服务业为主,金融、通信和信息产业比较薄弱,现代化水平不高。中部各省城市化率与工业化率之比,大致在 1.03—1.11 之间,整体平均值为 1.06,低于在 1.4—2.5 的合理范围,说明城市化与工业化发展存在一定程度的不协调,这种不协调的程度远远超过了全国平均水平(见表4-3)。

表 4-3　2020 年中部地区的城市化、工业化与非农化比较

	城市化率 (%)	城市化率 正常值 (%)	产值 工业化率 (%)	就业 非农化率 (%)	就业 非农化率 正常值 (%)	城市化与 工业化 之比	非农化与 城市化 之比
全国	63.89	65.8	37.82	61.64	84.1	1.04	0.96
中部	58.98	63.4	40.59	53.15	74.8	1.11	0.9
山西	62.53	63.4	43.48	57.65	74.8	1.08	0.92
安徽	58.33	63.4	40.52	55.23	74.8	1.06	0.95
江西	60.44	63.4	43.15	57.24	74.8	1.06	0.95
河南	55.43	63.4	41.59	53.05	74.8	1.04	0.96
湖北	62.89	65.8	39.19	57.41	84.1	1.1	0.91
湖南	58.76	63.4	38.15	57.04	74.8	1.03	0.97

注:城市化率和就业非农化率正常值是指钱纳里发展模型中最相近人均 GNP 所对应的城市化水平和非农化水平具体而言,除全国及湖北选用 700 美元的参考值外,其他考察对象均选用 500 美元的参考值,因此真实差距有所低估。

资料来源:1. 霍利斯·钱纳里等:《发展的型式:1950—1970》,经济科学出版社 1988 年版,第 32 页;
　　　　　2.《中国统计年鉴》,中部各省统计年鉴,中国统计出版社 2021 年版。

除了城市化与工业化不协调，中部地区的城市化与非农化也不协调。判断城市化与非农化水平是否协调，可用从业人员的非农化率（非农产业从业人员占从业人员总数的比重，以 N 表示）与人口城市化率（U）的比值（N/U）来度量。根据钱纳里的"标准结构"，N/U 大体呈现随人均 GNP 的增长而下降，最后趋向于稳定在 1.2 以内的变化趋势。中国的 N/U 值在 1952 年为 1.32，此后在 20 世纪 50 年代呈下降趋势，60 年代前期城市化与非农化水平基本一致，1965 年以后 N/U 值趋于增大，到 1978 年增至 1.65 的高点，此后随着人均 GNP 增长而呈现居高不下的状态。1978 年至 1998 年基本上都维持在 1.5—1.7 的水平上。1999 年至 2010 年间则大致在 1.25—1.4 之间波动。这说明城市化滞后于非农化是长期存在的事实。中部地区的 N/U 值，1978 年为 1.56，此后到 2000 年间大致在 1.6—1.8 之间波动。进入 21 世纪以后缓慢下降至 2020 年的 0.9。各省中除湖北外，城市化滞后于非农化的情况均超过全国平均水平（见表 4-3）。

从城市化与工业化及非农化的对比来看，中部地区的城市化进程有所滞后。不管其原因究竟是改革前的片面发展重工业的城乡分治政策，还是改革后的小城镇优先发展战略，城市化滞后的消极影响却都是相同的，即限制了第三产业的发展，弱化了城市功能，使制造业无法充分分享城市本应具有的聚集效益和规模效益，而且削弱了产业结构演进对农村劳动力就业的吸纳能力，并造成持续性的城乡消费断层，直接影响市场容量的扩大，抑制消费需求增长，影响投资的增长，影响经济可持续发展。

（二）农村公共基础设施薄弱

1. 乡村基础设施规划滞后脱节

一是乡村基础设施规划滞后脱节。由于缺少各省城乡一体化发展规划，各类规划相互间难以形成有机整体，不能适应农村产业发展和城镇建设需要。

土地利用规划与村庄布点和建设规划脱节,一些新农村建设点占用基本农田。村庄规划特别是建设规划的编制覆盖面较小。二是建设投资分散,投资效益不高。由于部门专项规划互不衔接,导致建设投资分散,部分新建农田沟渠既不能排水也不能灌溉,建设资金白白浪费。由于村庄建设规划滞后,农村基础设施和环境建设与村庄布点及建设未能有机统一,导致已经建成的部分道路、饮水设施利用率不高。农村涌现出新一轮自建、翻建房屋的热潮,也由于缺乏统一规划引导与管理而基本处于散乱无序状态,衍生了发展、建设、管理上的许多问题,造成资源和资金的巨大浪费,给今后农村宅基地整理和土地复垦留下隐忧,也给文明乡村建设与管理带来难题。

2. 农村基础设施缺乏长效管理机制

一是管理机制尚未健全。管理机构、人员不到位,缺乏必要的管理维护经费,农村基础设施重建轻管甚至失之于管理的问题比较突出。已建成的农村公路损坏现象严重,村一级的养护管理负担较重,通村道路没有道路安全标识;已建饮水安全工程也因管护资金缺乏和管护机制缺失影响到正常运营和存在安全隐患;环卫管理与城乡一体化发展不配套,没有建立起相应的长效管理机制和必要的软硬件设施。近年来,许多地方政府坚持实施城乡一体化发展战略,统筹城乡经济社会发展,各地都陆续兴建了农村学校、卫生院、村级道路、农业水利设施、生活污水处理上程、村务大楼、村活动中心等农村公共基础设施,但建成后由于管理过程的繁难、管理维修费用的增大等,也就逐渐不太注意管护工作。一些地方新建的饮用水水源工程,由于管理制度不落实,存在着平时用水浪费,干旱时饮用水仍然紧缺的现象。二是农民参与建设的主体作用尚未显现。长期以来,我国农村公共产品供给采取的是"自上而下"的决策机制,这种决策机制忽略了广大农民对公共基础设施的实际需求,群众参与的积极性不高。此外,由于农村饮水解决标准低,加上喀斯特地貌特征限制,部分地区靠天吃水的状况没有根本改变,群众饮水难的问题也十分突出。农村居民大部分是自备水源，实现集中供水的主要局限于小城镇的镇区和其他少数区域。水利、交通、电力、通信条件相对沿海地区而言，却显得十分落后。农村公共基础设施落后，还直接影响到农村公共服务水平的提高。

二、中部地区城乡经济社会一体化发展存在不足的原因分析

城乡差距、工农关系和城乡关系不协调是经济社会发展过程中不可避免产生的问题，和我国东部其他地区相比，中部地区城乡经济社会发展问题产生的原因有其共性，也有其不同于其他地区的特点。

（一）工业化水平偏低

工业推动是增长极形成的一个重要动力机制，它通过影响产业结构、人口迁移等因素促进城乡发展一体化。历史经验表明，城乡一体化的实现，首先是在工业化过程中，农村生产要素向城镇集聚，到一定阶段后再由城镇向农村扩散，集聚效应和扩散效应共同作用促进城乡经济社会结构的转型。弗里德曼提出的解释区际或城乡之间非均衡发展的"核心—边缘"理论也曾指出，随着工业化的渐趋成熟，作为核心区的城市会向边缘地区扩散，逐步实现区域平衡发展，并进一步将经济空间结构发展分为四个阶段（见表4-4）。当经济发展进入后工业化阶段时，产业结构将由以工业为主导产业转变为以服务业为主导产业。与工业相比，服务业具有更高的就业弹性，能有效转移更多农村劳动力。同时，伴随收入增长的需求变化将促使农业生产方式和生产技术的变化，最后实现城乡关联平衡发展。然而，中国传统工业化是以增长而非发展为导向，导致诸多经济社会发展之不平衡。从对我国四大经济板块工业化水平的综合评价看（见表4-5），到2019年，东部的工业化水平综合指数已经达到

100,进入工业化后期的后半阶段;中部地区工业化水平综合指数为70以上,进入工业化后期前半阶段。仍存在区域发展不平衡。与工业化过程中的三个阶段相对应,工农业关系演化要依次经历三个基本阶段:工业化初期阶段,农业支持工业发展,亦即以农养工或以农补工;工业化中期阶段,农业与工业平等发展,亦即农工自养或农工自补;工业化后期阶段,工业支持农业发展,亦即以工养农或以工补农。世界经济发展的历史以及发展经济学的理论研究结果表明,工业反哺农业一般发生在工业化的中期阶段和经济高速发展时期,因此,城乡一体化是区域工业经济发展到一定阶段、工商税源和地方财力积累到一定程度才能达到的城乡融合发展的社会形态。在城乡统筹中,实施"以工补农"需要看各个地区的工业化水平。中部地区工业化水平的指标反映出,工业发展有待进一步提升。

表4-4　弗里德曼经济空间结构

经济结构特征	前工业化阶段	工业化初级阶段	工业化成熟阶段	后工业化阶段
工业比重	小于10%	10%—25%	25%—50%	大于50%
经济特征	以农业为主	由边缘区流核心区	快速工业化阶段	以服务业为主
区域特征	区际中心各自独立,缺乏联系	核心区成为增长极,核心区和边缘区差异扩大	区际不平衡加剧,边缘区分裂成次级核心区	区域关联平衡发展

资料来源:张建华、洪银兴:《都市圈内的城乡一体化》,《经济学家》2007年第5期。

表4-5　东、中、西、东北四大地区板块工业化进程:综合及分项得分

年度	地区	人均GDP	产业产值比	工业结构	城镇化率	产业就业比	综合得分	工业化阶段
2000	全国	20	47	23	10	22	26	二(Ⅱ)
	东部	56	61	38	25	37	48	三(Ⅰ)
	中部	9	32	7	0	5	12	二(Ⅰ)
	西部	3	27	7	0	0	9	二(Ⅰ)
	东北	34	56	8	40	33	34	三(Ⅰ)

续表

年度	地区	人均GDP	产业产值比	工业结构	城镇化率	产业就业比	综合得分	工业化阶段
2005	全国	41	57	73	21	33	49	三(Ⅱ)
	东部	73	81	97	42	60	75	四(Ⅰ)
	中部	28	44	24	11	21	28	二(Ⅱ)
	西部	24	41	18	8	11	23	二(Ⅱ)
	东北	45	57	27	50	37	44	三(Ⅰ)
2010	全国	68	66	100	33	51	69	四(Ⅰ)
	东部	93	82	100	62	73	87	四(Ⅱ)
	中部	54	56	100	23	42	60	三(Ⅱ)
	西部	52	56	76	19	27	52	三(Ⅱ)
	东北	71	64	100	58	48	72	四(Ⅰ)
2015	全国	84	100	91	53	69	84	四(Ⅱ)
	东部	100	100	100	77	78	95	四(Ⅱ)
	中部	73	63	100	40	50	71	四(Ⅰ)
	西部	74	59	58	31	31	59	三(Ⅱ)
	东北	87	61	86	69	59	77	四(Ⅰ)
2019	全国	95	100	100	67	72	92	四(Ⅱ)
	东部	100	100	100	85	82	97	四(Ⅱ)
	中部	78	100	61	52	60	75	四(Ⅰ)
	西部	79	63	55	47	38	63	三(Ⅱ)
	东北	83	55	70	73	58	71	四(Ⅰ)

注:一表示前工业化阶段,二表示工业化初期,三表示工业化中期,四表示工业化后期,五表示后工业化阶段,(Ⅰ)表示前半阶段,(Ⅱ)表示后半阶段。

资料来源:黄群慧、李芳芳等:《中国工业化进程报告(1995—2020):"十三五"回顾与"十四五"展望》,社会科学文献出版社2020年版。

另一方面,新中国成立后的相当长时期内,我国采取了大力发展重工业的策略,中部地区由于自身历史条件、自然资源禀赋等因素的限制,农业仍是本地区的主导产业,不仅重工业没能得到快速发展,轻工业的发展也相对落后于全国平均水平。这导致现阶段中部地区工业基础相对薄弱,科研投入不足,高技术人才缺乏等,中部地区在工业发展中,传统基础工业比重大,新兴工业发展缓慢,存在着明显的传统工业与新兴工业并存的二元结构。中部6省多数省的主导行业分布在原料工业、燃料动力工业和农产品加工等领域,工业内部结构偏向重化工业和能源采掘业,传统工业占有很大的比重,这些产业独立于广大农村地区,不能对区域内其他产业产生渗透效应,因而无法真正带动农业省的经济增长,推动工业化发展;在新兴工业方面,虽然中部各省在信息技术、光电子科学和光通信技术、先进制造技术、农业新技术、生命科学和生物工程技术、医药工程技术等许多方面有一定的积累,但信息产业、生物制药、光通讯等高附加值的新兴产业并没有在中部6省的工业结构中占据主导地位,并没有成为支柱产业。这种传统工业与新兴工业并存、传统工业占主导的工业二元结构成为制约中部地区产业结构调整的主要障碍,不利于中部地区快速实现工业化和现代化。

(二)要素占有差异制约农村的发展

城乡系统的结构和功能决定了城乡之间不断进行着各种生产要素的流动和交换,这些要素流动的数量和方向决定了城乡系统的发展协调度。城乡经济的增长与生产要素的数量密切相关,由于城乡之间要素的占有数量本身就存在较大的差异,再加之生产要素具有典型的逐利性特征,其流动、组合常常受经济利益支配,因此生产要素通常会呈现向比较利益高的地区、产业、企业流动和转移的趋势,追求利益最大化,进一步造成发展的不协调。

1. 生产要素流动的趋利性

生产要素流动由于具有趋利的特性,会向比较利益高的地区、产业和企业流动和转移,以争取尽可能多的利益回报,这是市场经济发展过程中一个基本现象和普遍现象,具有客观必然性。城市与农村相比,生产要素流向城市工商业部门、企业集聚的经济效益显然高于农村。尽管政府可以采取适当的制度安排、经济政策以及行政手段对这一现象加以引导和干预,但生产要素的理性逐利特性,其对要素流向的选择是十分明确的。生产要素向城镇流动,向城镇高效益的产业、企业流动是在所难免的。这是城乡生产要素配置中造成资源向城镇倾斜、向城镇工商业流动的基本动因。

2. 城乡生产要素使用效率的差异

经济发展规律表明，影响经济增长的因素一是生产要素的数量，二是生产要素的使用效率。因此由于城乡之间生产要素的使用效率差异将会使得城乡经济发展更加趋异。中部广大农村地区由于第二、三次产业发展有限，工业企业的技术能力不足，使得一些农副产品在当地得不到有效的深加工，只能以价格低廉的初级加工产品出售，影响了经济效益，造成农村地区资本积累困难，进而不能实现生产规模的扩大和科技的投入、应用，造成要素的大量浪费，难以充分体现生产要素的价值。众所周知，生产要素的利用效率直接影响着城乡生产效率和经济效益，而生产要素的使用效率又受到科技水平的决定性影响。城乡之间科技、教育的投入差异造成生产要素使用扩大，农村经济的整体水平受到影响。

（三）县域经济比较薄弱，民营经济、乡镇企业发展不够

发展县域经济是统筹城乡发展的有效载体。县域经济是一种行政区划型的以县城为中心、乡镇为纽带、农村为腹地的区域经济。发展县域经济是统筹城乡发展的纽带（见图 4-3），我国农村绝大多数分布在各个县域范围内，农民的绝大多数居住在县以下的区域中，因此，县域经济本质上是农村综合经济，是直接面向"三农"的经济，主题就是发展农村经济，提高农业效益，增加农民收入。县域经济又是联系大中城市发展的经济，县域经济的发展一方面为大中城市的发展提供了各种生产生活资料，另一方面又为大中城市的发展扩大了市场需求。同时，县域经济是社会经济功能比较完善的基本单元，是实现国家对整个经济活动进行监控的重要环节。对于一个省来说，县域经济在规划制定、产业开发、经营战略重点确立和经济结构调整等一系列问题上，具有相对独立的自主性，能够协调农业和其他产业之间的关系，统一各部门的力量，兼顾县、乡（镇）、村三个层次以及城市和农村两个领域。如果县域经济缺

乏活力,全省经济就不可能持续快速健康发展,缩小城乡差别、实现共同富裕也就失去了根基。目前中部地区的县域经济发展还有待进一步提高。主要表现在:(1)整体水平偏低,发展不平衡。县域经济无论是从地区生产总量、地方财政收入还是县域经济生产总值占中国县域经济生产总值的比重看,与东部相比都存在较大差距。受区位、资源和交通设施等诸多因素的影响,中部县域经济间发展不平衡的问题也十分突出。(2)产业结构不合理,层次较低。目前,中部产业结构中第一、二产业所占比重较大,第三产业发展严重不足,县域经济的产业结构不够合理,且各产业的发展水平都较低。农业是中部大多数县域经济的主要产业,典型的农业经济特征明显,但农业大而不强,多处于传统农业发展阶段,效益农业、绿色农业和生态农业近几年虽有所发展,但占经济总的比重很小;有些偏远的县域经济机械化程度很低,农业生产依然依靠人力和畜力;土地经营分散,规模效益难以实现;农业深加工能力不足,增值效益难以提高;省际、农户间结构趋同,比较优势难以发挥。第二产业产业优势不够突出,资源性加工企业规模小,能力弱;现代高科技企业起点低,数量少,产业的技术含量仍然较低。第三产业比重上升虽然较快,但因起步晚,规模小,不足以支撑整体经济发展。特别是由于受地理区位、交通运输以及资金、信息、人才、技术等条件所限,中部地区有近90%的矿产资源直接外销,即使是就地加工的矿产也只是以初级产品为主,资源及农产品等精深加工不足,产业层次低,缺乏市场竞争力,同时也加大了经济发展对资源的依赖程度。(3)民营经济和乡镇企业发展滞后。按发达地区经济发展经验,民营经济和乡镇企业的快速发展是支持整个地区经济快速发展和缩小地区城乡差距的重要原因。中部地区的民营经济发展虽已具相当规模,但与东部一些发达省份相比,仍显不足。一是总量少,规模小。二是民营企业大多投资谨慎,发展信心不足,民间投资增长缓慢。三是民营企业产业层次低,创新能力弱,核心竞争力不强。四是吸纳劳动力能力偏弱。乡镇企业整体规模还比较小,管理水平还比较低,产品和产业结构性矛盾比较突出。由于竞争程度越来越激烈,形势越来越严峻,乡镇企业整体规模小,技术装备和工艺比较落后,管理方式比较传统和粗放,市场开拓意识和产品开发意识不够强等一系列问题进一步凸显,使众多小企业面临能否在激烈的竞争中继续生存与发展的严峻挑战。

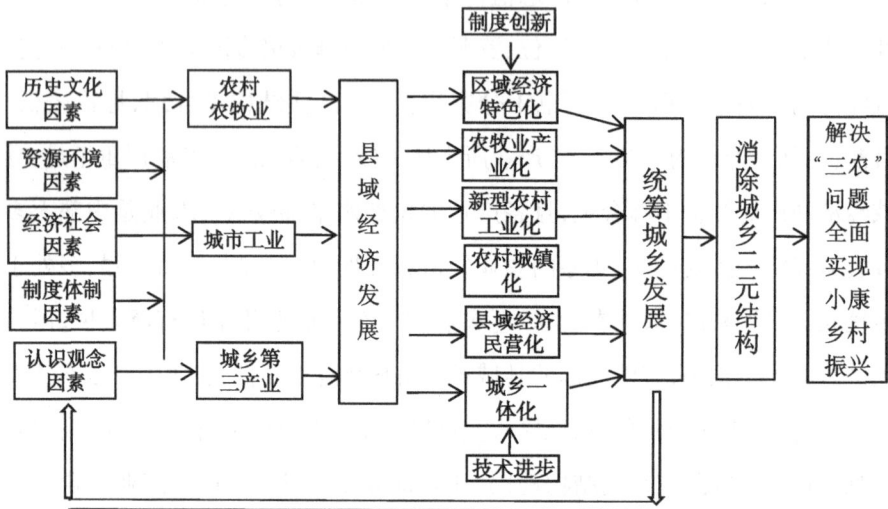

图4-3 县域经济发展与城乡协调发展的互动机制

三、中部地区城乡经济社会一体化
发展的制约因素分析

城乡发展一体化是一个复杂的系统工程,其影响因素也复杂多样。已有研究大致可以划分为正向促进因素与负向阻碍因素两类。

正向促进因素方面。已有研究表明地理因素、农业、城市化等是推动城乡发展一体化的积极影响因素。拉坦和哈亚米桑(Ruttan 和 Hayami,1984)提出"农业诱致性变迁理论",认为农业技术变革促进了农业增长①。哈利迪(Hal-

---

① 林毅夫:《关于制度变迁的经济学理论:诱致性制度变迁与强制性制度变迁》,载盛洪主编:《现代制度经济学》(下),北京大学出版社 2003 年版,第 260 页。

liday,1979)认为随着资本密集型农业的发展与农业技术水平的提高促进了城乡一体化进程。① Zhang and Song(2003)认为城乡收入差距和地理距离影响人口城乡迁移进而影响城乡一体化。② 龙等(Long 等,2009)认为中国东部地区城镇化和工业化促进了农业现代化,加快了城乡一体化的步伐。③ Tinbergen(1962)、Anderson(1979)研究表明城市经济规模和农村经济规模对城乡一体化有正向促进作用④⑤。此外,卡茨和斯塔克(Katz 和 Stark,1986),伊斯威特等(Eastwood 等,2010)认为农村金融市场发育程度及农业规模化经营水平与城乡一体化水平呈正相关关系。⑥⑦ 刘红梅、张忠杰、王克强(2012)研究认为农村人均家庭经营耕地规模、农业技术水平、农业现代化水平对城乡发展一体化有较大的正向影响⑧。汪宇明、刘高、施加仓等(2012)研究认为影响城乡一体化水平的主要因素是城乡人均消费、恩格尔系数、人均收入、养老保险覆盖、每百户居民拥有家用电脑,其对城乡一体化水平总的影响权重均为正且贡献率累计达到86%⑨。

① F. E. Halliday, *Iran: Dictatorship and Development*, New York: Penguin Books, 1979.

② H. Zhang, S.F. Song, "Rural - urban Migration and Urbanization in China: Evidence from Time-series and Cross-section Analyses", *China Economic Review*, Vol.14, No.4 (September 2003), pp.386-400.

③ H. L. Long, J. Zou & Y. S. Liu, "Differentiation of Rural Development Driven by Industrialization and Urbanization in Eastern Coastal China", *Habitat International*, Vol.33, No.4 (October 2009), pp.454-462.

④ J. Tinbergen, *Shaping The World Economy:Suggestions for an International Economic Policy*, New York: Twentieth Century Fund,1962, pp.209-220.

⑤ J. E. Anderson, "A Theoretical Foundation for the Gravity Equation", *American Economic Review*,Vol.69, No.1 (March 1979), pp.106-116.

⑥ E. Katz, O. Stark, *"Labor Migration and Risk Aversion in Less Developed Countries"*, *Journal of Labor Economics*, Vol.4, No.1 (January 1986), pp.134-149.

⑦ R. Eastwood, M. Lipton & A. Newell, "Farm Size", In *Handbook of Agricultural Economics Volume* 4, P. Pingali, R. Evenson (eds.), Amsterdam: Elsevier, 2009.

⑧ 刘红梅等:《中国城乡一体化影响因素分析——基于省级面板数据的引力模型》,《中国农村经济》2012 年第 8 期。

⑨ 汪宇明等:《中国城乡一体化水平的省区分异》,《中国人口·资源与环境》2012 年第 4 期。

负向阻碍因素或制约因素方面。已有研究表明偏向城市的政策、产业、基础设施等因素是影响城乡一体化进程的负向阻碍因素。韦伯(Weber,1971)认为,要素流动因距离的增加而成本增加,城乡之间的距离越短,越容易实现城乡一体化。骆永民(2010)研究认为,城乡基础设施差距越大城乡差距就越大①。刘生龙、胡鞍钢(2011)研究认为交通基础设施越完善,交通通达度越高,城乡一体化水平越高,但中国城市偏向的城乡固定资产投资体制严重阻碍了中国城乡一体化发展②。张永岳(2011)研究认为,产业结构与人口结构不协调、农业发展落后、人地矛盾突出等严重影响了中国城乡一体化进程③。刘红梅、张忠杰、王克强(2012)认为城市偏向的城乡居民收入分配体制、城市偏向的城乡固定资产投资体制和城乡之间的距离对城乡一体化有较大的负向影响。以上这些研究都是以定性分析为主,由于影响城乡发展一体化因素繁多,我们在完成中部地区城乡一体化发展的水平评价以后,采用主成分分析方法对中部地区各省城乡一体化进程的制约因素进行综合分析。

(一)城乡发展一体化指标体系的构建

根据城乡一体化的内涵和数据的可获得性方面,从经济、社会、生活、人口、生态环境融合度5个方面,构建反映城乡发展一体化状况的指标体系,该指标体系共包含22项指标(构建方法参考第二章第二节),采用层次分析法确定各指标权重(见表4-6)。

---

① 骆永民:《中国城乡基础设施差距的经济效应分析——基于空间面板计量模型》,《中国农村经济》2010年第3期。

② 刘生龙、胡鞍钢:《交通基础设施与中国区域经济一体化》,《经济研究》2011年第3期。

③ 张永岳:《我国城乡一体化面临的问题与发展思路》,《华东师范大学学报》2011年第1期。

表 4-6　城乡经济社会一体化评价指标体系各指标权重分布

目标层 A	准则层 B	权数	指标层	单位	权数
城乡一体化评价指标体系 A	经济融合度 B_1	0.4011	B_{11} 人均 GDP	元/人	0.3221
			B_{12} 城乡居民人均收入比	无	0.3221
			B_{13} 财政支农投入比重	%	0.1151
			B_{14} 城乡二元经济结构系数	无	0.0528
			B_{15} 非农产业产值占 GDP 比重	%	0.1880
	社会融合度 B_2	0.1605	B_{21} 城乡基本养老保险参保人数比	无	0.5222
			B_{22} 城乡教育经费投入比	无	0.1998
			B_{23} 城乡每千人拥有医生数量比	无	0.0781
			B_{24} 城乡万人社会服务网点数量比	无	0.1998
			B_{25} 城乡交通网密度	公里/平方公里	0.1393
	生活融合度 B_3	0.2758	B_{31} 城乡居民人均社会消费品零售额比	无	0.2730
			B_{32} 城乡医疗保健支出比	无	0.4469
			B_{33} 城乡居民文教娱乐支出比	无	0.1136
			B_{34} 城乡恩格尔系数比	无	0.1061
			B_{35} 城乡安全用水普及率比	无	0.0604
	人口融合度 B_4	0.1037	B_{41} 非农产业就业人口比重	%	0.4336
			B_{42} 人口城市化率	%	0.0656
			B_{43} 人口自然增长率	‰	0.3702
			B_{44} 城乡平均预期寿命比	无	0.1306
	生态环境融合度 B_5	0.0589	B_{51} 建成区绿化覆盖率	%	0.2314
			B_{52} 工业废物综合利用率	%	0.1832
			B_{53} 环保支出占财政支出比重	%	0.1661

(二)主成分分析法的基本思想

主成分分析方法(Principal Component Analysis,PCA)于1933年由霍特林(Hotellng)首次提出,它在信息损失最小的前提下,经过线性变换和舍弃部分信息,将描述某一系统的多个变量综合成少数几个变量,从而迅速简化数据结构,揭示影响系统的主要因素。该方法主要是希望用较少的变量去解释原来资料中的大部分变异,将我们手中许多相关性很高的变量转化成彼此相互独立或不相关的变量。通常是选出比原始变量个数少,能解释大部分资料中的变异的几个新变量,即所谓主成分,并用以解释资料的综合性指标。其基本原理如下:

设 $X = (x_1, x_2, \cdots, x_p)'$ 为 p 维随机变量,构造 $Z_i = L'_i X$, $i = 1, 2, \cdots, p$ 。其中,L_i 为 p 维正交化向量 $(L_i \times L'_i = 1)$,Z_i 之间相互不相关且按照方差由大到小排列,则称 Z_i 为 X 的第 i 主成分。设 X 的协方差矩阵为 $\sum$,则 $\sum$ 必为正半定对称矩阵,求其特征值 λ_i (按从大到小排序)及其特征向量,可以证明,λ_i 所对应的正交化特征向量,即为第 i 主成分 Z_i 所对应系数向量 L_i ,而 Z_i 的方差贡献率定义为 $\lambda_i / \sum_j \lambda_j$,通常要求提取的主成分的数目 k 满足 $\sum_{i=1}^{k} \lambda_i (\sum_{j=1}^{p} \lambda_j)^{-1} > 0.80$ 。

最后,由回归法估计出主成分得分,以各主成分的方差贡献率占其总方差贡献率的比重作为权重进行加权汇总,得出综合值 E,即:

$$E_k = \sum_{i=1}^{k} (F_i Z_i) \qquad\qquad\qquad (式4-1)$$

称之为主成分的方差贡献率[1]。

现在设 X_1 = 人均GDP(元/人),X_2 = 城乡居民人均收入比,X_3 = 财政支

---

[1]　王哲、李国成、余茂辉:《安徽省城乡一体化影响因素研究——基于主成分分析法》,《华东经济管理》2015年第3期。

农业投入比重，$X_4 =$ 城乡二元经济结构系数，$X_5 =$ 非农产业产值占 GDP 比重（％），$X_6 =$ 城乡基本养老保险参保人数比，$X_7 =$ 城乡教育经费投入比，$X_8 =$ 城乡每千人拥有医生数量比，$X_9 =$ 城乡万人社会服务网点数量比，$X_{10} =$ 城乡交通网密度（公里／平方公里），$X_{11} =$ 城乡居民人均社会消费品零售额比，$X_{12} =$ 城乡医疗保健支出比，$X_{13} =$ 城乡居民文教娱乐支出比，$X_{14} =$ 城乡恩格尔系数比，$X_{15} =$ 城乡安全用水普及率比，$X_{16} =$ 非农产业就业人口比重（％），$X_{17} =$ 人口城市化率（％），$X_{18} =$ 人口自然增长率（‰），$X_{19} =$ 城乡平均预期寿命比，$X_{20} =$ 建成区绿化覆盖率（％）；$X_{21} =$ 工业固体废物综合利用率（％），$X_{22} =$ 环保支出占财政支出比重（％）。

（三）评价模型的建立及应用

1. 数据标准化

根据《中国统计年鉴 2019 年》和中部 6 个省 2019 年经济社会发展统计公报和统计年鉴等相关资料进行收集、计算，采用 Z 标准化（即均值为 0，方差为 1）方法对 6 个省 22 指标数据进行标准化处理，利用 SPSS 18.0 统计软件实现该标准化处理，得到标准化数据描述统计量（见表 4-7）。

表 4-7　标准化数据描述统计量

	N	极小值	极大值	均值	标准差
X_1	6	0.1061	0.7684	0.4331	0.1975
X_2	6	0.2718	0.4321	0.3507	0.0451
X_3	6	0.2471	0.4704	0.3499	0.0673
X_4	6	0.0365	0.1202	0.0823	0.0281
X_5	6	1.0000	10.175	3.3131	2.6841
X_6	6	0.2891	1.0000	0.5612	0.2361
X_7	6	0.0000	1.0000	0.4009	0.2993
X_8	6	0.3474	1.0000	0.7182	0.1656

续表

	N	极小值	极大值	均值	标准差
X_9	6	0.4300	0.7800	0.6245	0.0843
X_{10}	6	1.0000	1.0000	0.9800	0.0230
X_{11}	6	1.0000	1.0000	0.8400	0.0710
X_{12}	6	0.4200	1.0000	0.6370	0.1568
X_{13}	6	0.2515	0.8789	0.4832	0.1871
X_{14}	6	0.1659	0.4800	0.3300	0.0817
X_{15}	6	0.9220	1.0000	0.9645	0.0227
X_{16}	6	0.2180	0.6800	0.4264	0.1284
X_{17}	6	0.0000	1.0000	0.5097	0.2974
X_{18}	6	0.3094	0.7052	0.4985	0.1374
X_{19}	6	0.0620	0.7780	0.2685	0.1986
X_{20}	6	0.0912	1.0000	0.2331	0.2113
X_{21}	6	0.7844	1.0000	0.9471	0.0648
X_{22}	6	0.3000	0.9000	0.5560	0.1943
有效的 N(列表状态)					6

2. 主成分分析计算

对标准化后的 22 个指标数据利用 SPSS 18.0 统计软件进行主成分分析,分别得到 22 个指标相关矩阵(主成分分析法相关矩阵)、解释总方差(数据取前 7 条记录)和成分矩阵(仅取特征值大于 1 的)(见表4-8)。

表4-8 各个主成分解释的总方差

成分	初始特征值			提取平方和载入		
	合计	方差的 %	累积 %	合计	方差的 %	累积 %
1	8.486	38.575	38.575	8.486	38.575	38.575
2	4.009	18.221	56.796	4.009	18.221	56.796
3	1.915	8.705	65.500	1.915	8.705	65.500

续表

成分	初始特征值			提取平方和载入		
	合计	方差的 %	累积 %	合计	方差的 %	累积 %
4	1.523	6.921	72.421	1.523	6.921	72.421
5	1.248	5.674	78.096	1.248	5.674	78.096
6	1.092	4.963	83.058	1.092	4.963	83.058
7	0.857	3.897	86.956			

3. 指标积累贡献率

通过计算得知,第一主成分 Z1 的方差贡献率为 38.575%,第二主成分方 Z2 差贡献率为 18.221%,第三主成分 Z3 方差贡献率为 8.705,第四主成分 Z4 方差贡献率为 6.921%,第五主成分 Z5 的方差贡献率为 5.674%,第六主成分 方 Z6 差贡献率为 4.963%,前 6 个主成分已反映变量 83.058%(>80%)的信息,按照选取主成分的原则(累积反映变量>80%),选取前 6 个主成分来做进一步的分析。从表 4-8 可以看出每个主成分方差,即特征值,其值的大小表示对应成分能够代表原有信息的多少;以 SPSS 默认条件特征值大于 1 作为主成分提取标准。通过计算得知,第一主成分至第六主成分 Z_1、Z_2、Z_3、Z_4、Z_5、Z_6 的方差贡献率分别为 38.575%、18.221%、8.705%、6.921%、5.674%、4.963%,前 6 个主成分累计方差贡献率为 83.149%(>80%),表明前 6 个主成分的数值变化就可以基本代表前述 22 个指标原始变量的变化,同时求得载荷矩阵,结果见表 4-9 所列。

表 4-9　主成分载荷矩阵

变量	第一主成分	第二主成分	第三主成分	第四主成分	第五主成分	第六主成分
X_1	−.955	.009	.077	.173	−.003	−.078
X_2	.573	.588	−.263	−.084	−.175	.050

变量	第一主成分	第二主成分	第三主成分	第四主成分	第五主成分	第六主成分
X_3	.782	.420	−.134	.117	−.066	−.046
X_4	−.780	.535	.054	.163	.105	−.104
X_5	.902	−.111	.139	−.042	.116	.159
X_6	−.781	.037	.323	−.104	.217	.017
X_7	−.382	.300	.679	.181	−.335	.292
X_8	.446	−.551	.326	−.002	−.010	−.566
X_9	.819	.183	.234	−.173	−.033	−.059
X_{10}	.241	−.673	.254	.381	.200	.385
X_{11}	−.232	−.478	−.101	−.649	.159	.126
X_{12}	.690	.203	−.009	−.002	−.207	−.251
X_{13}	.815	−.045	.036	.193	−.061	.061
X_{14}	.442	.458	.181	.597	.327	−.171
X_{15}	.312	−.594	−.048	.386	.050	.322
X_{16}	.854	−.142	.171	−.171	.033	.280
X_{17}	.484	.789	.043	.036	.091	.026
X_{18}	.895	−.197	.060	−.208	−.112	−.034
X_{19}	−.165	.764	−.231	−.165	−.062	.436
X_{20}	.101	−.376	−.525	.248	−.502	.036
X_{21}	.256	.013	−.613	.089	.673	−.003
X_{22}	.420	.256	.473	−.300	.278	.039

应用主成分分析法的载荷矩阵,结合有关的城乡一体化的理论,制约城乡发展一体化水平差异的因素主要集中在以下几个方面:

(1)地区总体经济实力。从表4-8和表4-9显示各主成分的贡献率及各主成分特征值载荷量来看,第一主成分对城乡一体化进程的影响最大,单个贡献率达到38.575%,表明其解释的变量变化占总变化的38.575%。这一主成分主要由人均地方生产总值、非农就业人口占总就业人口的比重和城市化率3个指标反映。经济实力是城乡一体化的基础,而经济越发达的地区,城乡二元经济社会结构向现代经济社会结构的转换越快,人口城镇化水平越高。这个因素也是影响城乡一体化水平的最重要的因素。着力发展本地区的经济，是城乡一体化进程得以顺畅推进的基本因素。

（2）非农产业发展水平。第二主成分的贡献率为18.221%，这一主成分主要由城乡二元经济结构系数和非农产业产值占GDP比两个指标反映。城乡一体化最终要实现城镇和农村的相互融合和协调发展，城乡的人口、资本等要素可以在一定条件下合理流动，达到资源的高效率配置。由于农业产业自身是个弱势产业，发展非农产业，并使非农产业在国民经济占绝对的优势比例是国际发达国家的发展规律和成功经验。因此，非农产业产值和效率的提升是城乡一体化实现过程中的必然结果和表现形式。

（3）教育医疗卫生水平。第三主成分的贡献率为8.705%，这一主成分由城乡居民文教娱乐支出比和城乡每千人拥有医生数量比两个指标反映。人口素质包括文化素质和身体素质两个方面，而这两个指标的差异也反映了城镇和农村在保障较高文化素质的教育和良好身体素质的医疗两方面具有较大的差距。

（4）基础设施水平。第四主成分的贡献率为6.921%，这一主成分由建成区绿化覆盖率、城乡安全用水普及率和教育投资占财政支出的比重3个指标反映。教育投资、生活基础设施投资如安全饮水保障和城市绿化等这些方面反映了某地区城镇及农村发展的基本设施的差异，历史的原因使得城乡基础设施水平差距较大。

（5）城乡收入、消费和社会保障差异。第五主成分的贡献率为5.674%，这一主成分由城乡居民收入比、城乡居民人均社会消费品零售额比和城乡基本养老保险参保人数比。增加农民收入是近几年中央一号文件的核心内容，城乡收入差异也是另外两个方面存在差异的根本。城乡一体化还包括城乡居民生活方式、生活质量和生活保障等多方面的平等和和谐，这个因素成为影响城乡一体化的又一重要因素。

（6）政府投入水平。第六主成分由支农支出占财政支出的比重和环保支出占财政支出比重两项指标反映，贡献率为4.963%。计划经济时期，中国实行以农促工的发展政策,对农业的投资有限。随着国民经济的发展,以工哺农、以工促农政策正在进行中,加大对农业的投入,并应用可持续发展的思想,在促进城乡一体化的同时,保证社会、经济和环境的和谐发展。

4. 主成分综合评价模型

为了直观反映6省在各个因子上的得分,下面分别对各省的因子得分进行排序。先计算出各主成分的特征值占已提取的6个主成分的特征值之和的比重,以此为权重,再计算主成分的综合得分:

$$Z = \sum_{i=1}^{6} \frac{\lambda_i}{\sum_{j=1}^{22} \lambda_j} F_i \qquad （式4-2）$$

即可得到主成分综合模型:

$Z = -0.1384ZX_1 + 0.1223ZX_2 + 0.1618ZX_3 - 0.0502ZX_4 + 0.1555ZX_5 - 0.0888ZX_6 + 0.0318ZX_7 + 0.0023ZX_8 + 0.1513ZX_9 + 0.0439ZX_{10} - 0.1239ZX_{11} + 0.1044ZX_{12} + 0.1405ZX_{13} + 0.1849ZX_{14} + 0.0286ZX_{15} + 0.14ZX_{16} + 0.1764ZX_{17} + 0.1028ZX_{18} + 0.0499ZX_{19} - 0.0767ZX_{20} + 0.0428ZX_{21} + 0.1298ZX_{22}$

（式4-3）

5. 评价结果

根据各因子得分及其方差贡献率,分别计算出6省的主成分综合评价指标值,具体结果见表4-10:

表4-10　6省各主成分得分及排名

各省	第一主成分	第二主成分	第三主成分	第四主成分	第五主成分	第六主成分	主成分综合得分	排名
山西省	7.31508	0.51204	0.76221	0.48908	0.88448	0.51272	2.6797	1
湖北省	6.46370	1.28463	0.58648	0.54101	0.77192	-0.05315	2.2937	2

各省	第一主成分	第二主成分	第三主成分	第四主成分	第五主成分	第六主成分	主成分综合得分	排名
江西省	6.50196	-0.08813	0.73886	0.51216	0.74307	0.56210	1.8920	3
湖南省	5.01215	-0.19767	0.54464	1.11124	0.87045	0.28594	1.1420	4
安徽省	2.59560	2.40524	0.44014	0.38139	0.48301	0.31846	0.5624	5
河南省	4.35483	-0.88384	1.02379	-0.20177	0.95544	0.78454	0.5013	6

（四）中部地区省域城乡发展一体化的制约因素分析

通过对 6 个主成分的合理解释,并结合 6 个省在各个主成分的单项得分和综合得分,就可以对 6 个省域城乡发展一体化进程和影响因素进行科学的评价。本书在进行主成分分析时对数据进行了标准化处理,各主成分得分与综合得分的均值均为 0,因此以 0 为参考基准,认为综合得分大于 0 的省份的城乡一体化程度高一些,并且数值越大,一体化程度越高;综合得分小于 0 的省份的城乡一体化程度低一些,数值的绝对值越大,城乡一体化程度越低。从城乡一体化总体进程看,主成分综合得分大于 1,且处于前四位的山西、湖北、江西、湖南 4 省,其第一主成分得分也是处于前四位,且得分均大于 5,对综合得分影响较大,表明这 4 个省份的人均地方生产总值、人口城市化率较高,非农业就业人口比重较大,说明这 4 个省份由城乡二元经济社会结构向现代经济社会结构的转换较快,走在中部地区的前列,因此,城乡一体化程度较高。

在中部地区 6 省当中,山西省的城乡一体化水平在 6 省中增长最快,人均GDP 水平相对较高,基础设施水平(第四主成分)相对较低。主要原因是:山地多、地形复杂导致的交通网络密度较低;交通运输业、教育事业发展有待加强。山西作为煤炭资源大省,资源的大量开采导致了环境污染严重,制约了一体化的发展;农村基础设施欠缺,比如农村安全用水普及率是比较低的,制约了农业地区的发展。

湖北省的城乡一体化水平还是较高的,这得益于湖北省城乡居民消费水平差距较小和城乡各项消费支出差距较低。制约湖北省城乡一体化发展的因素主要体现在:支农支出占财政支出的比重和环保支出占财政支出比重(第六主成分为负数)较低,必须要加强对农村在基础设施、公共服务和环保方面的投入;湖北省交通网络密度较高,劳动力的流动性大;湖北省拥有丰富的医疗资源,但制约其发展的是人均教育经费较少。

江西省的城乡一体化水平也较高,主要表现是江西省城乡居民收入、消费水平水平差异较小。江西省城乡一体化的障碍主要在于人均 GDP 较低,非农产业发展水平较低(第二主成分为负数),二元经济结构相比其他省份较明显,它将在经济层面会对江西省的城乡一体化提升产生一定的影响。

在中部地区 6 省当中,安徽省的城乡一体化水平位于中间,从社会发展的层面上来看,安徽省的社会一体化水平增幅较大,经济一体化发展较快。制约安徽省城乡一体化发展的因素主要体现在:人均 GDP 和人口城市化率(第一主成分在 6 省中最低)较低,基础设施水平和政府投入水平都滞后(第四主成分和第六主成分都不高),在城乡基础设施发展支持和城乡居民居民收入水平、消费水平、文教娱乐支出方面差异较大,成为制约安徽省城乡生活水平共同提高的重大障碍;虽然省内交通网络密度较大,但仍需加强与省外联系的紧密度。

河南城乡一体化水平在中部地区较低,但特点是增长速度较快。制约河南省城乡一体化发展的因素主要体现在人口城市化率和非农产业发展水平较低(第二主成分为负数),基础设施水平滞后(第四主成分为负数),主要努力方向是:通过大力发展生产力,改善较为明显的城乡二元经济结构,提升全省的经济一体化水平;在政策上加大对基础设施和农村教育的投入,缩小城乡差距。

虽然湖南省的人均 GDP 水平较高,但湖南城乡一体化水平一直比较低,主要原因在于:城乡二元经济结构差异较显著(第二主成分为负数),政府投入水平较低(第六主成分不高),农村生态文明建设也较落后;城乡居民消费、收入差异较大,城乡居民人均拥有的社会资源相对较少、交通基础设施不完善,主要原因在于省内城市化水平较低。

第五章　中部地区推进城乡经济社会发展一体化的战略设计

一、城乡经济社会发展一体化的特征

（一）目标的长期性

城乡经济社会一体化是统筹城乡发展的目标,是一个长期战略,是以实现城乡共同繁荣为目标。目标的长期性又决定了城乡经济社会一体化战略实施过程也必然是漫长的。由于实施过程的长期性,城乡经济社会一体化所蕴含的"一体化"整体观念也必将具有长期的指导作用。

（二）空间的整体性

城乡经济社会一体化是一个总体战略。城乡经济社会一体化是站在战略的高度规划城乡发展,兼顾城市与乡村的协调、统一与均衡,促进城乡共同发展、融为一体地发展,以这一整体性指导思想主导城乡经济社会一体化发展全程,并以城乡共同繁荣的整体目标为根本任务。

（三）发展的地域性

城乡经济社会一体化的载体是以城市为中心的一个有限度的辐射区

域,是一个毗邻的城乡横向联合的发展区域。按照城市与周围农村之间的内在联系组织城市与乡村的经济共同体,从而促进城乡结合和城乡的共同发展。

(四)互动的双向性

缩小甚至消灭城乡差距、最终实现城乡一体化不是城市或者农村一个部门的事情,既不是乡村全部转化为城市的过程,也不是城市乡村化,应该是城市与乡村互相吸收先进和健康的因素而摒弃落后的病态的因素的一种双向互动的过程,需要两个部门的共同作用。农村致力于发展农业技术,提高农业产出能力,生产出更多品质优良的农产品及其他产品,总体上提升农村部门的自生能力,同时农村富余劳动力转移至城市,为城市提供工业、服务业发展所需的劳动力;城市利用其优势地位,增强与农村的交流,提供给农村先进的技术、资金、设备以及管理经验,帮助农村加快发展步伐。城市反哺农村不只对农村有利,当农村部门改变落后局面后,一定会成为城市商品更大的销售区域。更重要的是,城乡环保、规划布局需要城乡双方协同配合。城乡一体化强调的是城乡协调、统一、均衡,因而既是以城带乡,也是以乡补城。城乡之间的互动是城乡联合的优势所在,从城乡共同利益出发联合发展,并在自身发展的同时创造机会促进对方发展,不仅存在城市化,也存在着逆城市化,二者相辅相成、相互促进,这是城乡联合发展的必然,是城乡协调、均衡的另一表现。

(五)内容的广泛性

城乡经济社会一体化是要把城市与农村的发展作为一个整体统筹考虑,是长期的总体战略,时间上具有长期性、空间上具有整体性,而这必然决定了其所涉及的内容是广泛的,包括政治、经济、社会、文化、生态环境、规划布局等各个方面。政治方面,城乡居民都是享受同等权利的一个国家的公民,"城乡一体化的目标是促进广大农民的自身发展和公平发展,其实质在于承认和保障农村居民享受与城市居民同等的发展权"①。"人们之间只有居住地点的不同和职业分工的不同,但权利是平等的,机会也是平等的"②。也就是说,不管是居住在城市还是居住在乡村,人们都能够享受到平等的权利和义务,获得相同的发展机会,不再存在制度上的城乡差别。经济方面,城乡一体化体现出三大产业的合理布局,发挥出城乡各自拥有的技术特点和资源优势,整个国家的生产力水平得以提高,经济效益达到最佳。社会方面,城乡一体化体现出两大部门和谐相处、融为一体,城乡资源、要素合理流动,城乡差距不再成为影响居民生存、生活的主题,同时城乡居民平等地拥有财产、教育、就业、社会保障、社会福利方面的权利,城乡生活方式趋同,对公共物品的享受水平基本一致。文化方面,城乡居民思想观念、文化水平不再显示出差距,各类人才在城乡均衡分布,自由流动。生态环境方面,在保护环境、创造最适宜生活空间的前提下,合理配置各种环境资源,保证生态环境自我循环、可持续发展。规划布局方面,城乡各种要素分布适宜,既有利于城乡生产、生活需要,又可以做到保护生态环境。

二、中部地区推进城乡经济社会发展一体化的战略思考

(一)中部地区推进城乡一体化的战略思路

中部地区推进城乡一体化是一个系统工程,从湖北、河南、安徽等6省推进城乡一体化经验来看,城乡一体化建设的核心任务是统筹城乡协调发展。

---

① 迟福林:《城市化与城乡一体化》,《学习时报》2010年1月4日。
② 厉以宁等:《中国城乡统筹发展报告(2011)》,社会科学出版社2011年版,第18页。

1. 构建"一个机制",即建立健全城乡发展一体化体制机制和政策体系

以问题为导向,围绕"地、钱、人、公共服务"建立健全城乡融合发展体制机制和政策体系,为城乡发展一体化战略的实施提供制度支撑和保障。一是创新和健全农村经营体制机制,包括继续巩固和完善农村基本经营制度、深化农村土地制度改革、深入推进农村集体产权制度改革,强化城乡发展一体化基本制度保障;二是创新和健全投融资体制机制,包括在公共财政上,建立健全农业农村优先保障的财政体制机制、在金融方面,建立健全激励约束并重的金融支农惠农政策,强化城乡发展一体化资金保障;三是创新和健全人才培育和使用体制机制,包括深化户籍制度改革、实行城乡统一的户口登记管理制度,加大对新型职业农民的培训力度,制定返乡创业人才激励政策,强化城乡发展一体化人才保障;四是创新和健全城乡公共服务体制机制,包括建立城乡统一的社会保障体系,建立健全城乡一体的就业管理制度,强化城乡发展一体化服务保障;强化和健全农村工作领导体制机制,强化城乡发展一体化政治保障。

2. 处理好"两对关系",即改变工农关系不协调、城乡关系失衡的局面

实现城乡发展一体化是经济社会发展的内在规律,是我国现代化建设的重要内容和发展方向。从理论上讲,工农关系、城乡关系的内在联系决定了城乡要一体化发展。农业和工业是人类社会发展的两个支柱产业,农村和城市是人类经济社会活动的两个基本区域。工业和农业之间、城市和农村之间存在着内在的、必然的、有机的联系,彼此是相互依赖、相互补充、相互促进的。农业和农村发展,离不开工业和城市的辐射和带动。因此,要通过健全体制机制,形成以工促农、以城带乡、工农互惠、城乡一体的新型工农城乡关系,让广大农民平等参与现代化进程、共同分享现代化成果。处理好这两对关系是促

进中部地区城乡经济社会发展一体化的关键。

3. 解决"三大问题"，即中部6省农业基础仍然薄弱、农村发展仍然滞后、农民增收仍然困难

中部地区几个省份都是农业大省，是我国的粮食主产区，由于粮食的比较效益低，农民收入增长缓慢，且气候变化对农业生产的影响日益加大，中部地区农民收入有陷入徘徊的趋向，这就大大制约了粮食主产区的发展，不利于保证我国粮食生产的稳定发展，不利于中部地区"三农"问题的解决。为了扭转这种状况，消除中部地区粮食主产区发展的不利因素，促进农民长期稳定增收在中部地区就显得极为重要。然而，过去几年的实践证明，单纯依靠政策补贴和靠价格上涨拉动农民增收以及靠低成本拉动农民增收，都只是一些短期有效的政策行为，不能长期发挥效用，而且无法保证农民收入长期稳定地增长。从根本上来看，解决中部地区的"三农"问题，提升我国粮食主产区的生产能力，保证粮食安全，增加农民收入主要靠稳定党在农村的各项政策，尤其是土地承包政策，还要靠大力发展农业科技，加快农业科技创新，发展现代农业，积极发展农业产业化经营；加快农村改革，转变农业经济发展方式，推进农业结构战略性调整，发展高产、优质、高效、生态、安全农业；要靠增加农业投入，进一步加强农业基础设施建设，建立新型农业社会化服务体系，提高农业综合生产能力，促进农业可持续发展；要靠不断加大城乡统筹力度，实施农村民生工程，建设社会主义新农村，推进城镇化建设，形成城乡一体化新格局。而要实现以上措施，关键在于提升农村人力资本和加快农业科技进步。应让人力资本和科技进步这两大内生动力引领中部地区农民收入的长期稳定增长。

4. 推进"五个一体化"，即城乡经济一体化、城乡社会一体化、城乡空间一体化、城乡生活一体化、城乡生态环境一体化

推进城乡经济一体化，这是城乡一体化的基础和前提，决定着城乡一体化

的发展进程和实现程度。指城乡经济遵循客观经济规律的要求，进行统筹规划，合理布局，充分发挥城市和农村的自身优势，促进三次产业在城乡之间的互动和联系，促进城乡间资源和生产要素的自由流动，构建相互协作、优势互补、以城带乡、以乡补城的良性互动的城乡经济社会关系，实现城乡经济相互融合、协调发展。

推进城乡社会一体化，这是城乡一体化的重点和突破点，决定着城乡发展一体化以人为本的发展目的，是建立在城乡经济一体化基础上的更高层次的城乡一体化过程。城乡社会一体化就是能够按照相对公平、统一的标准提供城市与农村的基础教育、医疗卫生、社会保障等基本保障和服务，最终打破城乡分割的二元社会结构，城乡居民在公共资源分配、劳动就业以及社会保障领域都享有平等权利、享受同等待遇，在城市公共服务政策不断发展、居民文明程度不断提高的同时，推动城市的公共服务优势资源向农村覆盖，加快农村科教文体等社会事业的发展，促进城乡基本公共服务均等化，进而实现城市与乡村的社会融合、城乡社会的和谐共生以及城乡居民共同分享改革发展所创造的文明成果。

推进城乡空间一体化，是实现城乡一体化的基础和保障。就是要以提高城乡经济社会组织化程度为核心，强化城乡空间联系，优化城乡空间结构，促进城乡资源的优化配置和空间的合理布局，科学合理配置大中小城市与小城镇，加快发展中心城市，培育中小城市，扶持中心城镇，整合中心村和农村居民点，努力构筑层次清晰、功能明确、布局合理、发展联动、设施共享的城乡空间发展形态，努力形成城市现代化、农村城镇化相互融合、协调发展的城乡空间形态格局。

城乡生活一体化是实现城乡一体化的必然要求，是实现经济与社会转型一体化的必要条件。就是要打破城市生活和农村生活之间相互分割的状态，把城市生活和农村生活作为一个整体，统一筹划，逐步实现生产要素和生活要素之间的优化组合和自由流动，其目标是通过充分发挥城市生活对农村生活的辐射作用,通过充分利用农村生活对城市生活的促进作用,来改变我国城乡生活的二元结构,逐步缩小城市生活和农村生活之间在生产方式、生活方式等方面的差距,进而实现城乡生活和谐发展、生活方式的趋同。

推进城乡生态环境一体化,就是将经济、社会与生态作为一个整体的复合系统来考虑,将城市与农村生态环境建设到统一的框架内进行规划,避免污染由城市向农村转移,建立起和谐共生的生态保护体系,同时,注重农村生态环境保护问题,既要杜绝以牺牲生态环境为代价的经济增长方式,建立绿色的经济发展模式,打造绿色产业,又要杜绝以牺牲农村的生态环境来建设城市的生态环境,努力形成城乡生态环境高度融合互补,经济社会与生态协调发展的城乡生态格局。

(二)中部地区形成城乡发展一体化新格局的战略目标和战略步骤

中部地区城乡发展一体化战略总目标是:以缩小城乡差距和提高城乡居民收入为目标,以统筹新型工业化、新型城镇化、农业现代化和信息化为抓手,以体制机制创新为动力,以基础设施建设为突破口,逐步实现城乡居民基本权益平等化、城乡公共服务均等化、城乡居民收入均衡化、城乡要素配置合理化,以及城乡产业发展融合化,构建新型工农关系和城乡关系,加快形成以工促农、以城带乡、城乡互动的一体化发展新格局。

根据"两个一百年"奋斗目标和新时代中国特色社会主义发展的战略安排:从全面建成小康社会到基本实现现代化,再到全面建成社会主义现代化强国,结合《中共中央国务院关于建立健全城乡融合发展体制机制和政策体系的意见》提出的主要目标,我们认为中部地区城乡发展一体化新格局基本实现的时间是本世纪中叶,并应依循"三步走"的战略步骤:

第一步,中部地区城乡发展一体化新格局基础奠定期(2007—2022年)。此阶段,充分体现城乡发展一体化内涵和要求的各省城镇体系布局规划和建设规划全面完成。以城市群为主体形态,六大城市群为核心、中心城市为依托、县城和中心镇为基础、大中小城市和小城镇协调发展的新型城镇体系基本形成,城镇化率达到50%以上;农村道路、供水、供电、供气、通信、环境卫生等得到明显改善;城乡居民收入基本实现同步增长,收入差距控制在3∶1以内,初步建立城乡教育、医疗、文化合理布局、均衡配置的公共服务体系,城乡有效衔接、功能完善的基础设施体系和覆盖城乡的公共就业服务及社会保障体系,到2022年,城乡融合发展体制机制初步建立。城乡要素自由流动制度性通道基本打通,城市落户限制逐步消除,城乡统一建设用地市场基本建成,金融服务乡村振兴的能力明显提升,农村产权保护交易制度框架基本形成,基本公共服务均等化水平稳步提高,乡村治理体系不断健全,经济发达地区、都市圈和城市郊区在体制机制改革上率先取得突破。城乡发展差距逐步缩小。在此阶段,各省级财政的支持应该分类对待。对统筹城乡发展实力较强的市、县,实现城乡一体化主要靠他们自己的力量进行,省委、省政府只需要给予政策和宏观指导;省级财政的支持力度主要应该放在经济发展落后的城市。

第二步中部地区城乡发展一体化新格局深入推进期(2023—2035年),城乡经济社会发展一体化体制机制更加完善,城镇化率达到60%以上,城镇化进入成熟期,城乡发展差距和居民生活水平差距显著缩小,城乡有序流动的人口迁徙制度基本建立,城乡统一建设用地市场全面形成,城乡普惠金融服务体系全面建成,基本公共服务均等化基本实现,乡村治理体系更加完善,农业农村现代化基本实现。在此阶段,6省大多数城市已经实现城乡整体协调发展水平,经济实力有可能进入全国前10位,人均水平达到全国平均水平,已经有足够的实力实施"以工促农、以城带乡"的政策。在统筹城乡发展支持政策上,不仅省级政府可以更多地支持欠发达地区的一体化建设,而且发展能力强大的城市可以拿出更多的资金、人才等支持落后地区发展,各省统筹城乡发展进入良性发展阶段。

第三步,中部地区城乡发展一体化新格局系统完善期(2036—2050年),

在此阶段,中部地区经济进入工业化后期阶段,政府有更大的支持力度使城乡居民收入逐步缩小,城镇化率达到 70%以上,城乡差别主要表现在产业分工的不同角色上,乡村地区的主导产业是农业,而城镇地区的主导产业是工商业,城乡居民的生活条件无太大差别;乡村交通、通信、卫生、教育、供水、供电等基础设施与城市无差别,城乡居民在社会地位、政治权利、受教育水平等方面一律平等;在 6 省省委、省政府的正确领导下,通过各省上下的共同努力,城乡发展一体化体制机制成熟定型,城乡全面融合,乡村全面振兴,全体人民共同富裕基本实现。

三、中部地区推进城乡经济社会发展一体化的战略重点

统筹城乡发展、推进城乡发展一体化是针对以城市为核心、以增长为导向的传统发展模式的弊病,坚持以人为本、将乡村的发展纳入区域发展的框架下统筹安排,建立城市与乡村之间开放融通的发展机制,面向全体国民构建发展机会和公共服务趋于均等的城乡一体化管理制度,联动解决城市化过程中的城市问题与乡村问题,解决四重二元结构问题,建立中国现代社会结构。统筹城乡发展、推进城乡发展一体化的出发点和落脚点都在农村,但是其实施办法和路径不止于农村,而是要在城市与乡村之间、工业与农业之间建立良性互动机制。因此,城乡发展一体化是在新型工业化、新型城市化和农村现代化之间建立起良性循环系统,是协调同步推进新型工业化、新型城市化和农村现代化系统方法的集合,是中国跨越"中等收入陷阱",全面实现现代化的战略选择,新型工业化、新型城市化和农村现代化同步发展是城乡一体化发展的内生驱动力。因此,在中部地区推进城乡发展一体化的过程中,重点是要加速推进工业化、城市化和农业现代化,要根本扭转过去长期实行的片面工业化、城市化滞后于工业化、工农及城乡分割发展的做法,以新型工业化为产业结合点,以

新型城镇化为空间结合点,构建以工促农、以城带乡的城乡一体化发展的长效机制,促进农民的产业转移和生活方式转变。

(一)工业化

工业化是现代化的基础,工业化的实现程度,是一个国家或地区经济发展程度的基本标志。"中部困境"有多种解释,但要害是中部地区的工业化发展不足。传统的对工业化的理解,是"指用现代的科学技术和先进生产手段来装备工业和用先进的科学方法和技术手段来管理工业"的过程,这是一种狭义的工业化。实际上,在城乡一体化推进的要求和演进下,工业化已不仅是自身技术、手段、管理水平和占国民经济比重的进一步提高,也包括农业工业化、工业发展引起的第三产业的发展,以及工业发展所广泛引发的产业结构、产业布局和就业结构的变化。党的十八大报告明确指出:"坚持走中国特色新型工业化、信息化、城镇化、农业现代化道路,推动信息化和工业化深度融合、工业化和城镇化良性互动、城镇化和农业现代化相互协调,促进工业化、城镇化、信息化、农业现代化同步发展。"党中央提出的"新型工业化"就是与"传统"相比,"新型"主要体现在"科技含量高,经济效益好,资源消耗低,环境污染少,人力资源得到充分发挥"。对中部地区来说,加速推进新型工业化,以新型工业化统筹城乡发展、推进城乡一体化解决"三农"问题,既有长期的目标,又有明确的短期目标与任务。

1. 中部地区加速推进新型工业化的战略意义

第一,加速推进新型工业化,有利于改造乡镇企业,推进农村城镇化进程。城镇化的过程是人口和经济在特定地方内不断聚集的过程,这一进程要有相应的产业作为支撑。中部地区目前农村城镇化现实的产业支撑基础应是大量的乡镇企业。20世纪80年代在全国农村异军突起的乡镇企业大多在改革开放之初为农村发展、增加农民收入作出了贡献。但同时,其作为一个重要污染源对农村和农业生态环境产生了负面影响。多数乡镇企业以规模小、分散、设备陈旧、技术落后、资源利用率低、能耗高、排污量大、治污能力弱、土地占用量大为其特征。应当看到，乡镇企业散、小、低的特点及造成的资源和生态环境的破坏，在很大程度上是城乡二元结构的产物。如何化解这一矛盾来走新型工业化道路，用信息化来改造乡镇企业，借助于信息化所能提供的远程教育，产品信息在线交流等方式来大幅度提高乡镇企业的技术和管理水平，用科技含量高的技术装备乡镇企业，以降低物耗，提高企业的集约化程度，推动乡镇企业的二次创业。

第二，加速推进新型工业化，有利于解决农业剩余向外转移的问题，从而增加农民收入。农民收入的增加来自于农业剩余的增加。农村劳动力的转移和农业劳动生产率的提高可以增加农业剩余，但它并不一定能保证农民收入有实际的增长，种种原因会导致农业剩余外溢。除了农民负担较重赋税使农业剩余转移到其他部门外，价格机制的市场调节作用也会使农业效益外溢，导致农民增产不增收。经济学常识告诉我们，当产品供给价格无弹性时，产品的价格唯一地决定于需求。由于农村信息不灵，农业生产具有很大的盲目性，致使农产品供给弹性低，又由于需求下降，使得农业剩余持续外溢，农收入增长很慢。要改变这一状况，就要适应市场对农产品的优质和多样化的需求，增加其付给弹性。其途径就是利用信息化的手段，随时了解市场的需求变化，及时调农业生产结构和农产品结构，降低交易成本，扩大其销售范围，缩小市场价格机制的"剪刀差"，减少农业剩余外溢，增加农民收入。

第三，加速推进新型工业化，可以推动提高农民素质的进程，增大其人力资本价值，加速实现农民市民化。尽管中部地区广大农村名义上和城市一样都实行九年制义务教育，甚至使用大体相同的教材，但由于师资和教育设备的极大差异，使两者的教学质量大相径庭。再加上农村众多贫困学生的失学，诸多因素造成农村劳动力受教育程度普遍偏低。不改变这种状况，必将会加剧城乡数字鸿沟，使城乡二元结构增添新的内容而固化，导致农村富余劳动力在信息化中被"边缘化",增加他们融入城市的困难,从而不利于推进现代意义上的城市化的发展。以新型工业化统筹城乡发展,可以借助于现代信息技术开展网络远程教育,利用城市优质资源推进农村普及九年制义务教育。甚至在有条件的地方,可以实施高等教育、职业教育、专业技术培训及岗位走向培训,使大多数农村劳动力特别是青壮年都能掌握一两门专业技能,增强农民适应身份转换的能力,使其"人力资源得到充分发挥",在实现跨越式发展中发挥重要作用。

第四,加速推进新型工业化,有利于农业高新技术向农业全面渗透,促使先进适用技术及时充分地应用到农业生产中去,从而大幅度提高农业科技整体水平。进入 21 世纪,中部地区农业生产承受着来自资源、环境以及人口等方面的巨大压力,必须借助农业资源的开发与新技术的高效利用来大幅度提高、增强农产品的有效供给能力;用农业高新技术的核心——农业生物技术来挖掘农业生产潜力,改善农产品品质,提高商品农产品的质量;运用以信息技术为特色的生态技术,有效监控农业生态环境的变化,实现农业的可持续发展。同时借助于信息化技术推广适用技术,促使农民根据资源的不同性质和用途,进行有针对性的开发活动,提高当代资源开发利用的有序性和效率,克服以往人们在开发利用资源过程中存在的盲目性和短视性,使生态农业和特色农业具有强有力的技术支撑,以保证农民增收具有后续的技术支持①。

2. 中部地区工业发展比较优势和机遇

(1)中部 6 省的重工业有一定的基础,形成了比较完善的工业体系。新中国成立以来,一批大型重工业企业在中部 6 省兴建,很长一段时间内,在中部 6 省的工业结构中重工业一直居于主导地位,但在计划经济时期,因为缺乏农业、轻工业和社会消费的支撑,重工业畸形发展。改革开放以来,中部地区

① 赵保佑:《统筹城乡经济协调发展与科学评价》,社会科学文献出版社 2009 年版,第204—205 页。

的轻工业也有了很大发展,轻重工业结构已趋合理,在这种情况下,重工业特别是制造业又重新出现新发展的趋势。相对而言中部地区整个工业体系较完善,在一些装备制造行业具有相当实力,对进行产业升级和承接国内外产业转移具有较大优势。

(2)中部6省发展重工业拥有较为丰裕的资源条件、不断改善的空间集聚条件和相对优越的基础设施条件。一是丰富的自然资源。中部地区由于其特殊的自然地理条件,各种矿产资源非常丰富,诸如山西煤矿、有色金属矿产等,分布较多且较集中,中部地区作为我国重要的能源基地和原材料产地,产量占全国总产量38%以上的有色金属中部地区有10种,资源种类不仅丰富、集中,而且匹配组合良好。目前,中部地区有诸如武汉、马鞍山以及太原的钢铁工业中心,安徽铜陵、江西鹰潭的铜产业基地,山西的煤化工和能源基地及山西中铝集团的铝产业中心等。二是得天独厚的地理位置。中部地区毗邻长三角和珠三角工业中心区域,具有连接东西、纵贯南北独有的区位优势,是我国区域社会经济等各方面联系度最强的地区,发挥着东西互动、沟通南北的桥梁枢纽作用。目前,中部地区目前正在或已经建设一大批信息通信和交通设施网络,形成了方便快捷、四通八达的城际高速铁路、高速公路网、信息交换中心、航空中心等,基础设施条件明显优越于西部地区,并且还在加速发展,这些都将成为中部崛起的战略支撑点。三是中部地区城市化发展很快,已形成了以6个省会城市为中心的若干城市经济圈(带),发展重工业的空间集聚条件大大优越于西部地区。四是科技教育基础较好,科技创新力量雄厚。中部地区拥有众多的高等院校、科研院所以及科技型企业和高新技术产业园。目前我国许多重要的发明专利来自中部的科研单位和企业,例如武汉的"光谷",其在光电子产业领域的发明专利占全国的绝大部分,我国首屈一指的自主创新品牌奇瑞汽车等。另外在政策上安徽合肥被列为首个国家科技创新试点市,这都大大促进了科技创新力量的集聚和发展。所有这些表明,中部6省是我国重工业特别是制造业的最宜发展地区,有条件成为中国重工业和制造业的高地。

（3）中部6省发展重工业特别是制造业面临较好的产业扩张机会。随着经济全球化和信息化的发展，重工业特别是制造业由发达国家向发展中国家的转移趋势日益加速，跨国公司利用中国的比较优势和竞争优势，也加快了向中国的产业转移，中国正在迈向世界制造业中心。在这种形势下，东部沿海地区将会进一步加大产业结构调整力度，重点发展高新技术产业和高级加工制造业，一些劳动密集型和资源密集型的制造业将会向中西部地区转移。相对于西部地区而言，中部地区由于具有如上所述的基础条件和区位条件，将成为东部沿海企业扩张投资和生产转移的重点区域，承接东部产业转移的首选地区以及东部产业向西部转移的天然中转中心，一些跨国公司也可能会跳过东部沿海地区，直接在中部地区投资兴业，这样，中部地区的重工业特别是制造业将面临较好的产业扩张机会。

（4）充足的优质劳动力资源。中部地区人口众多，加上教育基础良好，教育体系完善，拥有众多的高等学府和职业学校，合肥、武汉及郑州等城市都具有丰富优质的教育资源，培育大量高素质人才，是全国有名的科教城市，这些都使中部地区的人口和劳动力素质较高。长期以来，中部地区一直是东部等经济发达地区的主要劳动力来源地，一方面为东部等地区提供了其经济发展所需的大量廉价劳动力，另一方面外出打工者掌握了一技之长，拥有较为开放的思想，了解东部企业先进管理方法，这些都成为其在家乡创业，发展民营经济难得的人力资源。

（5）中部地区的农业发展为工业提供了有利条件和新机遇。江淮地区、江汉平原、鄱阳湖平原和洞庭湖平原都是我国位于中部的高产商品粮基地，具有丰富的土地水利资源，另外由于中部较好的工业基础可为农业生产提供大量机械和化肥，大大促进了农业生产发展。目前，该地区所生产的粮油棉等大宗农产品占全国产量的很大一部分，而且近几年全国粮食增产的一半以上来自中部。中部地区的农业基础条件好，拥有较大的发展空间，同时中部各省正在加大对农业的投入，全力把中部建设成全国粮食核心产区和优势农产品基地，这些都为中部地区发展农业生态旅游等第三产业以及以农副产品为原料的相关工业提供了有利条件。同时，在新型工业化道路和新区域工业化模式下，人们开始重视农业地区和农业的发展。一方面，工业化的目标从单纯的经济增长转向人的全面发展，这就要求大力发展农业和农业地区经济；另一方面，技术进步成为经济增长的最主要驱动力，使得农业的价值得到了重新认识，如波特的竞争优势理论就认为，无论是工业、农业还是服务业，只要具有先进的技术和服务，就可以有生产率，就可以成为驱动区域经济增长的主导产业。在新型工业化道路中，工业化的内容不再是狭义的，而是通过包括农业在内的各个产业的技术进步和效率提高实现全面发展。因此，农业不仅是加速工业化的一种工具，而且本身也是工业化的目的。

3. 中部地区加速推进工业化的对策措施

中部地区加速工业化不能走传统工业化的道路，而是要走新型工业化的道路，特别是中部地区已步入工业化的中期阶段，这个时期的工业化应以以工促农为重要宗旨，在促进农业发展、农村繁荣、农民增收方面有所作为。

(1)强化优势产业，迅速增加工业经济总量。加快中部地区工业化进程，关键要抓住优势产业予以强化，要尽快地提升工业经济的竞争力，迅速增加工业经济总量。中部地区有优势的产业，除农业之外，主要有能源工业、有色金属采掘和冶炼业、机械制造业、农产品加工业、旅游业等。具体来讲，应重点在三大领域迅速增强实力：①发展高加工度产业或先进制造业，把中部地区建成我国先进的具有自主知识产权的制造业基地，把食品、纺织、服装、家电、制药等轻型产业，以及装备产业、高新技术产业作为发展重点，充分发挥中部地区的人力资源优势和科技资源优势。②强化"原"字号产业，即强化能源、原材料工业优势。大力发展煤炭以及系列煤化工，石油天然气以及石油重化工，钢铁、铝、铜、铅、锌、黄金等有色金属和稀有金属，以及稀土材料等，拉长产业链条,发展系列化的精深加工,注重开发高附加值的新能源和新材料工业,建立火电、水电输出基地。③用发展工业的理念发展农业,走农业产业化发展之路。优先发展有竞争力的强势农业,重点保证战略性粮食生产的发展,建设农业强区;充分利用国家的惠农政策,发展"一优双高"农业,积极发展绿色农业、观光农业和现代农业,把中部地区建成我国最大的粮仓,确保国家粮食安全,这是中部地区的责任和义务。以上三大产业既是中部的优势产业又是国家倾斜支持的重点,要积极争取国家的政策支持,内部创新机制,转变经济增长方式,内外形成合力,全面提升优势产业的集群化水平和国际竞争力。

(2)积极调整、优化产业结构,以信息化带动工业化,加快高新技术产业化。发达国家都是在工业化之后推行信息化,发展中国家及落后地区完全可以以工业化促进信息化,以信息化带动工业化,从而抢夺时间,发挥后发优势,在工业化的过程中推进信息化,实现生产力的跨越式发展,这是中部地区走新型工业化道路的必然选择,也是最佳方式。为此,一是针对中部6省信息化程度比较低的问题,加快现代信息基础设施建设,加强国民经济信息化建设,特别是企业信息化建设,通过信息化拓展优势企业的产业链、技术链、市场链,带动各省的产业结构调整,不断推动电信网络向数字化、智能化、宽带化和综合化方向发展,尽快构建高效率、广覆盖的政府信息化网络和企业信息化网络。二是针对中部6省高新技术产业规模小、发展慢的问题,要抓紧建立以企业为主体、产学研结合的创新体系,加强以重大产品和新兴产业为中心的集成创新,努力实现关键技术的集成和突破;要在国家创新体系建设过程中积极构建有差异化优势的省级技术创新体系,有重点发展各具特色的高新技术产业,为了实现对发达地区的追赶必须采用反梯度发展的工业推进战略,大规模开发高加工度和高附加值的产业,集中精力于一点或少数几点,重点突破,在某些领域首先实现跨越式发展。三是针对中部6省传统产业规模较大但竞争力弱的问题,对传统产业利用新型信息技术进行升级改造,使企业的核心技术水平得以提高,提升传统行业的生产效率和市场竞争力,培育中部6省传统产业的新优势。中部地区在信息技术方面有着较大优势,如武汉的光电子产业全国领先,而改造传统产业的技术基础是以电子信息技术为先导的先进制造技术,面对中部地区传统产业的大规模升级换代,发展空间和潜在市场巨大。四是把握自身具有比较优势产业与高新技术的契合点。根据中部地区发展情况的特殊性,不仅要加快高新装备制造业、信息产业、生物医药等高科技含量产业,还要注重传统劳动密集型产业的发展,努力为农民就业创造更多的就业机会,促进农村富余劳动力向二、三产业转移,以此实现相互促进,协调发展。中部地区人口多,特别是农村人口多,劳动力资源丰富,因此,发展容纳劳动力数量多而附加值相对较低的劳动力密集型产业,仍然是政府在制定产业政策和就业政策时所应考虑的一个重要方面。这不仅有利于解决就业问题,而且能够发挥区域比较优势,以廉价丰富的劳动力替代紧缺的资本,加快资本的积累,为工业现代化提供资金支持。

(3)以新型工业化推动城镇化,以城镇化支撑新型工业化,构建中部地区城乡统筹发展新格局。按照新型工业化的主要特征要求来发展经济,就必须坚持以工业化为龙头,以城镇化为抓手,通过工业化和城镇化的成功实践,走出一条以小城镇为载体,以中小企业为依托的工业与农业、城市与农村、市民与农民共生共荣、协调发展的路子。通过工业化和城镇化,把农村富余劳动力转移到生产率增长和市场空间可以无限扩张的工业和服务业中,从根本上解决中部地区众多人口争夺有限农村资源和市场的矛盾,为城乡一体化创造条件;通过充分发挥中心城镇中的中小企业和民营企业在工业化中的作用,将经济发展的重点放在改造农村的小农经济,推进农村的专业化分工上,使农业产业化或现代化真正成为工业化的主要内容,进而把更多的农民纳入工业化的轨道上,让更多的农民分享到工业化的成果。以工业化推动城镇化,就要舞好工业化这个发展和壮大经济的龙头,把工业化作为推进农村城镇化和农业产业化的核心来认真对待。要在走好新型工业道路的探索中,努力提升农村工业化的水平,通过县城和中心镇的集聚作用,建设好有县城特色的工业园区;

通过园区的带动战略,整合县内优势产业,吸引县内外的企业进入园区集聚,降低成本,提高土地利用率,集中治理污染,努力使园区成为县域工业的重要增长点、城镇化的重要支撑、扩大开放的重要载体。以城镇化支撑工业化,就要坚持工业化与城镇化协调发展的原则,加快推进农村城镇化。工业化是城镇化的基础,城镇化又进一步促进工业化水平的提高。因此,要在城镇化规划的基础上,推进城乡区划调整,有计划地实施"并镇""并村""并校"等工作,加快调整城乡布局结构。与此同时,加大城镇交通、电力、通信等基础设施的建设和市政公用事业的建设力度,把发展工业和第三产业与发展小城镇结合起来、与大力推进农业产业化结合起来。引导人口和生产要素向城镇集聚,为构建城乡协调发展、产业联动发展的经济发展新格局夯实基础,是中部地区走新型工业化道路的重要内容。

(4)切实落实以工补农、以工促农政策,着力解决"三农"问题。中部崛起的核心问题是解决"三农"问题。中部地区农业比重大,农村人口多,农业效益低,农民增收难,"三农"问题是制约中部崛起的瓶颈。解决"三农"问题是加快中部工业化的重点、难点、关键点。农业兴,基础牢;农村稳,天下安。

我国已经进入由农业向工业提供发展资源转变到实行农业保护政策的阶段。在遵守世界贸易组织关于农业方面的规则,充分发挥市场经济规律作用的前提下,实施对农业适度保护政策。这一政策体系要致力于提高农民收入与在质和量的两个方面提高农业综合生产力,以适应国际化的竞争。要大力实施农业科技政策、环境保护政策,合理的公共财政政策等,改善农民生产、生活条件。要在道路交通、信息网络等农村基础设施,农村自然环境治理和保护,医疗、养老等农民社会保障体系建设,农业生产、教育事业等方面加大政策扶持力度。

解决"三农"问题是加快中部工业化的重点、难点、关键点。在加快工业化进程的基础上,要切实落实"工业反哺农业"的政策。"工业反哺农业",对工业和城市来说,并不是一种牺牲,而是一种双赢的措施。工业和农业、城市和乡村都将因城乡协调发展而受益。工业的发展离不开广大农村市场。农民人数众多,他们的收入提高后,需求结构会改变,多样化的需求将为工业产品提供更大的市场,从而为工业的持续增长创造前提。对城市来说,就业岗位是在经济发展和人均收入提高以及由此引起的消费结构调整过程中增多的。通过"工业反哺农业",农村人均收入提高和农民消费结构改变,城市就业机会将增多了。还应当指出,随着经济增长方式的转变,企业对劳动力素质的要求必然越来越高。农村富余劳动力是工业劳动力的重要来源,因此加强对农村人力资源的开发,大力增加农村教育投入,这是"工业反哺农业"重要领域。

以工促农必须以新型工业化带动农村工业化。工业化的本质在于产业结构和劳动力结构的非农化,尤其是农村产业的非农化和农村劳动力的非农化。农村工业化的突破和推进,既是工业化的内涵,也是工业化的推动力。对于中部来说,由于"三农"问题突出,推进农村工业化是加快工业化的首要着力点和突破口。要做到这一点,一是要突出高新技术特别是信息技术对农村工业和农用工业的全面改造,重点振兴农村工业装备制造业,提升制造业水平,促进农村工业的装备、技术升级,使农村工业达到技术含量高、经济效益好、物质消耗低、环境污染少的新水平,实现可持续发展。二是要积极发展农副产品加工工业和食品工业,使中部由单纯的农副产品生产区变成农副产品生产和加工区。三是要大力推进农业生产的机械化和集约化、专业化水平,实现农产品的产业化和市场化,使中部农业率先实现工业化和现代化。

以工促农必须加快县域经济发展,增加二、三产业就业。中部地区约80%的人口在县域,约60%的生产总值是由县域经济贡献的。所以,加快县域经济的发展是统筹城乡发展,解决"三农"问题,实现工业化全面建设小康社会的重要基础和客观要求。

县域经济是区域经济发展的重要增长点,是工业化的重要支柱,也是中部地区农村富余劳动力转移的重要载体。县域经济由于其资源禀赋条件等的不同,经济发展呈现出各自不同的特色,三次产业的结构将体现出区域经济一体化和市场化中的分工特点,因此,县域经济的局部区域性特征会很明显。在县域生产资源的高级化配置过程中,中部地区实际上存在着巨大的效率增长空间和生产力发展潜力,它是中部地区工业化中最具活力的部分,也是最应该着力关注的增长点。随着农村劳动生产力的提高和现代农业的发展,县域经济中的二、三产业将是承载农业富余劳动力的经济空间,包括为现代农业进行产前、产中、产后服务的第三产业会得到充分的发展,使县域经济发展获得良性循环。因此,发展县域经济发展,增加二、三产业就业,显然是协调城乡发展、平衡收入差距、改变二元经济结构的重要切入点,是扬弃传统农业文明、培育现代工业文明的重要途径,是改变城乡人口结构、提高人口素质的基本手段。

(二)城市化

城市化亦称城镇化,是指在工业化的推动下,通过生产要素的集聚,城市的规模和功能逐步扩展,农村人口向城市迁移、就业并定居,城市人口占区域总人口比重不断上升,城市文明向农村普及的过程。所谓"新型城镇化"的"新型"是针对传统而言的,其核心内涵与传统城镇化有着本质的区别,它是在总结时代特征和中国特色的基础上提出的,不是单一、片面、盲目、消极、粗放的城镇化发展道路,而是多元、全面、明确、积极、集约的城镇化发展道路。主要涉及"四化同步"协调发展,人口、经济、资源、环境协调发展,城乡协调发展,区域协调发展以及大中小城市、小城镇协调发展,等等。

城镇化是工业化发展的基本土壤和必然结果,工业化是城镇化发展的基本动力和加速器。一方面,城镇化可以通过发挥人口、技术、资金等的聚集效应,为工业化提供市场机会和外部支持环境,从而实现城镇化带动工业化;另一方面,工业化可以通过转移农村富余劳动力,促进产业经济持续发展,为城镇化提供充足的劳动力、资金以及技术支持,从而实现工业化推动城镇化。从国内外实践来看,如果城镇化与工业化在时间上不能做到同步推进,在空间上不能做到"产城一体化"布局,则会产生一系列经济社会发展问题,同时制约城镇化与工业化的发展进程。因此,在新型城镇化建设过程中,要始终坚持新型城镇化与工业化同步协调发展,新型城镇化的推进离不开工业化的支撑。

1. 中部地区城市化的战略意义

(1)城镇化是实现中部地区跨越转型的强大引擎。中部地区深处我国内陆腹地,历史悠久,文化灿烂,既是中华文明的摇篮,也是承东启西、呼南应北的过渡区域,城镇作为二、三产业的主要载体,是经济社会发展的主战场,但在现代化进程中,较之沿海沿边地区,却形成了明显的发展落差。只有通过城镇产业升级与发展模式转型,引导富余农业人口向城镇有序流动,切实优化国土空间与经济产业结构,促进不同主体功能区的差异化发展,培育经济承载能力较强的区域发展增长极,才能积极、持续释放中部地区丰厚人文底蕴的巨大优势潜能,实行"弯道超车",加快后发赶超,促进经济保持中高速增长,不断迈向中高端水平,实现中部地区崛起的战略性选择。

(2)新型城镇化是中部地区城市群协调发展的内在要求。城市群是区域现代化发展的主要支撑载体。通过推进新型城镇化,培育并形成以城市群为主体形态、体系健全、定位明确、分工合理的大中小城市和小城镇协调发展新格局,以城市群和中心城市的驱导带动,引导生产要素合理流动和资源高效配置,加强区域产业分工协作,促进人口容量与经济增量的合理分布,推动区域竞争力整体提升,逐步消除区域差距,实现城市群协调发展。

(3)新型城镇化是加速中部城乡一体化发展的有力支撑。城镇化是农业现代化的重要引擎,城镇化提升农业农村农民的自我发展能力,能够有效带动农村富余劳动力转移就业,为发展农业适度规模经营,推动农业专业化、标准化、规模化、集约化生产创造有利条件;可以通过拉动农产品需求、促进农民就业、建设新农村,有效拓宽农民收入渠道,可以改变传统的农村土地、资本、劳动力等生产要素单项流动的发展模式,带动城市资金、技术、信息、人才等生产要素向农业农村领域延伸实现城乡要素平等交换。此外,城镇化是农村人口不断转移至城镇的过程,即农民的市民化过程,城镇化进程的加快可减少农民,而减少农民是繁荣农村经济的核心环节。新型城镇化注重以人为本、城乡一体、共享发展,通过城镇集群形态的集中发展,合理配置城乡一体化的现代基础设施与公共服务网络体系,是推动并支撑区域开放发展与协同发展,缩小地区差距和城乡差距,由此,新型城镇化将成为城乡一体化实现之内在驱动力。

2. 中部地区城市化的基本思路

(1)推进工业化和城镇化协调发展。中部地区应推动形成互动性的工业化与城镇化发展模式。城市化起源于工业革命,是以工业化为基础和前提,反过来,城市化又为工业化提供了物质和智力支持,城市化必须与工业化协调同步:一是加快现代农业发展,提升农产品加工业发展水平,加快农村工业化进程,促进非农产业就业比重高的农村地区加快转变为城镇地区,将从事非农产业的人口转变为城镇人口。二是积极承接沿海地区和国际产业转移,促进城镇产业结构优化升级。同时,加快现代服务业的发展,促进居民消费结构的升级和消费需求的扩张,提升非农产业的就业比重,带动工业化和城市化的协调发展。

(2)推动大中小城市与小城镇协同发展。一是中部地区需要加快城市群及中心城市发展,发挥其溢出效应和经济关联效应,使其尽快成为中部崛起的支撑点和增长极,推动中部地区城镇化建设,实现全面崛起。要加快发展各省域城市群或城市圈,如武汉城市圈、中原城市群、长株潭城市群、皖江城市带、环鄱阳湖城市群和太原城市圈等,重点发展长江中游城市群,进一步加快武汉、郑州、长沙、合肥、南昌、太原等城市的资源要素整合,促进产业集聚和结构升级,积极发挥城市群和大城市的带动及辐射能力。二是中部地区中小城市及县级城市规模较小,需重点择优壮大中小城市及县级城市,使其成为人口城镇化的重要空间载体。依托国内外产业转移大趋势,加快完善中小城市的产业体系,加快乡村工业和人口向镇区集聚,形成特色鲜明、功能互补的发展格局,积极创造就业条件,提高中小城市对农村人口的承载能力和吸纳能力。三是因地制宜、择优培育特色小城镇,搭建人流、物流、资金流、信息流,增强其自上而下的城镇化发展动力,发挥小城镇的辐射带动作用,促进基础设施和公共服务向农村延伸,加快农村人口的城市化,以充分利用中部充裕的劳动力资源,为城乡协调发展提供可能性,使小城镇真正成为中部城乡联系的纽带和桥梁。

3. 加快中部地区城市化进程的基本策略

(1)通过城市群战略拓展城市化的深度与广度。城市的集群发展成为当前城市化进程的一大鲜明特点。城市的群聚能够产生能量倍增效应。在城市群内部合理分工,打造由中心城市—大中小城市—乡镇农村所组成的包容互补和梯次发展的生产力格局,可以整合资源、突出特色,形成合理的产业发展链、技术扩散链、市场分工链,促进区域经济结构的不断调整和升级。而大中城市基于广阔的腹地提供的劳动力资源、能源原材料和市场空间,发挥自身创新能力强、经济效率高、经济势能强、带动效应大等优势,形成增长极,可推动区域城市化进程向更大的范围和更深的层次拓展。

中部城市群战略就是通过对中部城市结构、空间分布、发展战略的分析,并参照发达地区的现有城市发展结构,结合中部城市建设速度,制定能够优化城市结构,扩大城市规模,提高城市效益,增强辐射能力、完善城市之间协作机制的城市布局战略。第一,优化城市结构。实施结构优化就是要根据区域内城市的综合实力,对整个中部城市体系进行合理的层级划分,不同层级的城市,要有不同的城市定位和发展重点。同时各省应根据城市规模和城市发育程度的现状,确立各自的重点发展方向。根据6省城市功能层级和空间分布上的特点,确立中部城市结构优化的重点和目标:建立点轴开发五层级模式,强化龙头、培养极点,构建开放、合理、有序、单核、多极、多层次的城市群体系

（见表5-1）。同时，因为区域内各省城市发育程度各异，所以在扩大城市规模上应确立各自的发展重点：湖北省整体城市建设已经具备一定基础，今后的重点将放在依托武汉"1+8"城市圈的建设以及提高大中城市整体实力方面，使城市结构依次向上递增一级，建立更多的特大城市，同时有重点地建设一些特色小城市，逐渐解决本省"三农"问题。安徽省有较好的城市发展规模基础，但其绝对数量不足，在提升整个城市层级的同时要重点发展一到两个特大城市，并努力在现有经济发达城镇基础上，成立市级单位以增强聚集功能。河南省在城市数量上则具有相对优势，但是大、中城市明显不足，中小城市比例过大，应在城市建设中加强特大城市建设，使之向超大城市过渡，同时积极建设中小城市，努力向中等城市转变。湖南省的城市发展基础相对较弱，整体数量不足，主要问题体现在无特大城市作为核心。中小城市必须突破发展，部分转变成为中等城市。江西省整体城市规模偏小，大城市的比例严重不足，小城市比重过大，发展重点是推动中等城市向大城市转变、小城市向中小城市升级。山西省城市总量不足，中小城市比重过大，尤其缺乏大城市。发展重点在于在中小城市的发展基础上，激活城市发展能力，使部分中小城市能提升层级。第二，提高规模效益。中部地区的规模效益战略主要是针对中部城市群规模小、效益低的现状，大力发展城市经济，提高城市整体效益、提升城市经济规模，增强城市聚集能力，实现城市的水平跨越发展。实施该战略的关键主要在于：其一，充分发挥武汉、长沙、郑州等大型城市的产业创新能力和技术创新能力，全面提高中部城市群内超大、特大城市的综合竞争力，在中部建成具有一定世界知名度的国际化大都市。其二，构筑产业链，发展城市经济支柱产业，推动城市第二、第三产业的协调发展。目前，中部拥有数量众多的城市特色非常明显的城市群体，这些城市的特色产业一旦规模化、科技化，将大大提高城市功能，对整个中部地区的经济产生巨大的带动作用。其三，开发和建设以城市为依托的高科技工业园区，充分利用各城市较优越的科教资源，同时扩大城市规模和效益，树立城市科技实力和品牌，实现良性互动发展。其四，在中部6省建立双赢机制、建设共同市场。中部6省要在城市群的建设中打破地区较为封锁、城乡相对分割的经济格局,优化市场环境,实现产品和要素市场一体化。各个城市要实行工商联手,定期或不定期地召开各种类型的交易会,加大商品交流的广度和深度。从而真正在中部实现城市经济的一体化。

第三,实施点轴圈联动。城市对周边地区的辐射功能可以通过极点辐射、轴线辐射和平面辐射来实现。中部城市群建设的最终目标是培育具有竞争力的城市群,使城市的规模效应、聚集效应、辐射效应达到最大化,这就要求在提升龙头和极点城市综合实力,确立重点发展轴线,增强城市圈的聚集能力和整体实力的同时,搞好城市与城市之间,以及城市圈与城市圈的协作与联动发展。中部已初步形成以武汉为核心,以沿长江、京广线的两城市带为轴,以武汉"1+8"、湖南长株潭等为圈的城市群。点轴圈联动战略的实施是中部城市能否实现跨越发展的关键。

表 5-1　中部城市层级划分

层级	城市定位	城市分布
第一级	龙头城市	武汉
第二级	极点城市	郑州、合肥、南昌、长沙、太原、洛阳
第三级	次中心城市	衡阳、襄阳、九江、黄石、宜昌、株洲、湘潭、芜湖、安庆、大同、晋中
第四级	辐射节点城市	马鞍山、铜陵、南阳、荆州、临汾等大中城市
第五级	特色城市	中部中小城市及小城市群体

（2）强化"经营城市"理念,着力发展中心城市。大城市优先发展是城市化的客观规律,尤其在信息化时代,走可持续发展的新型工业化道路,更要求大城市的优先发展。因此中部地区的城市化战略应以大城市为基点,着力发展超大城市、特大城市,培育武汉、郑州等区域经济中心,同时推进现有大城市向特大城市的扩张,中小城市向大城市的演化。应该说,大城市在节约资源、保护环境、提高经济效益以及提高生活水平等方面都比小城镇要具有明显的

优势。王小鲁和夏小林(1999)发现不同规模的城市具有不同程度的聚集效应和外部成本。规模在 100 万—400 万人的大城市,净规模收益最高,达到城市 GDP 的 17%—19%;在超过这个规模区间后逐渐递减。而规模小于 10 万人的城市,无法发现净规模收益①。美国城市经济学家奥和亨德林(Au 和 Henderson,2006)使用计量经济学方法和中国数据,得到了类似的结论②。他们发现城市的净聚集效应首先随着城市规模上升而急剧上升,达到峰值后缓慢下降。中国城市的最优人口规模大致在 250 万—380 万人之间。依此标准评价,中国城市平均规模过小。亨德森(Henderson)还据此估算出,如果中国地级市的平均规模提高一倍,能够使其单位劳动力的实际产出增长 20%—35%③。针对中部地区现有的经济发展水平和城市体系结构,理应以发展大中城市为主导模式。由于人口众多,资源短缺和环境保护的压力趋紧,选择节约型和效益型的城市化就越有必要,这也会成为市场的自然选择。积极发展大中城市,提高有限资源的利用率,应该是市场经济条件下中部地区未来城市化的主旋律。当然,粗放型的扩张并不是发展大城市的内涵,提升城市竞争力才是城市发展的关键。中部城市的竞争力普遍羸弱,这就要求中部地区在城市化进程中注意“量化”的同时更要注重“质”的提高。依据倪鹏飞博士等研究结果表明,影响城市竞争力的主要因素依次是基础设施、人才、政府管理和资本等。具体分析中部地区主要城市竞争力现状发现,虽然因为城市的规模、区位、经济发展水平等方面的差异,城市竞争力的优劣势各有特点,但其主要的弱势方面仍然有许多共同点。依据对城市分项竞争力的排名表分析,中部主要城市在区位、人才、科技竞争力上反而有优势,武汉上述 3 项在全国排名分别是第 6、第 9 和第 3 位,郑州、合肥、长沙等省会城市也呈现优势;但在基

---

① 王小鲁、夏小林:《优化城市规模,推动经济增长》,《经济研究》1999 年第 9 期。

② C. Au, V. Henderson, "Are Chinese Cities Too Small", *Review of Economic Studies*, Vol.73, No.2 (July 2006), pp.549-576.

③ J.Vernon Henderson:《中国城市化:面临的政策问题与选择》,《城市发展研究》2007 年第 4 期。

础设施、资金、政府管理、企业管理和制度竞争力方面，中部省区的城市呈现普遍的弱势。以合肥为例，合肥市的结构竞争力和制度竞争力，分别为第43和48位，政府管理竞争力和企业管理竞争力尤其不够，分别排在第49和47位。基于以上分析，要提升中部城市竞争力的关键在于强化"经营城市"理念，通过制度创新，促进城市自然资源、基础设施资源和城市人文资源等优化整合和市场化运营，促使市长进市场，变传统"保姆型"政府为服务型政府，地方政府主要作为应着力于良好制度环境、创业环境和人文环境的营造，提高在市场化机制配置要素过程中的城市引力，而不是实施"项目战略"，从而真正做到转变政府职能，拓宽投融资渠道，提升城市的基础设施、政府和企业的竞争力，实现城市综合竞争力的进一步提升，推动区域中心城市的发展。

（3）加快产业结构调整、优化，推进城市化。中部地区城市化严重滞后于工业化、非农化，关键原因还是工业内部结构偏离经济发展阶段。中部地区作为我国最主要的原料、能源基地，工业结构过度偏重，但在现阶段中部的工业化水平还处于接近或刚达到工业化中期的初级阶段，没有相关产业的协同发展，赶超式的重工业化战略只能是发展原料采掘、简单加工等最低层次的重工业，经济效益与社会效益双重低效，不具备可持续发展能力。同时，低层次重工业的产品关联度低，难以带动地方相关产业的发展。并且，中部经济欠发达地区优先发展资金密集型的重工业也不符合比较优势原则，其结果必然是工业企业规模偏小，无法获取规模经济效益，难以打造具有国际国内竞争优势的产业。中部地区企业的这一弱质特征，与中部地区的城市化二者形成恶性循环，造成城市化和经济发展的低水平。因此，当前中部省份实施城市化战略的重点就是要着力于产业结构的调整，一方面借助先进的技术和中央可能的资金支持，改造传统的低层次重工业，延伸其产业链；另一方面，需要认准中部的比较优势在于劳动力资源优势，从而在产业政策选择上更多地关注劳动密集型产业的发展，不要盲目追求高技术含量、高附加值的现代重工业发展。此外，中部地区产业支撑及平台建设尚不完善，阻碍了产业结构进一步优化，中部地区应在传统优势产业基础上,积极承接国内外转移产业,优化产业布局,加强中部地区城镇化的产业支撑力。从产业转移来看,产业转移为中部地区农村富余劳动力转移就业提供了机会,促进富余劳动力的非农就业,并且通过延长产业链优化中部地区产业结构,加速产业向城镇集聚。东部地区向中部地区转移的劳动密集型加工制造业,吸引外出农民工回流到本地区就近就业,推动城镇化的进程。城镇化的推进可以集聚资本及劳动生产要素,城镇规模的扩张吸引产业不断集聚在城镇,同时,城镇基础设施的改善会促进承接产业转移。基于集聚经济效应,产业转移对城镇化的促进由外生作用逐渐转化为内生推动力,同时,带动相关产业和服务业的发展,吸引农村富余劳动力本地就近就业,极大推进中部地区城镇化进程。

(4)加强城镇基础设施建设和管理,推动公共服务全覆盖。城镇化建设的一个主要任务就是全面提升城镇的公共服务功能。制定科学合理的城镇化建设整体规划,国家投入紧紧围绕各地区城镇建设规划,加强基础设施建设,配套完善的公共服务是保障城镇居民生活的前提,也是促进城镇集聚人口的条件之一,有效增加城镇的向心力与吸引力。过去以物的城镇化发展为目标和特征的城镇化发展模式已经无法满足当前经济社会发展的要求,城镇化的核心是人的城镇化,加快建立和完善教育、交通、文化、医疗和体育等公共服务设施水平,为居民提供优美舒适的城市生活环境才是现代城镇化的必由之路。除了加强基础设施建设以外,还要积极建立城镇建设的长效管理机制,安排专项资金,用于试点城镇长效管理机制建设。地方政府应加强对城镇化进程、城镇人口增长、城镇的布局和规模等进行宏观调控,并形成科学管理城镇的有效实施机制。城市化的过程不仅仅是人口的空间迁移,更重要的是生活方式的改变和社会文化的转型,既包括工业文明,也应包括科教文化的进步,以及由此引发的经济体制变革。因此,在城市化进程中必须统筹经济、社会与文化的协调发展,切实保护好耕地、水源、自然环境、历史人文景观等宝贵资源,使城镇化可持续发展。

(三)农业现代化

农业是人类的衣食之源,生存之本,是国民经济的基础产业,具有举足轻重的作用及影响,而农业现代化是农业发展的一般性规律,也是当前经济社会发展的重要趋势,加快农业现代化发展进程是提升区域农业生产能力的重要举措,也是促进城乡统筹发展的产业基础。美国著名经济学家西奥多·舒尔茨指出,传统农业无法对经济作出重大贡献,只有现代化的农业才行[1]。农业现代化是相对传统农业而言,是传统农业向现代农业转变的过程[2]。它强调用现代科学技术装备农业生产,以科学方法组织管理农业生产[3],其实现途径是农业产业化、农业科技化和农业规模化,用第二、第三产业来提升农业,实现农业的优质、高产、高效、绿色和可持续发展[4],最终达到农业经济、社会和生态效益的统一。同时,农业现代化还是农业经营管理机制的现代化,它将带来农业生产关系的重大变化。其基本特征是:市场化程度高、普遍采用工业装备、广泛应用先进科技、产业体系日臻完善、生态环境受到重视。现代农业与传统农业的区别主要体现为:一是价值取向方面,传统农业的价值取向是自给型而现代农业的价值取向是市场型;二是产业结构方面,传统农业产业结构是仅注重农业一产的产业分割型,而现代农业产业结构注重农业的一产、二产和三产协调发展的联动型;三是经营方式方面,传统农业经营方式是粗放型,而现代农业则为集约型;四是劳动者技能方面,传统农业劳动者的技能是生产型,而现代农业劳动者的技能是经营性。

---

① [美]西奥多·W.舒尔茨:《改造传统农业》,梁小民译,商务印书馆2017年版,第5页。

② 王利民等:《农业现代化的条件与选择——潍坊市农业现代化理论研讨会综述》,《中国农村经济》1999年第6期。

③ 王如鹏、孙仕德:《论我国城乡二元社会终结的路径及制度选择》,《学术交流》2013年第10期。

④ 黄庆华等:《发达国家农业现代化模式选择对重庆的启示——来自美日法三国的经验比较》,《农业经济问题》2013年第4期。

1. 中部地区推进农业现代化的战略意义

西蒙·库兹涅茨(Simon Smith Kuznets)认为,农业在产品、要素、市场和外汇四方面对经济有着重要贡献①。农业现代化不仅对经济有着重大的贡献,也对城乡一体化的发展起着关键性基础性作用。农业现代化是城乡一体化的必要条件,没有农业现代化,城乡一体化也无从谈起。

第一,扩大供需规模,促进城乡经济互动发展。现代农业区别于传统农业的根本之处在于,其应用现代科技和现代工业组织方法,通过改造传统的农业生产方式、组织形式和生产关系,创造新的农业增长点,从而提高农业的生产效率。近年来,农业发展在种植技术、种子技术、生产技术等方面取得了重大突破。同时,在农业组织方式上也创新性地实践了"企业+农户"、农业产业集群、特色农业、农业合作社等组织形式。在新技术和新组织方式的共同带动下,农业新增长点的不断发掘,对农业的可持续发展提供了有效的保障。与此同时,现代农业的发展也保证了农业在城乡一体化发展中的基础性作用。一方面,现代农业通过提高农产品的产出能力,更好地保证了城市的全面发展。在城市化的进程中,劳动力在产业间的转移现象是一个重要的表象特征。从经济学的角度来看,由于农产品大多都是生活必需品,缺乏需求弹性,因此,随着劳动人口从农业转移到工业和服务业,农业劳动力所承担的城市非农劳动力需求便会增加,农业的生产压力自然也就加大,在此背景下,现代农业的出现很好地化解了农业生产的压力。由于农业现代化大量应用了先进技术和先进的农业生产组织形式,从而大大提高了农业的劳动生产率,使得更少的农业人口可以负担更多的农业生产成为可能。农业生产率和农业附加值的提高,使得农村劳动力的工资收入和利润收入(如农业合作组织的成员)均有了大幅提高的可能。在保障城市农业产品需求的同时,农业劳动人口则随着城市

---

① 袁娟、王丰阁:《农业增长动力机制国内外研究文献梳理及评述》,《商业时代》2013年第16期。

化而相对减少。因此，农业劳动力的单位收益也会相对提高。从消费理论来看，随着收入的增加，消费者在生活必需品的消费占比将会逐渐减少，而对于其他非必需品（如城市工业生产的工业制成品）的消费占比将会逐渐增加，从而使农村成为工业品消费的重要市场。与此同时，农业现代化又能为城乡经济发展提供广阔市场。现代农业的发展也在生产资料方面为城市工业提供了有效的需求市场。伴随着城市化的发展，农业劳动人口逐渐减少，为了保障城市对农业产品的需求，农业生产过程中显然存在"资本替代劳动"的技术进步过程。在这一过程中，资本最重要的外在表现便是农业的机器设备和化肥等生产资料。因此，农业现代化的发展，必然释放部分农村劳动力，农村富余劳动力不断从农业部门向非农业部门转移，从而为城市工业生产的"生产资料"提供了有效的需求市场和劳动力，城镇人口的增加也拓展了城镇化发展空间。

第二，增加农民收入，缩小城乡收入差距。发展现代农业是提高农业综合生产能力、增加农民收入、建设社会主义新农村的基础和关键，更是调整经济结构，转变经济发展方式，实现城乡统筹的核心。现代农业相对于传统农业而言，具有更高的产品附加值和生产效率，从而为农民获取收入提供了有效的保障。农村需求市场正是受到农民收入的直接的影响。因此，伴随着农民收入的不断增长，农村市场将会逐渐成为金融部门、贸易部门的重要隐形市场。当前，中部地区经济面临的结构问题，从根本上说是需求结构迟迟无法调整，从而影响了要素结构和产品结构的调整。在结构调整的过程中，最重要的是经济结构的调整。农业现代化的发展可以从根本上实现需求结构的调整，并在这一过程中同时实现要素结构和产品结构的调整。从需求结构来看，农业现代化在生产资料和生活资料两个方面均可为内生需求带来巨大的支持。一方面，现代农业的发展大大提高农民的收入水平，从而为城市的工业品创造更加广阔的需求空间，更为重要的是，在现代农业发展的同时，那些从农业部门转移到非农业部门的劳动力的劳动报酬也出现了大幅度的上升。劳动力之所以会在农业部门和非农业部门转移，是由于劳动报酬在两部门间存在显著差异，是劳动者理性决策的结果。因此,农业现代化可以大大提高劳动力资源在农业和非农部门的有效配置,提高整体经济的生产效率,这种生产效率的提升,为消费者收入增长带来了最基础的保障条件,是城乡收入差距缩小的重要途径。另一方面,现代农业的发展在生产资料方面,也可以大大促进内需的增长,减少经济增长对外需的依赖程度,从而实现需求结构的调整。现代农业对于生产资料需求的影响主要体现在农业部门与非农业部门的产业互动上。现代农业的发展将会促进农业对生物技术、信息技术的需求,从而引导城市工业和科研机构提高对相关技术的研发投入,这种研发投入具有非常显著的溢出效应,其研发的结构不仅可以适用于农业部门,也可以适用于工业部门,显然,这种技术需求的调整可以转换为物化后的工业品的需求,从而改变既有的工业品需求结构,实现城乡之间、产业之间的协同发展,转变需求结构。

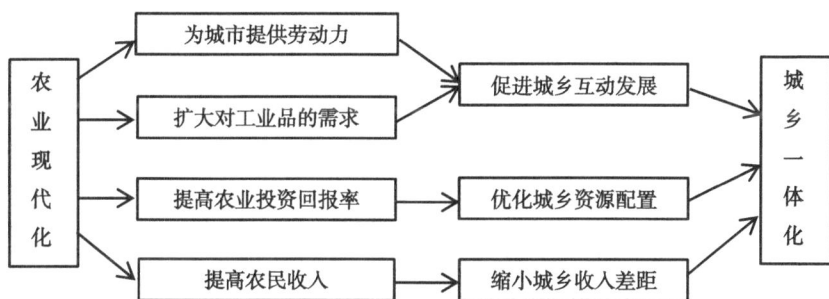

图5-1　农业现代化促进城乡一体化发展框架图

2. 中部地区推进农业现代化的基本思路

(1)着力提高农业生产率。中部地区是全国大宗农产品的主产区,同时也是人多地少经济欠发达地区,区域农业发展面临着确保农产品有效供给和解决富余劳动力出路的双重任务,农业现代化建设应特别注重农业生产率的提高,尤其要把提高土地生产率放在首位。

(2)大力推进农业科技进步。中部地区是一个科技资源比较优势较强的农业区域,同时又是一个资金和自然资源约束型的农业区域,农业现代化不能过多地依赖于资金、资源和物质的投入,而应主要着眼于依靠农业科技进步来推动。

(3)积极推行农业产业化经营。我国中部地区超小规模的农户家庭经营,表现出与现代农业建设的特定要求和日益发育的市场经济不适应。解决问题的有效途径,就是实行农业产业化经营,促进农业现代生产要素资本、技术、信息、人才与农业传统生产要素土地的结合,使农业成为一个能充分吸纳利用一切现代新生产要素的高效产业。

(4)努力实现农业可持续发展。中部地区作为我国农业发展的精华地带,肩负着我国大宗农产品商品供应的历史重任。农业发展必须十分注重保护耕地资源,改善农地生产条件,优化农地生产结构,增强农地生态功能,不断提高农地综合生产能力,实现农业可持续发展。

(5)千方百计增加农民收入。中部地区是我国大宗农产品主产区,纯农户所占比重大,农业收入是农民收入的主要来源。农业现代化必须特别重视实现农民增收。要跳出粮食农业、数量农业、原料农业的圈子,大力发展食品农业、优质农业、农产品加工业和运销业,延长产业链,增加附加值。

3. 加速推进中部地区农业现代化的对策措施

农村和农业发展是城乡一体化的一个基本点,农村和农业现代化是实现城乡一体化的必要条件和前提。农业现代化意味着农业生产手段、生产技术、经营管理、产权制度等方面发生深刻变化,也意味着农村经济和农民生活水平的不断提高。

(1)进一步提高农业产业技术水平。农业现代化的关键在于用现代技术改造和装备农业。农业技术水平低下是中国农业的普遍现象,提高农业技术水平就亟待进行,它是加快农业现代化进程的决定性力量。农业技术主要包括农业生物技术和农业机械技术,生物技术有利于土地生产率的提高,农业机械技术有利于农业劳动生产率的提高。对中部地区来说,实现农业现代化需同时重视农业生物技术和农业机械技术进步。为此,一是根据农业生产现代化发展态势,从着眼大农业、大市场、大科技和可持续发展的需要出发,建立与农业综合生产能力大幅提高相适应的农业科技创新体系,加大政府对农业科技创新的扶持力度,支持农业科技创新机构,增强农业技术自主创新能力;创新农业科技研发、科技成果转化和应用机制,构建适合中部6省省情的现代农业技术体系。二是加大农业科技的推广力度,并给予财政支持,以加速农业科研和农业技术适时转化运用,为农业发展提供坚实的技术支撑;突破单一政府包办型农技推广模式,建立公益性职能和经营性职能相分离,公益性机构、涉农企业和中介组织相协调,无偿服务与有偿服务相结合的新型多元化的农业科技推广体系。三是在抓好大江大河防洪工程建设的同时,强化农村基础设施尤其是道路水利等设施的建设,加强对中低产田改造和粮食安全示范区、优势农产品项目的田间灌排设施建设,逐步建成一批标准化基本农田,为农业技术和农业机械的运用创造适宜的外部条件。四是加大对农民运用农业机械等技术的补贴力度,弥补农民资金不足而缺乏运用农业机械的动力,以促进农业机械的广泛运用、提高农业机械化和设施化水平。五是搞好农业科技示范园区建设。通过试验、示范、辐射、扩散功能,把高新技术转化为先进实用技术,示范、带动农业现代化发展。

（2）加快构建新型农业经营体系。发达国家的农业经营方式仍以农业家庭经营体制为主,这主要是由农业的产业特征所决定的。中国也不例外,农业家庭经营将一如既往是最基本的经营模式。然而,小规模家庭经营存在成本高和生产率低等诸多缺陷,因此土地承包经营权可通过流转集中于种田能手、家庭农场、合作社和农业企业,以便实现适度规模经营。但即便如此,农业分散生产与经营仍将造成其势单力薄,无法抵抗市场风险,导致其在市场上处于弱势地位。同时,农产品生产越来越具有专业化、组织化和产业化倾向。这两方面均将催生农业经营主体成长,农业经营主体的多样化也将成为必然趋势。

在以家庭经营为基础上发展多种形式的合作，并逐步形成"多元化、多层次、多形式"的农业经营服务体系。放眼世界，美、日、韩等国都发展了多种形式的农业合作社，农民以合作社为依托，实现农业产业化生产并由此共同抵御自然风险和市场风险。为此，政府应积极引导和支持以行业或产品为纽带的各类民办的专业协会、研究会和合作社等农民自发的服务组织，发挥其在保护农民利益、沟通市场信息、组织产品运销等方面的作用。当然，要实现千家万户的小生产与千变万化的大市场的有效对接，必须大力发展农业产业化经营。

（3）培育发展新型农民。中部地区农业人口众多，基数庞大且质量偏低。农民所受教育较少，文化素质和科技素质偏低，留在农村务农的绝大多数是老人、妇女和儿童。农民劳动力老龄化现象不利于农业新技术的应用推广速度，农业生产率低难以提高。全面提高农民的素质和能力，使其成为"有文化、懂技术、会经营"且能发挥主体作用的新型农民对于实现农业现代化就显得特别重要。提升农民能力素质，一是大力发展农民职业教育。据统计，受过职业教育的35岁以下农村青壮年劳动力占比不到5%。为此，需加大职业教育的组织和投资力度。农民职业教育不仅有助于提升农民职业技能和科技水平，还有助于提升农民的精神文明、繁荣农村的精神文化。农民精神状态的改变会使其乐于接受新思想、新观念、新技术，更能符合现代农业对新型农民的要求，进而有助于农村经济增长方式和生活方式的改变。二是积极发展农民技能培训。农民职业技能培训应和农业产业化相结合，增强培训的实用性和针对性，使培训利益容易显现，从而激发农民接受培训的积极性，同时也增强培训效果。此外，农业经营主体应成为重要的培训对象，尤其是新型农业经营主体。新型农业经营主体是农业规模化、产业化和组织化的具体实施者，其科技技能和组织管理能力的提升无疑对其提高经营管理水平和市场参与能力进而对农业现代化的实现具有十分重要的作用。三是以立法形式明确教育培训机构、教育培训内容和教育培训对象，如日、韩等国均对农民职业教育培训有着完善的法律法规保障。这将有利于规范明确各相关部门的职责，确保教育培训效果,提高农民素质和能力。

四、中部地区推进城乡经济社会发展一体化的战略模式

(一)城市群(圈、带)带动模式

中部地区城市群目前已经形成以各自省会城市为中心的城市圈和城市群,包括武汉城市圈、皖江城市带、中原城市群、长株潭城市群、环鄱阳湖城市群、太原都市圈等六大城市群。除了上述城市群(圈、带)外,2015 年 4 月 5日,国务院批复同意《长江中游城市群发展规划》,这是贯彻落实长江经济带重大国家战略的重要举措,也是《国家新型城镇化规划(2014—2020 年)》出台后国家批复的第一个跨区域城市群规划。长江中游城市群是以武汉城市圈、环长株潭城市群、环鄱阳湖城市群为主体形成的特大型城市群,国土面积约 31.7 万平方公里,为世界之最,是长三角的 3 倍,珠三角的 5 倍,承东启西、连南接北,是长江经济带三大跨区域城市群支撑之一,也是实施促进中部地区崛起战略、全方位深化改革开放和推进新型城镇化的重点区域,在我国区域发展格局中占有重要地位。

《长江中游城市群发展规划》明确提出了 6 个方面的重点任务,其中第一个任务就是坚持走新型城镇化道路,强化武汉、长沙、南昌的中心城市地位,依托沿江、沪昆和京广、京九、二广等重点轴线,形成多中心、网络化发展格局,促进省际毗邻城市合作发展,推动城乡发展一体化。因此,应当把长江中游城市群建设成为中部地区的中心城市群,辐射和带动中部地区的发展。中原城市群可以作为中部地区北部发展的区域经济增长极,辐射和带动该地区的发展,并逐步在中部地区崛起中发挥更大的作用。中部地区的其他城市群应该努力把自己打造成为省级性经济增长极,并对中部地区的发展发挥越来越大的影响。在中部

地区城市群建设和形成过程中,各省应该加强各城市间分工合作,推进交通一体、产业链接、服务共享、生态共建,形成具有较强竞争力的开放型城市群,推进教育、医疗、信息资源共享,实现电信、金融同城,加快城市之间的一体化发展进程。同时,充分利用城市群带动作用,提高以城带乡发展水平,发挥县(市)促进城乡互动的纽带作用,把中小城市作为吸纳农村人口就近转移的重要载体,推动城乡之间公共资源均衡分配和生产要素自由流动。增强县城发展活力,支持有条件的县城逐步发展为中等城市,提高承接中心城市辐射和带动农村发展的能力。按照合理布局、适度发展原则,支持基础较好的中心镇逐步发展成为小城市,强化其他小城镇对周边农村的生产生活服务功能。推动基础设施和公共服务向农村延伸。有序推进农村人口向城镇转移,把符合条件的农业转移人口逐步转成城镇居民,享有平等权益。支持有条件的中心城市制定覆盖全行政区的城乡规划,建设内涵发展、紧凑布局的复合型功能区,推进城乡一体化进程。

城乡之间的联系集中表现为三个层次:①大城市与区域层次。大城市,如6个省会是中部地区城市群的焦点,带动和组织整个城市群区的发展是大城市责无旁贷的使命。这一层次是密切城乡联系、推动城市群可持续发展的龙头。②大、中城市与小城镇层次,属城乡关系的中间层次。大、中城市是小城镇发展的先导和信息传播中介,而小城镇产业开发具有较强的灵活性和变通性。大、中城市与小城镇的协调发展,即是建立了中原城市群内城镇体系的空间网络结构。③小城镇与乡村层次。乡村对小城镇的依赖程度甚至要高于大城市。小城镇是城乡关系发展和融洽的基础,它综合了城市与乡村两方面的特征,使其与乡村的联系十分密切。

(二)区域性中心城市带动模式

中部6省省会城市规模都比较大,有的300万人以上,有的500万人以上,但是,地级市的主城区规模都比较小。一个区域的发展要靠城市来带动,一个省是不能只靠省会城市来带动。根据国内外的经验,一个大城市,即使规模很大,辐射半径也辐射不到全省。每一个省的边缘地区,基本上都是欠发达地区。所以一个省仅发展省会城市是不够的,要发展区域性中心城市。中心城市的区域半径,比如说一个地级市一般的情况下半径 50 公里到 100 公里。那么,如果它的城市规模发展到 100 万人到 300 万人,辐射半径是 50 公里到100 公里,基本上和它的区域范围比较吻合,从中部地区的地级市规模构成来看,都只有一个超大城市,人口在 50 万—100 万的中等城市在数量上占据了绝对优势。地级市的中心城区一般都通铁路,通高速公路,基础设施条件也非常好,容易集聚产业。一个地区的产业集聚是有条件的。一个条件当然是交通,交通比较发达,这是产业聚集的第一条件。第二是有产业配套能力。第三要有人才,没有人才或人才不愿意去,那么企业尤其是现代化大企业是不会去的,这个城市是很难有发展前途的。最后是财政实力,比如说我们搞一个开发区,需要有完善的基础设施,一平方公里起码投入一个亿,十平方公里要投入十亿元甚至更多。一年要搞几个平方公里的工业园区,起码拿出五亿到十亿元来搞基础设施建设。作为县级财政很困难,但是地级市是可以做到的。因此,通过在各省的不同方位选择几个有发展潜力的中等城市(地级市),如湖北的襄阳市、宜昌市、十堰市,河南的安阳市、濮阳市、三门峡市、南阳市、信阳市、驻马店市,湖南的岳阳市、常德市、衡阳市、郴州市、永州市、娄底市等,把一个大的省区划分成几个小的子区域,把选取的中等城市作为各子区域的中心,让区域性中心城市聚集大量的产业,创造就业岗位,吸引人口,充分发挥其辐射带动作用来促进子区域的城乡经济发展,形成一种片状的发展格局。同时通过各中等城市与省会城市的功能配套和产业联系来加强子区域之间的相互作用,共同推进整个区域的城乡发展。

(三)县域多样化发展模式

城乡一体化发展,要结合当地实际,因地制宜地选择各具特色的模式。中部地区不同区域县域经济发展的区位、资源、产业基础等条件差异明显,历史积淀与发展进程不尽相同。近年来，各地在立足当地实际、因地制宜地加快县域城乡统筹发展的过程中，逐步形成了承接转移产业主导型、市场导向带动型、特色旅游资源开发促进型、农业产业化带动型、矿产资源开发带动型等发展模式。

1. 承接转移产业主导型发展模式

这种模式的特点是积极承接东部沿海和中心城市转移产业、发展现代工业，依托承接转移产业、接受中心城市辐射带动等，加快工业化进程进而推进城乡统筹发展。很多县域经济发展较好的地方都有数十年兴办乡镇企业的基础。皖江示范区内马鞍山、芜湖、铜陵、池州、安庆以及环鄱阳湖南昌、九江、鹰潭等市所辖县，区位优势明显、基础条件较好，人均 GDP 超过 45000 元，是中部地区极具活力的区域板块之一。这些县县域产业结构多以集聚发展工业为主，并且倚重承接和集聚发展长三角地区梯度转移产业来加快自身发展，形成了各具特色的支柱产业和拳头产品。

2. 市场导向带动型发展模式

市场经济是开放经济，县域经济也是开放经济。以市场为根本出发点，了解市场的需求和变化，同样能够促进县域经济的发展。这种以市场为导向的经济模式，县域主要城镇分布于水路与陆路、铁路与公路、山区与平原等交汇的地区，是大量的人流、物流与车船流的必经交通要道，交通的发达带来集市贸易的活跃和经济繁荣，灵活多样，有很强的适应能力，带动了县域社会经济的全面发展。如安徽省广德县、湖北省仙桃市、山西省长治县、河南省巩义市等。中部地区通过市场导向型来培育县域经济增长点，以县域内的自然、社会、人文资源以及历史特点为基础，发展贸工农、产供销、种养加一体化经营，从而推动县域经济整体发展。这种模式的最大特点是市场成为县域经济发展的桥梁和纽带，对系统的运行发挥着有效的调节和导向作用，在市场竞争中具有很强的应变力和自我发展能力。

3. 特色旅游资源开发促进型发展模式

中部地区不少县域内具有丰富的历史古迹、自然风光、民俗文化、特色人文旅游景观和特色自然旅游景观资源丰富,具有发展旅游业的优势。许多地区通过大打"旅游品牌"吸引四方来客,加快交通、住宿、餐饮等服务行业发展,不断吸引周边地区人口聚集,迅速完成了农村到城镇的"蜕变",借助旅游经济实现了县域经济的快速发展和县域城乡一体化发展水平的显著提高。据有关专家测算,旅游业每增加一个就业人员,社会就能增加 5 个就业机会;旅游收入每增加 1 个单位,当地 GDP 相应增加 4 个单位①。因此,旅游业的蓬勃兴起能很快带动当地交通、住宿、餐饮等一系列服务行业的繁荣,相应增加更多的就业岗位,拉动周边地区人口的聚集,完成"蜕变"。这些县中有代表性的有山西省平遥县、五台县,安徽省歙县、黟县、绩溪县,江西省婺源县、井冈山市,河南省开封市,湖北省神农架林区,湖南省凤凰县、武陵源区等。该模式的核心是对于县域特色旅游产品和旅游资源的开发要进行科学组织管理。有"明清民居建筑博物馆"美誉的黟县西递镇,2015 年,全镇财政收入 4008 万元,其中税收收入 3008 万元,社会固定资产投资 4.01 亿元,全年接待游客81.65 万人次,实现旅游直接收入 4306.09 万元,农村常住居民人均可支配收入为 12939 元。

4. 农业产业化带动型发展模式

农业产业化经营是农业大县县域经济实现城乡一体化发展的主要模式。如河南省禹州市、沁阳市、临颍县,安徽省全椒县,湖南省望城区,湖北省江陵县等。这种模式的特征是以农业产业化为催化剂,汇集人流、物流、信息流、资

---

① 王亦晨:《旅游业对国民经济发展的影响》,《法制与社会》2009 年第 31 期。

金流,大力发展农产品加工业,推动农村工业化,促进县域经济发展。该模式的发展思路是以市场经济为出发点,引导农民进入大市场,进一步提高农产品的商品化程度;以农、林、牧资源的深层次开发为前提,以乡镇企业为依托,使农业走上产业化、市场化、科学化和集约化的道路;以农业产业为途径,在农业发展的组织体系上推广"公司十农户"和订单农业,实行种养一条龙、贸工一体化,充分利用农业资源优势,建成一系列高产、高效的农业。

5. 矿产资源开发带动型发展模式

中部地区部分县域矿产资源丰富,通过开发当地矿产资源带动县域经济的发展。不少县域依托矿产资源的开发、加工和运输,不断集聚扩散商品、劳务、信息、资金,逐步发展成为地区商品、物资交换地,县域城乡经济依托矿产资源的开发而繁荣。县域经济高速发展、位列全国百强县的山西省河津市、孝义市,安徽省淮南市、淮北市,河南省巩义市、偃师市,湖北省大冶市等均属于这种发展模式。这种模式形成的主要条件是:当地有市场需求的丰富矿产资源;国家鼓励各种经济主体开发;矿产资源的勘探开发技术要求不高。然而,如果不能高度重视并采取有效措施解决好经济发展与环境保护的关系,矿产资源的开发对这些县域经济发展的带动作用将有潜在的减弱趋势。

6. 特色小城镇带动型发展模式

城镇化是现代化的必由之路,是破除城乡二元结构的重要依托。2015年《政府工作报告》指出,"城镇化是解决城乡差距的根本途径,也是最大的内需所在","提升城镇规划建设水平。制定实施城市群规划……方便农民就近城镇化"。① 小城镇带动农村,连接城市,既是推动经济增长和社会发展的强大引擎,也是统筹城乡发展、推进社会主义新农村建设的战略举措,是有效解决"三

---

① 李克强:《政府工作报告》,《人民日报》2015年3月17日。

农"问题、全面建设小康社会的现实途径。在新型城镇化建设中,大力抓好特色小城镇建设,大有可为。2003 年以来,湖北省相继出台了《湖北省人民政府关于加强城镇建设工作的决定》《湖北省建设厅、国土资源厅加快小城镇建设的意见》《湖北省人民政府关于进一步加快小城镇建设的意见》《中共湖北省委省人民政府关于加快推进新型城镇化的意见》等一系列深化推进城镇化建设的政策文件。在政策的支持下,湖北以"百镇千村"示范工程为重点,以"产业兴镇"为目标,从现实条件出发,突出小城镇发展重点,不断优化小城镇发展布局,大力提升小城镇功能和改善小城镇生产生活环境,各地小城镇建设取得了可喜的成绩,一批特色小城镇迅速崛起,涌现出了大冶市陈贵镇、大冶市灵乡镇、谷城县石花镇、大冶市还地桥镇、夷陵区龙泉镇、仙桃市彭场镇、监利新沟镇等一批各具特色、闻名遐迩的明星城镇。据调查,特色小城镇的特色产业已经成为小城镇发展的支柱产业。随着特色产业的集聚发展,产业链条的不断延伸,以及新农村的建设,特色产业吸纳了大量的农村富余劳动力就业,有力推动了农村产业结构的调整,使小城镇成为全省县域经济的重要载体和城镇化的基础支撑。

(四)传统农业地区城乡一体化发展的适宜模式为城乡等值化模式

传统农业地区主要是指中部地区的三大平原:两湖平原(江汉平原、洞庭湖平原)、黄淮海平原和鄱阳湖平原。"城乡等值化"是德国农村发展的普遍模式,是指不通过耕地变厂房、农村变城市的方式,使农村在生产、生活质量而非形态上与城市逐渐消除差异,使在农村居住仅是环境选择,当农民只是职业选择,并通过土地整理、村庄革新等方式,实现"与城市生活不同类但等值"的目的①。其中,"不同类",是指城乡的形态、规模、产业、景观的不同类,城乡的发展目标、生产和生活方式的不同类;"等值"是指城乡居民劳动强度、工作条

---

① 赵新娟、王淑娟:《加快城乡一体化进程的对策研究》,《经济纵横》2008 年第 3 期。

件、就业机会、收入水平、居住环境、社会保障和生活便利程度的等值。"城乡等值"不是城乡等同,也不是消灭城市或乡村,而是指在承认城乡社会形态、生产和生活方式等方面存在差别的前提下,通过大力发展生产力,使城乡居民享有同等水平的生活条件、社会福利和生活质量,共享现代文明。其转型路径为推动传统农业向现代农业、特色农业、精致农业转型,推动传统农民(从事农业生产的劳动者)向新型农民(有文化、懂技术、会经营)、城市居民转型,并创新农民合作组织,推动传统农村向社会主义新农村、新型农村社区转型,通过促使农业转型、农民转型和农村转型同步推进,实现农业增效、农民增收、农村繁荣。

(五)生态地区城乡一体化发展的适宜模式为城乡"流"调控模式

生态地区主要指大别山区、武陵山区、秦巴山区、神农架林区、三峡库区、丹江口库区及上游、鄱阳湖和洞庭湖湖区以及长江、黄河、淮河、湘江流域等。这些地区往往面临环境容量有限、生态脆弱性强、发展动力不足、发展路径受限、城乡差距较大、要素区域内外及城乡之间隔离性强且呈单向流动格局等现实制约,加之地域功能定位及开发方向的限制,要打破二元结构,推进城乡互动融合,就必须构建高效生态产业体系,提高城乡生态服务功能及其在区域中的生态位,提升自我发展能力;再通过区域间的对口经济援助和上级政府的财政转移支付,增强城乡发展的外援驱动力。为此,本研究确定生态地区城乡一体化发展的适宜模式为城乡"流"调控模式。所谓城乡"流"调控模式就是通过发展动力的增强、市场机制的完善、治理水平的提升和开放程度的提高,推动人口、物品、资金、公共资源、技术、信息、观念等要素在城乡间以及生态地区与其他主体功能区间双向、自由、对称、高效、顺畅、有序、规范、循环流动达至动态平衡,并对城乡各要素"流"载体、"流向"、"流量"、"流程"进行优化调控,进而构建可持续的生态安全格局与城乡互动机制,促进社会公正,实现城乡共生融合。调控路径为推动人口、物品、资金、公共资源、技术、信息、观念等要素"流"双向、自由、对称、高效、顺畅、有序、规范、循环流动;调控方式为城乡"流"载体、"流向"、"流量"、"流程"优化①。

五、中部地区推进城乡经济社会
发展一体化的战略路径

实现城乡经济社会一体化,就是通过体制和制度创新及政策调整,彻底打破城乡二元体制,调整"重城轻乡、重工轻农"的国民收入分配格局和政策偏向,把城市和农村、工业和农业、市民和农民作为一个整体,统筹考虑、统一谋划,促进城市和农村经济社会协调发展。中部6省城乡经济社会一体化已经进行了较长时间、很大面积的试点,创造了丰富的经验,打下了坚实的工作基础,形成了较高的跨越起点,到了全面推进的关键时期,应该乘势而上,顺势而为,进一步解放思想,科学设计,加大措施,全面推进,形成城乡经济社会一体化新格局。因此,我们提出"一个机制""四个支持""五个统筹"的路径探索。

(一)着力构建"一个机制",即建立以工促农、以城带乡的长效机制

建立以工促农、以城带乡的长效机制是实现城乡发展一体化的必然选择,也是解决"三农"问题的必由之路。中部地区总体已进入工业化中期阶段,社会结构出现了三个典型特点:一是城乡差距逐渐拉大,二是城镇化发展速度明显加快,三是经济增长主要以非农业产业为主。所以,根据国际经验,当下正是建立以工促农、以城带乡长效机制的时期,也是建立这个发展战略的最佳时期。要统筹城乡经济社会发展,就必须把城乡作为一个整体,统一规划,通盘

---

① 芮旸:《不同主体功能区城乡一体化研究:机制、评价与模式》,西北大学2013年博士学位论文,第206页。

考虑,加大对农业的支持和保护力度,发挥城市对农村的带动作用,使城市和农村相互促进、工业和农业协调发展,促进我国全面建成小康社会目标的实现。

要把推进城乡发展一体化这一战略决策落到实处,并取得显著成效,建立健全落实这一战略决策的长效机制至关重要。具体说,要建立健全以下几个方面的机制:

1. 要建立健全财政支农资金的长效增长机制

农业和农村经济的发展离不开资金投入。资金投入多寡是决定农业基础地位巩固程度、决定解决"三农"问题进程和效果不可或缺的重要因素。针对农村资金短缺的现状,我们应着力构建开放性、多元化的支农资金的投入机制,确保资金投入的可靠性和运作过程的稳定性。在开放性和多元化的投入机制中,至关重要的是加大财政支农资金的投入。根据国家财政收入20多年来年均保持两位数增长的客观现实,同时根据我国工业化现已进入工业化中后期发展阶段的客观现实,必须调整国家收入分配结构,建立财政支农资金的稳定增长机制。必须看到,尽管我国财政对农业支持呈稳定增长态势,但并未达到《农业法》规定的"中央和县级以上地方政府每年对农业总投入的增长幅度应当高于财政经常性收入的增长幅度"的要求。2000年以来,农业支出占财政支出的比例呈下降趋势,到2007年下降至最低点约为6.84%。从2008年开始,财政支农支出的比例出现上升,到2009年上升至8.81%,到2018年上升到9.55%,但始终不足财政总支出的10%,这一比重甚至比一些发展中国家还低,如巴基斯坦、印度、泰国等国家财政对于农业的投入都占财政支出的15%左右①。同时,我国的财政农支出增速远远低于财政支出的增速,这说明国家财政支农资金支出的力度和额度还很不够。我国财政支农支出与财政总

---

① 吴振鹏、胡艳:《财政支农支出与农民收入关系的实证研究》,《江汉论坛》2013年第1期。

支出的增速是不相匹配的,农业财政支出增长速度低于财政经常性收入增长速度,与我国农村人口所占比例,农业和农村经济在国民生产总值中所占份额相比,显然是很不相称的。

要改变这种状况,建立财政支农资金的长效增长机制,必须按《中共中央国务院关于建立健全城乡融合发展体制机制和政策体系的意见》要求,合理调整国民收入在工农之间和城乡之间的分配格局,合理调整财政支出结构,健全财政投入保障机制。第一,各级政府必须提高依法执政的自觉性,严格按照《农业法》的规定,全面落实对农业与农村的预算支出,严格执行预算,确保每年用于农业支出的增长幅度要高于财政经常性收入增长幅度,每年财政支出的增长水平要高于上年财政支出的增长水平。水利、气象部门的事业费和农业综合开发资金支出占财政支出比重也要逐年提高。严格按照《农业法》约束各级政府对农业的投入行为,明确各级政府对农业投入的事权、财权关系,确定政府农业投入资金的来源渠道,规定农业投入的方向和重点。各级人大要对此加强监督。第二,要按照建立公共财政体制的要求,合理调整中央与地方财政的支出格局,进一步强化中央和省级政府支持农村公共事业,特别是农村基础教育的职责及投入的力度,建立规范化的农村义务教育转移支付制度,从而减轻县乡财政对农村义务教育的沉重负担,改变县乡财政资金主要用于和偏向农村教育的状况,以便让县乡财政腾出资金,加大对农业的投入。第三,要遵照统一规划,明确分工,统筹安排的原则,改变财政农业资金多部门、多渠道、分散管理的方式,整合现存的多项支农资金,集中财力,突出重点,尽可能减少同一项目、多头支持的局面,切实提高支农资金的使用效率。

2. 建立健全政府对农业的长效补贴机制

鉴于农业是国民经济的基础产业,同时又是具有高风险的弱质产业,因此对农业进行支持和保护是政府的重要责任。世界上几乎所有的国家对农业均实行补贴保护。我国是世界上对农业保护水平较低的国家之一,近年来我国加大了对农业的补贴范围,如对农民的粮食生产补贴、良种补贴和农机具购买补贴。一要加大补贴资金的数量和规模。我国加入世贸组织议定书规定,我国农业可从国家获得不超过农业总产值8.5%的补贴,实际上我国对农业补贴现在只占农业总产值的2%,未来补贴的空间很大。从我国目前的经济实力看,经济总量规模已具备扩大对农业补贴的能力。可以循序渐进,由点到面,适当扩大补贴的数量和规模。二要突出重点,把增强农业生产能力作为补贴的主要目标。对农业的补贴包括多个方面,除继续对种粮农民实行直接补贴外,还可选择其他与农业生产发展直接相关的补贴项目,以有效地支持农业产业的发展。在政策取向和手段上,以土地等基础设施投入、农业科研投入、农业生产资料补贴和价格支持为主,提高农业现代化水平。对农业基础设施投入,包括农村公路、农村通信、农村能源、农村水利等,可改善农业生产和农民生活条件;对农业科研创新和农业技术推广资金的补贴,可提高农业核心竞争力;对农用生产资料的补贴,可在一定程度上降低农业生产成本;策略性用好价格支持手段,可对粮食实行最低收购价格制度。三要逐步加大对农村公共产品的投入补贴,主要是农村基础教育、农村合作医疗、农村社会保障等方面,特别是对落后地区和弱势群体的公共产品供给,中央应通过财政转移支付努力提高其供给水平。此外,政府还应加强服务职能,积极提供对农村的公益服务、解决市场机制的缺陷问题。如加大对农民培训的支持力度,加强动植物的疾病防治、市场信息服务、食品质量安全监测等方面的政府免费服务。

3. 建立健全征收征用农村土地的长效补偿机制

土地是农民最基本的生产资料,是农民劳动和生活的重要场所和生存基础,当前要贯彻以工促农、以城带乡的方针,必须通过深化改革,从体制上和法律上建立健全征用农民土地的长效补偿机制。注重公平原则,严禁用低价强制征收征用农民耕地,坚持用合理的价格补偿农民,使土地的征用有利于富裕农民而不应造成大批农民因失地陷入贫困,有利于缩小城乡差距而不是增加社会矛盾和扩大社会不公,真正让广大农民共享改革开放的成果。改革土地征收征用制度,保护农民对土地的合法权益,一是必须实行严格的土地保护制度,从严控制征地规模。要切实遵守对非农用地的审批权限和审批程序,严格执行土地利用的总体规划。要抓紧建立耕地保护责任考核体系,把是否珍惜土地、保护基本农田作为考核各地政府政绩的重要内容。二是不能滥用土地征用权,明确界定政府征用土地的权限和征用范围。要废除土地占用审批权与土地占用费挂钩的做法,打破批地越多,预算外收益越多的机制。公益性用地也应较大幅度提高土地补偿费和安置标准,为失地农民提供能够参加失业、医疗又养老保险费用,解决农民的长期生活问题。对经营性用地,应允许进入土地一级市场,建立经营性用地的市场定价机制。对政府出让征用的农村集体土地获取的净收益,要规定一定比例投资农业,改善农业生产条件。三是要改进补偿办法,妥善安置失地农民。对经营性土地,要允许土地的所有者以土地使用权入股、出租等方式直接参与土地开发。也可实行以土地换保障方法,即将土地补偿费和安置补偿费作为社会保障资金来源,让失地农民享受社会保障待遇。四是引入听证制度。要提高土地征收征用的市场公开性和透明性,确保被征土地农民有充分的知情权和参与权,强化社会监督机制。

4. 建立健全推进城乡一体化的长效工作机制

建立健全以工促农、以城带乡的体制机制是一项长期的系统工程,内涵丰富、领域广阔、任务艰巨。要建立健全这一长效机制,就是要倡导各方面力量积极出思路、提建议、当参谋、解难题,加强政策协调、纠纷调解和组织领导,从工作体制上建立强有力的保障。重点是以下 3 个方面:一是必须建立相关的政策协调机制。各级政府建立的城乡一体化建设(工作)领导小组,不仅要赋予其建设方面的决策部署、检查考核职能,还要赋予其以工促农、以城带乡方面统一指挥、政策协调职能。有关"三农"方面的政策文件,必须经由领导小组审核签发、统一出口。二是必须建立利益纠纷的调解机制。目前,各种社会矛盾凸显。需要有一个权威的"三农"工作机构来保持"三农"政策的稳定性和连续性,将政策制订和实施逐步纳入制度化和法治化的轨道。三是必须建立健全城乡一体化建设的督查考核机制。要坚持以科学发展观为指针,建立上下左右全方位的信息通报制度,抓紧制定既要全面又要突出重点,既要能量化又要可操作,既要有统一的标准又要体现分类指导的城乡一体化建设的督查考核指标体系和实施办法。组织部门要把城乡一体化建设考核的实绩作为各级领导干部能力和政绩考核的重要内容,确保城乡一体化建设的各项工作扎实有序地推进。

(二)着力完善"三个支持"

1. 构造城乡合一的金融体系实现对农村的"金融支持"

推进城乡统筹发展,进一步加强农村工作,提高农业综合生产能力,实现粮食增产、农业增效、农民增收,还必须有广泛而高效的信用活动和金融运行做保障。由于农村金融仍是整个金融体系中最薄弱的环节,县、乡、村等基层地区经济发展相对滞后,金融瓶颈问题突出,金融基础设施不健全,金融生态环境较差,从总体上看,农村金融资源严重不足,金融扶持缺失已成为影响和制约农业发展的主要瓶颈,在一定程度上影响了城乡一体化建设的进程。因此,针对农村金融需求的状况和特点,加强引导,充分发挥信贷资金的作用,从根本上改善金融对农村的供给状况,进一步提升农村金融服务的能力和水平,建立顺应城乡经济社会一体化发展要求的农村金融体系,是有效推动城乡经济协调发展的重要途径。

(1)深化区域金融改革,丰富农村金融服务主体。一要继续深化农村信用社体制改革,为发挥其农村金融主力军作用提供制度保证。应按照国务院出台的农村信用社管理体制改革方案,真正把农村信用社办成产权清晰、管理科学、约束机制强、财务上可持续发展、坚持商业性原则,主要为"三农"服务的金融机构。对于支持"三农"的部分政策性贷款要给予适当的利率补贴；在截住农村存款净外流的同时,适当增加农村信用社再贷款的额度。对于以服务"三农"为重点的农村信用社,地方政府应通过免征利息税、适当降低营业税收政策和所得税率等办法提供必要的支持。农村信用社内部应进一步深化管理机制改革,转变经营理念,改善服务条件,提高员工素质和信贷水平。二要加大商业银行的支农力度,扭转农业银行出现的离农倾向。应抓紧制定县域内各金融机构承担支持"三农"义务的政策,明确金融机构在县及县以下机构网点新增存款用于支持农业和农村经济发展的比例。农业银行在农村吸收的存款应优先贷发给农村,农业发展银行应重新定位,真正发挥政策性金融机构的作用,在确保国家粮食收购与供给任务完成的前提下,重点承担起农村基础性中长期融资职能。三是在现有的基础上,鼓励金融机构在农村和县域地区增设分支机构或网点,延伸金融支持城乡一体化建设的服务范围；加大力度扶持农村金融机构发展,对涉农金融机构和业务实行有区别的金融政策,增强农村金融机构的经营活力；在有效防止金融风险的前提下,还应积极探索建立更加贴近农民和农村需要,由自然人或企业发起的小额信贷组织。鼓励和引导民间资本积极参与建立覆盖广泛的地方金融组织体系,增加农村金融机构类型,优化城乡金融资源的配置。

（2）引导信贷资源向"三农"倾斜,平衡城乡发展信贷资源。一是构建金融支持城乡一体化建设的长效激励机制,积极落实县域法人银行业机构将一定比例存款投放当地的政策,增加对农村和县域的信贷资金投入；二是推动金融机构开发面向"三农"、服务中小企业的特色信贷产品和金融工具,同时通过信贷政策倾斜、地方提供财政贴息和建立农村金融担保基金等方式,鼓励金融机构提高涉农信贷投入；三是合理运用金融管理手段,建立科学有效的评估机制,对农村金融机构货币政策执行效果进行评估。对达标机构执行比同类机构正常标准低1个百分点的存款准备金率,允许其按新增贷款一定比例申请再贷款并享受优惠利率。

（3）创新融资方式，开展多种形式融资。一是探索开展多种形式的农村产权抵押融资。在不违反法律规定、财产权益归属清晰、风险能够有效控制的前提下，通过完善农村产权登记制度、建立农村产权流转平台等，引导金融机构创新农村融资方式，针对地方产业发展特点和新型农业经营主体的融资需求，开展包括农村土地承包经营权等在内的农村产权抵押贷款业务。二是支持符合条件的农村金融机构进入银行间同业拆借市场和债券市场融资，进一步扩大其支农资金来源渠道，支持涉农金融机构进一步提升支农实力。三是利用多层次资本市场支持农业现代化发展。支持优质农业企业在境内外股票市场改制上市，在"新三板"和区域股权交易中心挂牌并开展股权质押融资、发行私募债等业务，利用债务融资工具开展多种形式的直接融资。

（4）加快完善农村金融基础设施，改善城乡金融生态环境。一是依托现代化支付系统，通过吸收符合条件的农村金融机构加入大小额支付系统，或鼓励商业银行代理农村信用社的支付结算业务，改善农村支付环境，加快农村资金周转，提高"三农"资金的使用效率。二是加强对农村地区支付结算金融知识的宣传，在广大农村推广符合当地实际的非现金支付工具，做好银行卡助农取款等特色服务工作，逐步缩小城乡之间的金融服务差距。三是建立健全农村信用体系。建立农户信用信息系统和信用评级标准，不断优化农村信用环境；在此基础上，加快统一信用信息市场的形成，实现城乡信用信息资源共享和全覆盖；同时，加强对农村居民等弱势群体的征信知识与金融消费者知识教育，培育和增强农村居民的信用意识与金融消费者安全意识，培育城乡信用文化，构建农村良好的金融生态环境。

（5）完善农村金融风险分担补偿机制，构建多元化的农村保险保障体系。一是扩大政策性农业保险的覆盖面，按照"政府支持、市场运作"的原则，加大财政补偿力度，提高保障水平。二是推广自然灾害公众责任保险，加快建立健全保险参与灾害应急和补偿机制，将保险纳入自然灾害应急体系，发挥保险在"三农"防灾减灾和灾后补偿方面的作用。三是加快环境污染责任保险、火灾公众责任保险、安全生产责任保险和餐饮综合责任保险等险种在农村基层的推广和普及,以发挥责任保险在促进农村公共安全体系建设中的作用。四是提高广大农村居民补充医疗保险、大病补充医疗保险、意外伤害保险的保障水平和覆盖面,力争解决广大农民"因病致贫、因残致贫、因病残返贫"的问题。五是发挥扶贫捐款、民间捐助资金的作用,成立涉农信贷担保基金,健全涉农信贷担保机制,努力降低贷款风险。

2. 通过人才的培养和制度创新来实现对农村"智力支持"。

中部地区城乡发展从人才支撑角度主要体现在四个方面,一是培养新型农民,二是重点培养农村科技人才,三是引进外部人才,四是突破人力资本障碍,其中的关键在于政策和制度的制定、完善与实施,以及过程的跟踪与监督。

(1)培养新型农民。在推进城乡统筹建设的工作中,农民是农村建设的主体之一,其素质状况决定着统筹建设的成败,人才培养是提高农民素质的根本途径。把提高城乡劳动者素质作为开发和利用人力资源的关键途径,推进城乡以人力资源开发为目标的普通和职业教育、培训计划,缩小城乡之间人力资源素质差距。全面加强以农村为重点的人才教育,不断扩大优质教育资源,着力实施教育公平。大力发展适应农业发展需要的农业技术人才培训体系:城乡协调的职业技术教育,面向县域、镇域经济的高等教育,城乡统筹的基础教育和终身教育。通过办农民夜校、技术培训班和农业高新技术示范讲座等多种方式,充分挖掘和整合各种教育资源,发挥各类学校的教育辐射功能,建立起不同层次、不同类型的教育之间互相衔接的机制,多途径、全方位地把农民培养成新农村建设所需的"有文化的、懂技术的、会经营的"新型农民。

(2)重点培养农村科技人才。中部地区很多省份都面临着农村科技人才短缺问题,主要原因是农村科技人员的经济待遇差,相关权益得不到保障,导致其工作积极性不够,人才队伍不稳定。因此,推进城乡一体化要注重农村科技人才的培养。一是加大政府对农村科技人员的支持力度,提高其收入,保障农村科技人员的权益不受侵犯；二是鼓励农村子弟通过职业教育，学习与当地特色产业相关的技术，提高科技人员的数量；三是政府组织对农村科技人员进行培训，提高其服务能力；四是对中部地区科技人员给予特殊津贴，引导其更好地为农业生产服务；五是加强对落后地区农村的农民科技强农的意识教育，提高农村科技人员的地位和农民对发展现代化农业的认识。

（3）引进外部人才。目前中部农村地区紧缺人才包括农业科技工作者、农业产业化高新技术人才和农村经营管理人才。在高校就业状况比较紧张的形势下，吸引大学毕业生到农村工作可以满足农村对管理人才、技术人才的需求，是解决农村人才匮乏问题的捷径。城乡统筹建设需要的是能够扎根农村、全心全意为农村服务的人才，在引进人才计划的实施过程中，必须加强对引进人才的思想政治教育，使他们具备全心全意为农民服务的思想，兢兢业业为农民排忧解难、为农村的发展出谋划策，始终坚持以"推动农村发展、实现人生价值"为奋斗目标。

（4）突破人力资本障碍，解决人才短缺瓶颈。由于受经济发展水平影响，中部地区人力资本的积累不够，一方面高素质的人员短缺，另一方面人才流失问题较为严峻，为此要在以下几个方面实现突破：一是为优秀人才提供良好的发展环境，提高生活待遇和工作条件；二是为人才提供专项支持，由政府拨付和社会捐助基金构成，主要用于专门人才的科学研究及创业等工作；三是设立高层次人才补贴基金，对在中部工作的高层次人才，由政府出资实行补贴政策；四是对领办、创办科技企业的科技人才在税收上给予一定的优惠；五是在职称评定时等方面给予高级人才更多的倾斜政策；六是注重中青年才的培养，中青年人才是中部地区现有人才的主体，为这些人才创造良好的生活环境和工作环境，使他们能心甘情愿地为中部经济社会发展贡献自己全部智慧和才能，把那些拥有专长的突出人才放到关键岗位上和主要项目上，担当骨干或带头人，真正使他们人当其用、用当其所。

3. 通过政府的科技开发政策来实现对农业发展的"技术支持"

（1）工业企业要着力提升自身的技术创新水平和经济管理水平，为农民提供质优价廉的农业生产资料，并以先进的技术装备武装农业，提高农业机械化水平，进而提高农业劳动生产率。一方面，国家要将农业机械化的发展列入国民经济发展计划，加大农业机械的研发力度，生产出适应农产品生产、加工、贮藏全过程需要的先进农业机械；另一方面，对农民购置大型新型农业机械实行补贴政策，加强对农业机械化的引导。

（2）以新型工业化带动农村工业化。新型工业化要突出高新技术特别是信息技术对农村工业和农用工业的全面改造，重点振兴农村工业装备制造业，提升制造业水平，促进农村工业的装备、技术升级，使农村工业达到技术含量高、经济效益好、物质消耗低、环境污染少的新水平，实现可持续发展。

（3）加强农业关键技术研发。切实加大国家对农业科技研发的投资力度，大力培育优质、高产、安全的农作物新品种和健康、专用的动物新品种，重点推广新品种使用、耕地保护与节约利用、减灾增效、节水灌溉、动植物重大病虫害防控等关键性农业技术，并促进产业融合技术。加快研究农民最迫切、与农民生产生活直接相关的科技，如"从田间到餐桌"全过程技术的集成和应用，农村住宅、生产生活废弃物处理和循环利用等关键技术，以及在农村社区发展中应用的可再生能源技术。

（4）通过实施新的人事政策和农业开发政策，引导、鼓励、支持城市党政干部、专家学者、学有专长的技术人才和企业家下乡担任志愿者、投资兴业、行医办学、法律服务等方式服务农村发展，有组织地开展科技人员下乡活动，加大城市技术人员对农村的支持力度，实现城乡知识、信息、技术和人力资本的共享，优化城乡劳动力结构和技术结构，提高城乡的要素配置效率。鼓励国有大中型企业参与新农村建设，推动中部地区6省城乡一体化发展。目前国有大中型企业从最初的捐款捐物等公益事业领域，逐渐拓宽到企业入驻，带动产业发展、小城镇建设,开展农民培训,解决农民就业、村庄规划和人居环境治理等多个领域。同时,随着农村社区化管理试点工作推进,国有大型企业也参与到农村新社区的社会建设和社会管理领域中。各省积极开展国有企业对接重点镇活动,通过各种途径,促进农民就业。同时鼓励国有大型企业、省属国有企业到乡村旅游、开会、参与采购农副产品,促进农村地区经济发展和民生改善。

(三)着力推进"五个统筹"

1. 统筹城乡规划和土地利用,优化城乡一体化发展布局与空间

(1)坚持用科学理念指导规划制订。一是要站在"五位一体"全面、协调、科学发展的全局高度来统筹。既不能单纯追求经济指标,走高投入、高消费资源,甚至先污染、后治理之路,也不能只注重经济高速发展,不注重文化、社会、生态文明建设,致使一些人信念动摇、理想空虚、道德失范,一些地方生态环境恶化、产品过剩、资源浪费过大。而是要从经济到社会到文化发展,从生产到生活到人的全面发展,从生命到生态、人与自然和谐,政治、经济、社会、文化、生态"五位一体"全面科学发展的战略高度来统筹、来思考。二是要从本地各区域、各行业、各要素、各群体全面发展的全域广度来把握。既要考虑到各区域、各产业、各城镇发展,也要考虑到各群体生存环境的改善、生活水平的提升、需求的满足,还要考虑到各要素有序流动、相互衔接、相互配套、相互推动,发挥最大的效应和作用。既要考虑到区域、产业、要素,也要注重空间、时间,从区域、产业、要素到全域、全局的角度来把握,决不能顾此失彼。三是要用工业化、城镇化、信息化、农业现代化同步推进的全面角度和力度来谋划。既要有利于工业产业结构调整、优化、提升,也要有利于农业规模扩大、科技含量提升、附加值的提高,还要有利于城镇建设发展、功能的完善、品位提升,更要有利于信息互通、资源整合、科技含量提高,力争以工业化推动城镇化和农业产

业化,以城镇化带动城乡一体化、农业现代化、工业化发展,以信息化推动"三化"同步、协调、全面发展。做到规划制定理念新、立意高、特色明。

(2)坚持用科学原则引导规划制定。一是要立足实际,聚集优势。要立足本地产业、城镇、经济、社会发展实际和需要,聚集区位、资源、人文、交通、科技、生态、环境等优势,通过规划的统筹引导,使各区域、各产业、各要素、各群体、各资源有效整合,发挥最佳效应,促进区域、城镇、产业发展,人文价值、科技含量的提升,各人群全面发展,与自然和谐共处。二是要差异发展,体现特色。要从自我角度、历史比较,找准不足,发挥自我优势和特色;也要体现特色,决不能盲目跟风,重复建设,照搬照套,浪费资源、财力和物力;还要从长远发展需要出发,适应全国、全世界新挑战、新需求,培植新的特色,使自我发展的产业产品、管理体制机制永远处于领先地位。三是要市场导向,要素互动。要彻底废除计划经济传统规划理念和原则,尊重自然、市场、社会规律,坚持市场导向。既要立足现实市场需要,也要适应未来市场需要;既要考虑到本地市场发展需要,也要考虑到全省、全国乃至全世界市场发展需要,用市场机制配置资源,引导产业、城镇科学布局,适度发展,促进各要素合理流动。四是要优化布局,拓展空间。规划的目的就是要聚集优势,整合资源,形成强大发展能力和内在活力,不断优化布局,拓展发展空间、保护生态、节约资源,做到城乡一体,地上地下统筹,产区、园区、镇区"三区"融合,三产业协调,四化同步,"五位一体",最大限度节约、利用资源,减少不必要浪费,为城乡一体化发展营造良好的发展环境。

(3)坚持用科学方法制订规划。制订城乡一体发展规划,坚持从实际出发是基础、是前提,采用科学方法是途径、是关键。一是要高端设计。要站在"五位一体"全局的高度,用全域的广度和四化同步发展的角度全面了解实际,准确把握现状;用联系的观念、发展的思维、世界的眼光,正确把握发展的态势及未来的走向;精心设计规划方案,突出规划的主题,完善规划的内容,体现规划的特色,使规划更具有科学性、指导性、操作性、前瞻性。二是要深入论证。能否准确把握实际，深入论证是关键。要组织专家、学者和实际工作者，认真研究，深入论证，把握内在规律，并上升到一定理论高度，使制订的规划既有现实基础，也有一定的理论高度，还有说服力、影响力和感召力。三是要科学评估。一个好的规划，既要看它是否全面反映了客观现实，有很强的针对性、现实性；也要看它是否凝聚了所有优势，实现了优势的最大化，有很强的特色性、科学性；也要看它是否充分节约、利用资源，杜绝了不必要浪费，实现了资源使用的效益最大化，有很高的实效性、效益性；更要看它是否代表城乡人民的心愿和需求，适应了发展的需要，有很强的指导性、前瞻性。

（4）坚持用科学的标准评价规划。做到总体规划总揽全局、全面科学，专项规划主题突出、特色鲜明，区域规划统筹城乡、全面协调；各项规划相互补充衔接，相互配套完善，形成城乡统筹、产业互补，资源整合，目标明确、特色鲜明，布局合理的城乡一体化发展的规划体系。

（5）坚持用科学体制监督规划实施。科学管理、监督体制是督促规划落实的保证。根据乡镇规划人员素质和水平，建议将规划制订、修订、实施、监督权上调一级，做到村镇规划，县级审批，市级备案，乡镇专门机构协管，村（社区）配合管理；县级规划，市级审批、监管，省级备案、监督。同时，要强化舆论监督、群众监督，社会监督及责任追究，努力形成多元一体监管体制和机制，任何单位或个人无权修改、修订，或变向不执行。还要上升到法律高度，严格依法依规制订、执行、修订、完善规划，自觉接受人大监督、法律监督，确保规划的科学性、规范性、严肃性。

2. 统筹城乡产业发展，推进产镇融合，壮大城乡一体化发展的支撑与实力

从城乡统筹发展的要求出发，当前的核心问题是实现城乡资源要素合理配置，积极引导，促进城市工业、服务产业进军农业领域，推动城乡产业融合，从根本上提高农业生产经营水平。

（1）科学定位，错位发展支柱产镇。一是要立足实际、科学定位。城镇应坚持以经济为基础，以产业为支撑，以规划为先导，以改革创新为动力，以改造提升为手段，以改善提高民生为重点，走特色多样、节约友好、兴业宜居、"一体三化"同步发展之路。产业应各具特色，差异发展，结合本地实际，适应现实和长远发展需要，改造提升传统产业、兴建特色产业、培植新型产业、发展高科技、绿色环保、高效特色产业，努力打造多元一体的产镇体系。二是要集聚优势，打造特色。要因地制宜，集聚本地资源、区位、人文、交通等优势，适应政治、经济、社会、文化、生态发展需要，大力发展产品加工、生态旅游、绿色环保等产业。三产服务型等产镇，走产镇特色化、集约化、规模化、专业化、环保化、现代化之路。三是要上下联动，分层推进。发展产镇，资金是关键。要上下联动，整合资源，加大投入，提高资金使用效益；坚持分级负责，政府引导，市场运作，企业、民营、个体平等参与，分层分步合力推进。

（2）以工促农，带动产镇全面发展。要始终坚持政府健全政策措施，推动以工促农、以城带乡；运用市场机制，促进生产要素向农村、城镇有序流动，相互融合、相互促进、协调发展。一是要以工带农，壮大产业规模。引导企业、公司、民营、个体向农村有序集聚，发展原料生产基地、辅助工业、零配件配套生产，延长产业链，壮大产业规模；拓展市场服务，加强产业、技术、信息、管理咨询、指导、服务，提升产业综合效益和服务能力，推动产镇发展壮大。二是要合资合作，合力打造特色产镇。引导激励各要素、资源向农村、城镇集聚，投资创业、合资合作，采取项目整合、股份合作、企业投资、农民合资、招商引资等多种途径，合力打造特色产镇。三是要对口支援，兴建新型产镇。要组织城市有关部门、企事业单位、社团组织和个人，自愿支援城乡一体化发展，充分发挥自身优势，主动为农村提供资金、项目支持、技术、智力、人才、政策支撑、信息、市场、产品、设施等综合服务，充分利用现有资源，联手新建新型产镇。

（3）培植龙头，壮大产镇规模效益。经济实力，是发展的基础和前提。一是要制订产镇标准，创立产镇品牌。要组织专家、学者、实际工作者，深入调查研究，科学论证评估，尽快制订产镇行业标准及规范，引导产镇全面实行标准化质量管理，创最佳质量标准管理产镇，不断提高经济、社会效益和影响力。二是要加强技术创新，打造精品名牌。市场竞争、关键是技术的竞争。龙头企业、龙头城镇，都要实施名牌战略，加强核心技术研究、攻关，全面提升整体技术、管理素质和水平，创立精品名牌，不断提升核心竞争力和综合效益。三是要创新体制机制，健全法人治理结构。农业现代化，科技管理现代化是关键。一定要引导龙头企业、龙头城镇健全法人治理结构，明晰职、责、权，完善科学管理机制，规范决策机制，健全高效运转机制、多元监督机制，带动农产品深加工、服务业、绿色环保、新型产镇发展，不断增强城乡一体化发展的动力与活力。

（4）健全机制，发展壮大产镇集群。机制，出合力、出动力；管理，出效益、出水平。一方面，必须着力推进以县城为载体的新型城镇化，大力促进县城增长极与扩散效应的生成，改善区域辐射力与溢出效应，培育专业镇，优化城镇的功能布局与产业分工，构建具有区域比较优势的产城（镇）融合发展机制。另一方面，建立健全"产—园—人"的联动机制。发挥比较优势，突出主导产业，布局产业园区，打造产业集群，依托多主体参与、多要素聚集、多业态拓展，以"三块地"（城镇规划区内建设用地、农村耕地和乡村建设用地）的盘活为支点，构建多样化的社会投资撬动机制、放大机制和可持续机制，拓宽资金筹集渠道，加大投资力度，通过"以产业入园区，以园区扩镇容，以城镇带人动，以人动带地转"，推进土地集约化、产业园区化、人口聚集化，形成"产业集聚、园镇一体、产城融合"的发展新局面。

（5）创新科技，提高产镇效益水平。随着产业专业化、规模化发展，必须创新科学技术，健全科技服务，提高整体科技水平和效益。一是要健全科技服务公司，完善科技服务。应引导城乡建立健全优良品种试制、土壤改良、农机肥制作、农资供应、生物防治、科技培训、产品营销、农机耕作等科技服务公司、平台和体系，为农业产业化、城乡一体化建设提供技术、信息、种子、肥料、机

械、农资、营销等科技服务。二是要创新经营体制,提供规范优质服务。适应
发展需要,坚持市场运作,通过自愿协商合作,签订定向、订单、专项等服务合
同协议,明确双方职责、义务、报酬等有关事宜,规范综合系列服务,确保服务
质量和双方合法权益。三是要健全落实扶持政策,优化科技综合服务。根据
农业产业化、城乡一体化发展,应规范、整合涉农扶持政策资金,切实将农机补
偿、土地平整、粮食补贴、蔬菜补贴等扶农政策落到直接经营生产者手中,维护
农民生产者的合法权益。同时,要进一步健全扶持政策、专项补贴,以促进科
技服务专业化、现代化、长效化,全面提高产镇综合效益和水平。

3. 统筹城乡基础设施建设,构筑城乡一体化发展基础与平台

实现城乡一体化,健全设施是基础、是条件,而健全基础设施,资金是关
键。筹措资金就必须创新投资体制机制,打造融资平台,单靠政府投资是有
限的。

(1)科学规划布局,健全"六网一体"网络体系。一是要适应发展需要,健
全基础设施网络体系。统筹城乡,统一规划,重点构建交通、水利(排灌、防
洪、抗灾、饮水、排污)、能源(电力、沼气)、信息(广播、电视、电话、手机)、市
场、环保(减排、防毒、防尘、清洁、绿化)等"六网一体"的基础设施网络体系。
二是要统筹规划协调,分责分级推进。坚持谁投资、谁负责的原则,加强"六
网"分管部门及建设工程公司的统筹协调,按照统筹规划布局和要求,分责分
级同步推进地上地下尤其是管网建设,尽量减少或杜绝重复挖建,浪费时间、
人力、财力。三是要强化目标责任,加强建设管理和维修。强化投资主体责任
和监管及建设单位的监督,加强建后管理及维修,确保建设、管理、维修的质量
和水平。

(2)创新投资体制,构建多元化投融资管理模式。市场经济条件下,应建
立公正、平等、公开、有序投资环境,激励多种投资主体参与竞争,形成公平竞
争、优胜劣汰的态势,以提高投资效益和效率。一是要适应市场发展需要,建

立科学投融资体制。应建立科学投融资管理体制,力争实现投融资机制科学化、投融资渠道多元化、投融资模式市场化、投融资平台一体化。二是要培植投融资主体,拓展投融资途径。支持社会建立民营、合资公司,参与基础设施公平竞争,吸收更多的社会资金参与基础设施建设。扶持农民合资建立股份公司,参与基础设施扶助设施建设。三是要创新融资模式,构筑多元一体融资平台。中部地区应结合各省和各地实际,借鉴国外融资模式和国内投资经验,在经营性或非经营性基础设施建设中可分别完善、改造、推广 BOT、BT 模式,试行 ABS 模式,试点 PFI 等模式。

(3)健全科学监管机制,提高投融资效益。一是要完善投融资责任机制,提高投融资效益。强化投融资责任制,坚持谁投资谁负责、谁受益,加强监管及责任追究,确保投资质量和效益。二是要建立投资积累机制,合理配置资源。应赋予政府投资主体一定的融资权,扩大融资范围。三是要完善投融资监管及风险评估机制,增强投融资主体的积极性。建立健全从上到下、自始至终投融资多元一体监管、考评机制,加强投融资风险监测、评估、考评,减少投融资风险,提高投融资效益和水平。

4. 统筹城乡劳动就业,促进农村劳动力有序转移

(1)建立覆盖城乡的职业培训体系。通过外出务工,一部分人实现了脱贫致富,一部分人基本可以养家糊口,还有很大一部分人却挣不到钱,甚至连基本生活都维持不了,因此,摆在各级政府面前的任务不仅仅是帮助农民工走出去,更重要的是如何帮助农民工走出去富起来。根据我们调查统计分析,经过1—2个月短期培训的农民工务工收入可增加10%;经过培训获得职业资格证书外出的农民工比未培训的农民工工资一般高出30%以上。由此可见,提高农民工收入的关键是要提高农民的素质,只有提高农民工的文化素质和劳动技能,才能使其获得稳定的更高的收入。

(2)建立城乡就业服务体系。在当前积极推进城乡一体化的进程中,一

是要统筹制定城乡就业规划。将城乡劳动力统一纳入市、乡(镇)经济和社会发展规划,把转移就业和技能培训两项指标作为领导班子考核的重要指标,制定农村劳动力开发就业规划,打破城乡界限,营造城乡劳动者凭知识学历和职业技能竞争就业、平等就业的环境。二是加强社会资源的整合,完善覆盖城乡劳动者的就业服务组织体系,建立健个基层公共就业服务网络,强化政府促进就业的公共服务职能,完善乡、镇(街道)劳动保障事务站、社会劳动保障服务站、村劳动保障协理员三级网络服务功能,完善城乡人力资源市场信息联网,形成信息广覆盖、实时共享,方便农村劳动力查询就业信息,登记求职。三是加快完善公共就业服务制度。进一步拓展公共就业服务范围,把农民上纳入社会公共就业服务体系,推动城市公共就业服务进一步普遍向农民工开放,切实落实免费提供政策咨询、就业信息、就业指导和职业介绍等各种基本的就业服务。四是加强制度建设,切实保障农民工劳动权益。全面建立工资支付保障制度,从根本上解决拖欠农民工工资问题,建立欠薪预警机制,全面推行劳动合同制度,制定和推广劳动合同范本,推动各类企业与农民工签订劳动合同,加强劳动仲裁工作,对困难农民上减免相关费用,实施法律援助。

(3)建立完善的覆盖城乡的社会保障体系。社会保障体系是农民工转移就业的"安全网",要按照统筹城乡、协调发展的要求,加快社会保障体系建设。一是强制推行工伤保险,让农民工受伤有人管。工伤保险对农民的保障作用很明显,有了工伤保险,农民工受伤后,将会得到妥善治疗,对于企业工伤保险也起着重大的支撑作用。工伤保险通过基金的互助互济功能,分散不同用人单位的工伤风险,避免用人单位一旦发生工伤事故便不堪重负甚至破产。因此,加大工伤保险扩面力度,特别是保证采掘、机械、建筑、化工等高风险行业企业参加工伤保险,落实工伤农民工的各项待遇,是十分重要和必要的。二是完善医疗保险办法,实行大病医疗救助,着力解决农民工大病医疗问题,让农民工病有所医。三是推进养老保险各项改革。探索适合农民工特点和要求的养老保险办法,重点解决养老保险关系的跨区转移和接续问题,城镇招用农民工的单位,应与农民工签订劳动合同,完善劳动用工手续,建立劳动关系并按有关规定参加企业基本养老保险,缴纳基本养老保险费。

(4)加强劳动保障监察。为了切实维护劳动者的合法权益,为求职者营造一个良好的就业环境,同时,也为了维护依法经营、依法办事企业的权益,为诚信守法企业营造宽松的用工环境,劳动保障部门应该加大劳动保障监察执法力度,认真清理整顿劳动力市场,严厉打击非法职业中介行为,净化劳动力市场秩序,引导广大劳动者求职找市场;同时,严肃查处不规范的用工行为,指导企业依法用工、规范用工,严肃查处侵害农民工合法权益的违法、违规行为。要加大《劳动法》《工会法》《劳动合同法》等劳动保障法律法规的宣传力度,督促和指导企业严格遵守劳动保障各项法律法规。同时,加大劳动监察部门的执法力度,强化监督检查机制、定期开展专项检查,加强经常巡查,督促用工单位与农民工依法签订并严格履行劳动合同。

5. 统筹城乡公共服务和社会管理,增强城乡一体化发展活力与动力

完善基本公共服务,是城乡一体化发展的纽带,是促进城乡一体化发展的活力与动力。

(1)健全服务网络,完善服务内容。一是要适应城乡居民需求,健全"八位一体"公共服务网络体系。随着城乡一体化发展,城乡居民对基本公共服务的需求范围要求更广、标准更高、质量更优,一定要不断适应城乡居民的需求,逐步建立健全城乡教育、就业、社保、卫生、救助、住宅、文体、安全等"八位一体"公共服务网络体系。这是推进城乡一体化发展的重点和着力点。应坚持以民为本,以适应满足城乡居民需求为目的,以健全公共服务网络体系为基础,以完善、统一服务标准和待遇为目标,以增强公共服务持续支撑能力为重点,以优化服务队伍和质量为保障。二是要加强网络体系对接,实行信息资源共享。要加强"八位一体"网络对接、互联、互通,做到信息收集、整理、储存、

互通、互享,人员标准统筹、衔接、互通,困难问题协商、交流、研讨,待遇资金统一办理、审核、发放、监管。三是要健全服务平台,完善服务内容。要整合资源、职能,健全政府综合服务中心和基层服务平台、窗口。一般应由市级审核、县区级监管、乡村级办理,做到上下贯通、网络互联、职责明确、政策衔接、服务配套、管理规范、审核严格、服务优质。主要提供社保、医疗、就业、救助、住房等待遇审批与办理、岗位信息、教育培训、政策法规咨询、纠纷调解、权益保护等综合系列服务。

(2)加强政策标准衔接,分层分步推进。政策是实行均等化服务的保障,范围是衡量政策科学性、实效性的体现和标准之一。一是要适应城乡居民需求,完善政策标准。应立足本地和全省实际,科学确定基本公共服务标准。坚持人民需求额度、政府财政承受程度、生产力发展力度相统一。二是要加强标准衔接,缩小相互差异。根据各省生产力发展水平和财政支撑力度,目前各省城乡标准待遇相当于2/3之间趋于合理(与城乡居民纯收入相当),特困救助与一般居民待遇标准也是相当2/3为宜,并要随着生产力发展和财力增强,逐步提升待遇标准,扩大覆盖范围,缩小相互差异,真正由照顾性转变为普惠性,少数性转变为整体性,临时性转变为长期性。三是要规范申报办理程序,严格审批管理。要进一步规范完善各类政策待遇标准享受、申报、办理程序,确保各项待遇及时、准确落到实处,维护好城乡居民合法权益。

(3)强化服务监管,提高服务水平。一是要优化服务队伍,强化服务责任。二是要强化人员培训,提高服务能力。强化法规规定、政策标准、服务态度、服务程序、规范、技能的培训,不断提高服务能力,以优质服务实现服务的公平性。三是要严格考评监督,提升服务质量。要强化服务全程监督和目标责任考评及责任追究,不断提高服务质量和水平。

参 考 文 献

白水秀、岳利萍：《陕西城乡一体化水平判别与区域经济协调发展模式研究》，《嘉兴学院学报》2005 年第 1 期。

白永秀：《城乡二元结构的中国视角：形成、拓展、路径》，《学术月刊》2012 年第 5 期。

白永秀：《后改革时代的关键：城乡经济社会一体化》，《经济学家》2010 年第 8 期。

白志礼、欧阳敏：《我国城乡一体化的阶段性及其量化分析》，《西北农林科技大学学报（社会科学版）》2010 年第 6 期。

陈文胜、王文强：《当前湖南城乡一体化发展研究报告》，《湖南城市学院学报》2013 年第 3 期。

程水源、刘汉成：《城乡一体化发展的理论与实践》，中国农业出版社 2010 年版。

迟福林：《城市化与城乡一体化》，《学习时报》2010 年 1 月 4 日。

崔功豪等主编：《城市地理学》，江苏教育出版社 1992 年版。

崔红志：《我国中西部地区农村医疗卫生现状与问题》，《调研世界》2012 年第 6 期。

党国英：《关于城乡经济社会一体化的若干认识问题》，《理论探讨》2009 年第 6 期。

邓大才：《论我国"三农"问题的特殊性》，《中州学刊》2003 年第 1 期。

《邓小平文选》第一卷，人民出版社 1994 年版。

《邓小平文选》第二卷，人民出版社 1994 年版。

《邓小平文选》第三卷，人民出版社 1993 年版。

方辉振：《论形成城乡经济社会发展一体化新格局的必然性》，《中共南京市委党校学报》2008 年第 1 期。

费孝通:《中国城乡经济发展道路》,《中国社会科学》1993 年第 1 期。

奉灵芝、方宁:《中部崛起》,《中国对外贸易》2006 年第 7 期。

[法]昂利·圣西门:《圣西门选集》第 1 卷,董果良、赵鸣远译,商务印书馆 1979 年版。

[芬兰]伊里尔·沙里宁:《城市:它的发展、衰败、与未来》,顾启源译,中国建筑工业出版社 1986 年版。

高文宇:《安徽城乡一体化路径新探》,《江东论坛》2010 年第 G00 期。

顾益康、许勇军:《城乡一体化评估指标体系研究》,《浙江社会科学》2004 年第 6 期。

郭亮华等:《宁夏城乡一体化发展测评研究》,《国土与自然资源研究》2012 年第 1 期。

郭晓鸣等:《城乡经济社会一体化新格局战略研究》,科学出版社 2013 年版。

国家统计局国民经济综合统计司、国家统计局农村社会经济调查司:《中国区域经济统计年鉴—2013》,中国统计出版社 2013 年版。

国务院发展研究中心发展战略和区域经济研究部、中部六省政府发展研究中心联合课题组编:《中部崛起:战略与对策》,经济科学出版社 2006 年版。

何雄:《城乡发展一体化的路径和机制创新》,中共中央党校出版社 2014 年版。

洪银兴、陈雯:《城市化和城乡一体化》,《经济理论与经济管理》2003 年第 4 期。

胡锦涛:《高举中国特色社会主义伟大旗帜　为夺取全面建设小康社会新胜利而奋斗——在中国共产党第十七次全国代表大会上的报告》,《人民日报》2007 年 10 月 25 日。

湖北省委财经工作领导小组办公室:《五个层面构建湖北新农村建设格局》,《湖北日报》2010 年 11 月 21 日。

华中煜:《我国城乡二元结构的制度障碍与破解之路》,《理论导刊》2010 年第 1 期。

黄盼:《城乡一体化建设的实践与思考——以河南省济源市为例》,《中国农业信息》2014 年第 2 期。

黄庆华等:《发达国家农业现代化模式选择对重庆的启示——来自美日法三国的经验比较》,《农业经济问题》2013 年第 4 期。

[美]霍利斯·钱纳里等:《发展的型式 1950—1970》,经济科学出版社 1988 年版。

江泽民:《全面建设小康社会开创中国特色社会主义事业新局面——在中国共产

党第十六次全国代表大会上的报告》,《求是》2002 年第 22 期。

蒋大国:《高起点推进湖北城乡一体化——湖北经验总结及发展对策建议》,《政策》2013 年第 10 期。

靳拥军:《基于因子分析的重庆市城乡经济社会一体化发展研究》,《管理现代化》2011 年第 1 期。

[美]J.弗农·亨德森:《中国城市化:面临的政策问题与选择》,《城市发展研究》2007 年第 4 期。

《江泽民文选》第一卷,人民出版社 2006 年版。

《江泽民文选》第三卷,人民出版社 2006 年版。

李安泽:《努力探索统筹城乡一体化发展之路》,《学习与研究》2011 年第 9 期。

李建礼:《大冶市推进城市一体化发展的实践与思考》,《传承》2011 年第 29 期。

李俊:《立足转型创新思路推进城乡一体化建设》,《前进》2011 年第 2 期。

李克强:《政府工作报告》,《人民日报》2015 年 3 月 17 日。

李锐:《农村公共基础设施投资效益的数量分析》,《农业技术经济》2003 年第 2 期。

李同升、库向阳:《城乡一体化发展的动力机制及其演变分析——以宝鸡市为例》,《西北大学学报(自然科学版)》2000 年第 3 期。

《列宁全集》第 4 卷,人民出版社 1995 年版。

《列宁选集》第 2 卷,人民出版社 1995 年版。

《列宁选集》第 3 卷,人民出版社 1995 年版。

李雪松、伍新木:《改革开放以来中部地区的发展战略:理论演进与政策思路》,《学习与实践》2008 年第 12 期。

李志杰:《我国城乡一体化评价体系设计及实证分析——基于时间序列数据和截面数据的综合考察》,《经济与管理研究》2009 年第 12 期。

厉以宁等:《中国城乡统筹发展报告(2011)》,社会科学出版社 2011 年版。

林毅夫:《关于制度变迁的经济学理论:诱致性制度变迁与强制性制度变迁》,载盛洪主编:《现代制度经济学》(下),北京大学出版社 2003 年版。

林毅夫:《加强农村基础设施建设启动农村市场》,《北大简报》2000 年第 13 期。

刘光杰:《中国经济发展战略理论研究》,武汉大学出版社 1995 年版。

刘恒新:《农机购置补贴实施方法思考》,《农机科技推广》2012 年第 6 期。

刘红梅等:《中国城乡一体化影响因素分析——基于省级面板数据的引力模型》,《中国农村经济》2012 年第 8 期。

刘谟炎:《城乡发展一体化的实践探索与理论思考——基于江西省的实证》,《江西农业大学学报(社会科学版)》2013年第1期。

刘生龙、胡鞍钢:《交通基础设施与中国区域经济一体化》,《经济研究》2011年第3期。

刘伟等:《我国四个直辖市城乡一体化进程比较与评价》,《北京社会科学》2010年第4期。

陆铭、陈钊:《城市化、城市倾向的经济政策与城乡收入差距》,《经济研究》2004年第6期。

陆学艺:《破除城乡二元结构实现城乡经济社会一体化》,《社会科学研究》2009年第4期。

吕连生:《安徽城乡一体化发展的特色和经验》,《安徽日报》2013年4月15日。

吕连生:《中部地区城乡一体化特色和发展新对策》,《江淮论坛》2013年第6期。

骆永民:《中国城乡基础设施差距的经济效应分析——基于空间面板计量模型》,《中国农村经济》2010年第3期。

马尚云:《精准扶贫的困难及对策》,《学习月刊》2015年第19期。

[美]钱纳里等:《工业化和经济增长的比较研究》,吴奇、王松宝等译,上海三联书店1996年版。

[美]乔·奥·赫茨勒:《乌托邦思想史》,张兆麟等译,商务印书馆1990年版。

[美]西奥多·W.舒尔茨:《改造传统农业》,梁小民译,商务印书馆2017年版。

[美]弗兰克·劳埃德·赖特:《宽阔的田地》,中国工业建筑出版社1992年版。

[美]刘易斯·芒福德:《城市发展史》,倪文彦、宋峻岭译,中国建筑工业出版社1989年版。

《马克思恩格斯全集》第27卷(上册),人民出版社1975年版。

《马克思恩格斯选集》第4卷,人民出版社2012年版。

《马克思恩格斯全集》第3卷,人民出版社2003年版。

《马克思恩格斯选集》第1卷,人民出版社1995年版。

《马克思恩格斯全集》第1卷,人民出版社1972年版。

《马克思恩格斯全集》第4卷,人民出版社1958年版。

《马克思恩格斯全集》第20卷,人民出版社1973年版。

《毛泽东选集》第一卷,人民出版社1991年版。

牛若风、夏英:《农业产业化经营的组织方式和运行机制》,北京大学出版社2001年版。

农业部课题组：《城乡一体化协调发展的生动实践与成功探索——"长沙现象"与"望城模式"解析》，《湖南日报》2012年9月13日。

农业部农村社会事业发展中心课题组：《"长沙现象与望城模式"解析（中）——长沙望城乡一体化协调发展的实践与探索》，《湖南农业科学》2013年第4期。

彭荣胜：《中部城市群在区域崛起战略中的目标定位与对策研究》，《经济问题探索》2006年第2期。

乔明亮等：《打造全国同类地区城乡一体化发展的先行区——朔州市城乡经济社会发展一体化的探索和实践》，《山西日报》2016年12月30日。

任保平：《城乡发展一体化的新格局：制度、激励、组织和能力视角的分析》，《西北大学学报（哲学社会科学版）》2009年第1期。

任保平：《城乡经济社会一体化：界定、机制、条件及其度量》，《贵州财经学院学报》2011年第1期。

任吉、于佳琪：《熵权法在硕士研究生方法论课程质量评价体系构建中的应用》，《黑龙江高教研究》2021年第9期。

芮旸：《不同主体功能区城乡一体化研究：机制、评价与模式》，西北大学2013年博士学位论文。

［日］山田浩子：《城市经济学》，魏浩光等译，东北财经大学出版社1991年版。

［日］岸根卓郎：《迈向21世纪的国土规划——城乡融合系统设计》，高文深译，科学出版社1985年版。

沈红等：《城乡一体化研究现状与展望》，《国土与自然资源研究》2005年第4期。

尚方：《济源市实施城乡一体化的实践与思考》，《企业导报》2011年第4期。

石忆邵：《城乡一体化理论与实践回眸与评析》，《城市规划汇刊》2003年第1期。

世界银行：《1994年世界发展报告：为发展提供基础设施》，中国财政经济出版社1994年版。

孙自铎：《城乡一体化新析》，《经济地理》1989年第1期。

《斯大林全集》第7卷，人民出版社1958年版。

童中贤等：《中部崛起背景下的城镇化演进特征及其趋势》，《城市发展研究》2017年第1期。

完世伟：《区域城乡一体化测度与评价研究——以河南省为例》，天津大学2006年博士学位论文。

汪宇明等：《中国城乡一体化水平的省区分异》，《中国人口·资源与环境》2012年第4期。

王桂平:《东西部城乡一体化水平比较研究》,西北大学 2008 年硕士学位论文。

王建中、石一飞:《城乡一体化的起源及内涵》,《江海纵横》2011 年第 2 期。

王娟:《对城乡经济社会发展一体化新格局科学内涵的新阐释》,《理论与改革》2011 年第 5 期。

王利民等:《农业现代化的条件与选择——潍坊市农业现代化理论研讨会综述》,《中国农村经济》1999 年第 6 期。

王如鹏、孙仕德:《论我国城乡二元社会终结的路径及制度选择》,《学术交流》2013 年第 10 期。

王挺之:《城市化与现代化的理论思考——论欧洲城市化与现代化的进程》,《四川大学学报(哲学社会科学版)》2006 年第 6 期。

王蔚等:《湖南省城乡一体化评价指标体系及量化分析》,《湖南大学学报(自然科学版)》2011 年第 4 期。

王小鲁、夏小林:《优化城市规模,推动经济增长》,《经济研究》1999 年第 9 期。

王亦晨:《旅游业对国民经济发展的影响》,《法制与社会》2009 年第 31 期。

王渊等:《城乡经济社会一体化内涵与外延的再认识》,《福建论坛(人文社会科学版)》2011 年第 1 期。

王振亮:《城乡空间融合论——我国城市化可持续发展过程中城乡空间关系的系统研究空间融合》,复旦大学出版社 2000 年版。

韦薇等:《昆山市城乡经济社会一体化进程综合评价分析》,《生态经济》2011 年第 2 期。

吴振磊:《西部地区城乡经济社会一体化支持体系研究》,西北大学 2010 年博士学位论文。

伍新木:《城乡一体与区域生态经济系统》,《武汉大学学报(社会科学版)》1990 年第 5 期。

薛晴、霍有光:《城乡一体化的理论渊源及其嬗变轨迹考察》,《经济地理》2010 年第 11 期。

肖金成:《中部崛起的现状、问题与对策》,《战略与管理》2015 年第 6 期。

熊建:《中国的城乡差距到底有多大?》,《人民日报海外版》2006 年 11 月 21 日。

修春亮等:《东北地区城乡一体化进程评估》,《地理科学》2004 年第 3 期。

徐同文:《城乡一体化体制对策研究》,人民出版社 2011 年版。

徐长春:《中国城乡一体化的理论与实践》,载马庆斌主编:《城乡一体化——中国生产力再一次大解放》,社会科学文献出版社 2011 年版。

央广网:《中部地区教育经费投入塌陷专家:分担方式需改变》,2015 年 11 月 27 日,见 http://country.cnr.cn/focus/20151127/t20151127_520616703. shtml。

杨保军、赵群毅:《城乡经济社会发展一体化规划的探索与思考——以海南实践为例》,《城市规划》2012 年第 3 期。

杨军:《加快安徽城乡一体化 综合配套改革试验区发展》,《宏观经济管理》2013 年第 10 期。

杨丽、赵富城:《基于 DEA 技术的城乡经济社会一体化发展效率评价》,《经济问题探索》2010 年第 6 期。

杨林、韩彦平:《公共财政框架下农村基础设施的有效供给》,《宏观经济研究》2005 年第 10 期。

杨培峰:《城乡一体化初探》,《城市规划汇刊》1999 年第 2 期。

杨荣南:《城乡一体化及其评价指标体系初探》,《城市研究》1997 年第 2 期。

于波:《全球化赋予城乡一体化的时代内涵研究》,《农村经济》2005 年第 4 期。

袁娟、王丰阁:《农业增长动力机制国内外研究文献梳理及评述》,《商业时代》2013 年第 16 期。

[英]埃比尼泽·霍华德:《明日的田园城市》,金经元译,商务印书馆 2000 年版。

[英]巴顿:《城市经济学理论和政策》,上海社会科学院部门经济研究所城市经济研究室译,商务印书馆 1984 年版。

[英]罗伯特·欧文:《欧文选集》第 1 卷,柯象峰等译,商务印书馆 1979 年版。

[英]托马斯·莫尔:《乌托邦》,李灵燕译,西北大学出版社 2016 年版。

曾建民:《推进湖北城乡一体化健康发展的对策》,《学习月刊》2014 年第 9 期。

张炳江:《层次分析法及其应用案例》,电子工业出版社 2014 年版。

张庆文等:《城乡经济社会一体化综合评价与聚类分析——以北京市为例》,《农村经济》2010 年第 12 期。

张世伟、郭凤鸣:《东北地区城市劳动力市场中户籍歧视问题分析》,《中国农村经济》2009 年第 2 期。

张淑敏等:《山东省区域城乡一体化的定量分析与研究》,《山东师范大学学报(自然科学版)》2004 年第 3 期。

张伟:《试论城乡协调发展及其规划》,《城市规划》2005 年第 1 期。

张亿钧:《中部地区农村人力资源开发与农村成人教育创新》,《教育与职业》2007 年第 9 期。

张永岳:《我国城乡一体化面临的问题与发展思路》,《华东师范大学学报》2011 年第 1 期。

张雨林:《论城乡一体化》,《社会学研究》1988 年第 5 期。

张占仓等:《河南城市发展报告(2016)》,社会科学文献出版社 2016 年版。

赵保佑:《统筹城乡经济协调发展与科学评价》,社会科学文献出版社 2009 年版。

赵锋:《广西城乡一体化评价指标体系的设计及实证研究》,《广西社会科学》2010 年第 1 期。

赵凌云:《湖北鄂州城乡一体化试点的实践与思考》,载中国(海南)改革发展研究院等主编:《中国改革国际论坛——中国"十二五"时期的农村改革国际论坛论文集》,2010 年 8 月。

赵凌云:《中国中部地区发展报告(2007)》,社会科学文献出版社 2008 年版。

赵新娟、王淑娟:《加快城乡一体化进程的对策研究》,《经济纵横》2008 年第 3 期。

赵洋:《中国特色社会主义城乡关系的变迁与启示》,《人民论坛》2012 年第 7 期。

郑欣雨:《民生优先 城乡统筹——河南省新郑市推进社会管理创新》,《长安》2012 年第 9 期。

中共中央文献研究室编:《十七大以来重要文献选编》(上),中央文献出版社 2009 年版。

中共中央文献研究室编:《十六大以来重要文献选编》(上),中央文献出版社 2005 年版。

中共中央文献研究室编:《十六大以来重要文献选编》(中),中央文献出版社 2006 年版。

中共中央文献研究室编:《十七大以来重要文献选编》(上),中央文献出版社 2009 年版。

中国农业年鉴编辑委员会:《中国农业年鉴(2014)》,中国农业出版社 2015 年版。

中华人民共和国国家统计局:《中华人民共和国 2010 年国民经济和社会发展统计公报》,《中国统计》2011 年第 3 期。

中华人民共和国建设部:《城市规划基本术语标准》(GB/T 50280—98),中国建筑工业出版社 1999 年版。

马克思:《资本论》第一卷,人民出版社 1975 年版。

周慧:《中部地区城镇化发展:现状、困境及对策》,《安徽广播电视大学学报》2018 年第 3 期。

朱建文:《中部地区农业的崛起与农村成人教育》,《继续教育研究》2007 年第 4 期。

《中共中央关于推进农村改革发展若干重大问题的决定》,《中华人民共和国农业部公报》2008 年第 11 期。

C. Wilson, *The Dictionary of Demography*, Oxford: Basil Blackwell Ltd., 1986.

Countries, London & New York: Routledge, 1989.

Wright, Frank Lloyd, *Disappearing City*, New York: William Farquhar Payson, 1932.

Mc. Gee, "New Regions of Emerging Rural-Urban Mix in Asia: Implications for National and Regional Policy", Paper Presented at the Seminar on *Emerging Urban-Regional Linkages: Challenge for Industrialization, Employment and Regional Development*. Bangkok: 1989, August, 16–19.

F. E. Halliday, *Iran: Dictatorship and Development*, New York: Penguin Books, 1979.

H. Zhang, S.F. Song, "Rural – urban Migration and Urbanization in China: Evidence From Time-series and Cross-section Analyses", *China Economic Review*, Vol. 14, No. 4 (September 2003).

H. L. Long, J. Zou & Y. S. Liu, "Differentiation of Rural Development Driven by Industrialization and Urbanization in Eastern Coastal China", *Habitat International*, Vol.33, No.4 (October 2009).

J.Tinbergen, *Shaping The World Economy: Suggestions for an International Economic Policy*, New York: Twentieth Century Fund, 1962.

J. E. Anderson, "A Theoretical Foundation for the Gravity Equation", *American Economic Review*, Vol.69, No.1 (March 1979).

E. Katz, O. Stark, "Labor Migration and Risk Aversion in Less Developed Countries", *Journal of Labor Economics*, Vol.4, No.1 (January 1986).

R. Eastwood, M. Lipton & A. Newell, "Farm Size", In *Handbook of Agricultural Economics Volume* 4, P. Pingali, R. Evenson (eds.), Amsterdam: Elsevier, 2009.

Mike Douglass, "A Regional Network Strategy for Reciprocal Rural-Urban Linkages: An Agenda for Policy Research with Reference to Indonesia", *Third World Planning Review*, Vol.20, No.1 (January 1998).

C. Au, V. Henderson, "Are Chinese Cities Too Small", *Review of Economic Studies*, Vol.73, No.2 (July 2006).

R. B. Potter, Tim Unwin, *The Geography of Urban-rural Interaction in Developing*.

B. N. Bajracharya, "Promoting small towns for rural development: A view from Nepal", *Asia-Pacific Population Journal*, Vol.10, No.2 (June 1995).

T. S. Epstein, D. Jezeph, "Development-There is Another Way: A Rural-urban Partnership Development Paradigm", *World Development*, Vol.29, No.8 (August 2001).

T. Cecilia, *Rural-urban Linkages and Pro-poor Agriculture Growth: An Overview Prepared for OECD DAC POVNET Agriculture and Pro-poor Growth Task Team*, Helsinki: OECD, 2004.

D. Satterthwaite, T. Cecilia, *The Urban Part of Rural Development: The Role of Small and Intermediate Urban Centers in Rural and Regional Development and Poverty Reduction*, London: IIED, 2003.

K. Lynch, *Rural-urban Interaction in The Developing World*, London: Taylor & Francis, 2005.

L. Wirth, "Urbanism as a Way of Life", *American Journal of Sociology*, Vol.44, No.1 (January 1938).

后　记

在现代化进程中,如何处理好工农关系、城乡关系,在一定程度上决定着现代化的成败。加快农业农村现代化是关系大局的重大问题,全面建设社会主义现代化国家,实现中华民族伟大复兴,最艰巨最繁重的任务依然在农村,最广泛最深厚的基础依然在农村。

在百年奋斗历程中,中国共产党历来高度重视解决"三农"问题,注重处理工农关系、城乡关系。党的十七大报告提出了"统筹城乡发展,推进社会主义新农村建设"的发展战略,指出:要"建立以工促农、以城带乡长效机制,形成城乡经济社会发展一体化新格局"。党的十八大报告进一步提出"解决好农业农村农民问题是全党工作重中之重,城乡发展一体化是解决'三农'问题的根本途径"的重要论断,要求"要加大统筹城乡发展力度,增强农村发展活力,逐步缩小城乡差距,促进城乡共同繁荣"。党的十八大以来,党中央采取了一系列举措推动"工业反哺农业、城市支持农村"。党的十九大报告提出"实施乡村振兴战略,建立健全城乡融合发展体制机制和政策体系"的重大决策部署,从全局和战略高度来把握和处理工农关系、城乡关系。《中华人民共和国乡村振兴促进法》强调要"建立健全城乡融合发展的体制机制和政策体系,推动城乡要素有序流动、平等交换和公共资源均衡配置,坚持以工补农、以城带乡,推动形成工农互促、城乡互补、协调发展、共同繁荣的新型工农城乡关系"。这充分体现了以习近平同志为核心的党中央对"三农"问题一以贯之的高度重视,为新形势下加快推进城乡发展一体化和城乡融合发展指明了方向。

关于城乡经济社会发展一体化,广东、浙江、上海等发达地区已经开展了此方面的研究,对实践的指导作用已经显现。改革开放40多年经济快速发展的同时也出现了一些由于发展不平衡带来的新矛盾,而城乡发展差距不断扩大,是各类矛盾中最为突出的,其他许多矛盾如区域发展差距等,在某种程度上也是城乡发展差距的反映。中部地区6省(包括山西、河南、安徽、湖北、江西、湖南6个相邻省份)虽然在改革开放以后获得了较快的发展,经济社会发展水平有了较大提高,但6个省有5个是农业大省,二元经济结构特征非常明显,"三农"问题非常突出,城市化发展水平低下,城乡发展存在着诸多矛盾和问题已经成为制约中部经济社会发展的重要障碍。中部地区的发展落后于沿海地区,主要体现在中部地区的农村发展水平严重滞后于东部沿海地区农村,而中部城市的发展水平与沿海相比,差距并不大。如何尽快改变城乡发展差距逐步扩大的趋势,着力解决"三农"问题,全面统筹城乡关系、推进城乡经济社会发展一体化无疑是中部地区奋力崛起的一项重要战略举措。因此,分析比较中部地区城乡经济社会发展一体化的现状,找出问题和差距,寻求推进之策,对于实现中部地区跨越式发展具有重要实践意义。

本书是国家社科基金项目"中部地区形成城乡经济社会发展一体化新格局的战略研究"(09BJL054)的最终研究成果。本研究通过城乡一体化评价指标体系的构建,科学评价了中部6省城乡一体化发展的现状和水平,全面分析了中部地区城乡发展一体化存在的主要问题以及影响城乡发展一体化的原因所在,并介绍了中部6省推进城乡发展一体化的实践探索。在此基础上,提出中部地区城乡发展一体化的战略思路、战略目标和战略步骤、战略重点、战略模式、战略路径。

在课题研究过程中,研究大纲由余茂辉提出并撰写了第一章、第三章、第四章、第五章,南昌大学经济管理学院魏博通副教授撰写了第二章主要内容。

皖西学院经济与管理学院副教授王哲和皖西学院金融与数学学院副教授李国成等参加了课题调研活动并承担了第四章第三节(中部地区城乡经济社会发展一体化水平的制约因素分析)的研究任务。本课题研究过程中得到南开大学博士生导师周立群教授和华中农业大学博士生导师张安录教授的亲切指导,得到了皖西学院和湖北省高校人文社科重点研究基地——湖北县域经济发展研究中心的大力支持,许多同事和朋友也提出了宝贵的建设性意见,书稿付梓,人民出版社专业而高效的编辑使得本书能够顺利出版。在此,笔者对这些帮助和支持表示由衷的感谢。

对城乡发展一体化的研究需要一个不断深入的过程,希望本书的出版能够对于中部6省和全国城乡发展一体化研究有所推动,为该领域研究提供借鉴。同时,由于水平和经验有限,书中难免有疏漏和不足之处,希望同行专家和学界朋友对本书所存在的不足甚至错误给予批评指正,以便笔者在今后的研究工作中予以改正。

本书撰写过程中参阅了大量的国内外学术资料,这些学术资料对笔者的写作提供了巨大的启迪与帮助。本书对所有直接引用的参考资料和参阅的文献都尽可能地在书末逐一列出,如有遗漏,实非故意,谨请原作者谅解。在此对所有被引用和参阅著作的原作者表示诚挚的谢意。

余茂辉

二〇二一年八月

责任编辑:张　燕
封面设计:石笑梦
版式设计:胡欣欣

图书在版编目(CIP)数据

中部地区城乡发展战略研究:从一体化到融合发展/余茂辉,魏博通 著. —北京：
　人民出版社,2023.6
ISBN 978－7－01－025483－8

Ⅰ.①中…　Ⅱ.①余…②魏…　Ⅲ.①城乡一体化-发展-研究-中国
　Ⅳ.①F299.2

中国国家版本馆 CIP 数据核字(2023)第 042720 号

中部地区城乡发展战略研究

ZHONGBU DIQU CHENGXIANG FAZHAN ZHANLÜE YANJIU

——从一体化到融合发展

余茂辉　魏博通　著

人民出版社 出版发行

(100706　北京市东城区隆福寺街 99 号)

中煤(北京)印务有限公司印刷　新华书店经销

2023 年 6 月第 1 版　2023 年 6 月北京第 1 次印刷
开本:710 毫米×1000 毫米 1/16　印张:15.75

字数:240 千字

ISBN 978－7－01－025483－8　定价:65.00 元

邮购地址　100706　北京市东城区隆福寺街 99 号
人民东方图书销售中心　电话　(010)65250042　65289539